Kaggle に挑む

小嵜耕平・秋葉拓哉
林孝紀・石原祥太郎 ［著］

深層学習
プログラミングの
極意

JN047358

講談社

まえがき

はじめに

「人工知能」「機械学習」「深層学習」などのキーワードが世間を賑わす中、機械学習を題材にしたコンテストの認知度が高まってきました。世界最大の機械学習コンテストのプラットフォーム Kaggle[1] のユーザ数は 2022 年に 1000 万人に達し、日本からの参加者も年々増えています。

一般的に機械学習コンテストでは、実際の企業や学術機関などから提供されたデータセットに対して、特定の評価指標を改善するという観点で分析に取り組みます。データセットや課題の性質ごとに適した手法は異なり、分析の手法自体も日々進化しています。幅広い分析の知識を押さえつつ、柔軟な発想で各コンテストに対し有効な方法を模索する必要があります。

機械学習コンテストでは、ときに最先端の手法が提案・利用される場合があります。たとえば 2012 年、大規模画像認識のコンテスト ImageNet Large Scale Visual Recognition Challenge（以下 ILSVRC）[2] にて、畳み込み層を用いた深層学習モデルが従来手法を圧倒的に凌駕する性能を叩き出しました。この事例は、昨今の深層学習研究の急速な発展に向けた転換点とも言われています。

機械学習コンテストは、熟練者だけではなく初心者のための学びの場としても有用です。Kaggle などのプラットフォームではコンテストごとに議論の場が提供され、同一の課題に取り組んでいる数多くの参加者がさまざまな議論を交わしています。コンテスト終了後には上位チームの取り組みも積極的に共有され、スコアを競い合いながら多くの知見が得られるコミュニティになっています。経済産業省が 2020 年に実施したデータサイエンス人材育成の施策でも、コンテストを通じた学びの場が提供されました[3]。

本書では、近年出題の頻度が高まっている画像やテキストを題材にした機械学習コンテストを対象に、著者らの経験に基づく知見をまとめました。コンテストに関する情報はここ数年、ウェブ記事や書籍などさまざまな媒体で目にする機会が増えてきました。しかし著者らが知る限り、画像やテキストを用いるコンテストに焦点を当て、知識を体系的にまとめた日本語の書籍は存在しません。本書が、この領域を学びたい読者にとっての道標となることを祈っています。

本書で扱う内容

本書は5章構成です。まえがきと第1・2章は石原、第3章は秋葉、第4章は小嵜、第5章は林がそれぞれ執筆しました。

第1章では、機械学習コンテストの概要を解説します。最初にコンテストの仕組みを簡単に解説した後、1990年代以降の歴史を振り返ります。次に、対象とするデータセットや課題別に、コンテストの例を紹介します。最後に、近年のコンテストを戦ううえで需要が高まっている計算資源について説明します。

第2章では、機械学習コンテストのおおまかな流れに沿って、前提となる知識を整理します。最初に、課題やデータセットを把握する探索的データ分析の考え方を説明します。その後、機械学習のモデルを作成・検証し、性能を高めていく方法を紹介します。特に画像やテキストを用いるコンテストで頻繁に使われるニューラルネットワークについて、基本的な考え方や深層学習ライブラリPyTorchでの実装方法を解説します。作成したモデルの検証は、ニューラルネットワークを使う場合に限らず重要です。モデルの性能向上については、単なる手法の列挙にとどまらず、いくつかの観点で手法をまとめることで体系化を試みています。

第3~5章では、実際に機械学習コンテストに挑戦します。それぞれ画像の分類・画像の検索・テキストの分類を題材に、コンテストに取り組むことで具体的な知識が身に付けられるように構成しています。

本書の記述内容は、特に断りがなければ執筆時点の2022年12月の情報に基づいています。参考文献は本書の終わりに一覧でまとめています。

本書のサンプルコードは https://github.com/smly/kaggle-book-gokui で公開しています。サンプルコードは、Pythonの3.8のバージョンで動作確認しています。章ごとにDocker[4]を用いて環境を構築しています。その他の詳細については、上記ページに記載しています。

対象読者

本書の対象読者は、機械学習コンテストに参加している方や、これから参加しようとしている方です。特にデータセットとして画像やテキストを用いるコンテストに、深層学習を用いて挑戦しようとしている方を対象としています。

ただし、機械学習コンテストに取り組むうえで必要な知見は、より幅広く活用できる余地があります。本書では著者らの経験を元に、予測性能を高めるという観点で、一般的な書籍にはあまり書かれていない暗黙知や技法も含めてまとめています。画像やテキストを題材に予測モデルを構築しようとする方々に、より広く参考にしてもらえればと考えています。

データ分析全般や機械学習コンテストの入門的な内容については、必要最低限の解説にと

どめています。本書では、いち早く機械学習コンテストに挑戦するという目的のもと、理論の解説を割愛している部分があります。近年はライブラリの充実や計算資源の普及に伴い、専門家でなくとも手軽に深層学習モデルが実装できるようになってきました。もちろん理論を体系立てて物事を学ぶことは、いつの時代も間違いなく大切です。一方で、機械学習コンテストに挑むという観点では、まず手を動かしながら必要に応じて理論面を補うという学び方も十分にありえます。データ分析全般や機械学習コンテストの入門的な内容についても、必要最低限の解説にとどめています。実装に利用するプログラミング言語の Python やライブラリ、微分・行列演算といった数式などについても、前提知識として説明を省略している部分が存在します。可能な限り文章で補完し読み進められるよう配慮していますが、必要に応じて下記関連書籍などを参照してください。

- 門脇大輔、阪田隆司、保坂桂佑、平松雄司、『Kaggle で勝つデータ分析の技術』、技術評論社、2019[5]
- 石原祥太郎、村田秀樹、『Python ではじめる Kaggle スタートブック』、講談社、2020[6]
- Abhishek Thakur（著）、石原祥太郎（訳）、『Kaggle Grandmaster に学ぶ機械学習実践アプローチ』、マイナビ出版、2021[7]
- 岡谷貴之、『深層学習 改訂第 2 版』、講談社、2022[8]
- Trevor Hastie ら（著）、杉山将ら（監訳）、『統計的学習の基礎』、共立出版、2014[9]
- 原田達也、『画像認識』、講談社、2017[10]
- 片岡裕雄（監修）、山本晋太郎、徳永匡臣、箕浦大晃、邱玥、品川政太朗（著）、『Vision Transformer 入門』、技術評論社、2022[11]
- 坪井祐太、海野裕也、鈴木潤、『深層学習による自然言語処理』、講談社、2017[12]
- 岡崎直観、荒瀬由紀、鈴木潤、鶴岡慶雅、宮尾祐介、『IT Text 自然言語処理の基礎』、オーム社、2022[13]

謝辞

本書の作成にあたり、数多くの方にご協力いただきました。特に次の方々に、この場を借りてお礼申し上げます。

- 丁寧なレビューをしてくださった横尾修平さん、小林颯介さん、佐藤貴海さん、大矢隆さん、門脇大輔さん
- 担当の横山真吾さんら、講談社サイエンティフィク・講談社の皆さま

目　次

第 1 章
機械学習コンテストの基礎知識

Kaggle

本章では、特に近年の動向に焦点を当て、機械学習コンテストの概要をひも解いていきます。コンテストの仕組みや歴史、扱うデータセットや課題、必要となる計算資源について紹介します。

1.1 機械学習コンテストのおおまかな流れ

機械学習コンテストは、一般的に次のような流れで開催されています。

1. 企業や学術機関などの主催者が、参加者にデータセットと課題を提供
2. 参加者は正解ラベルが与えられている訓練セットの情報を用いて予測モデルを構築し、テストセットの正解ラベルを予測
3. 提出した予測結果に対する暫定のスコアは順位表で確認でき、規定された提出回数内で開催期間中に順位を競い合う
4. 終了時の最終結果で順位が確定

最初に、企業や学術機関などの主催者からデータセットと課題が提供されます。コンテストでは機械学習の中でも、特に教師あり学習と呼ばれる枠組みでのモデルの性能を競います。コンテストごとに、予測項目や性能を競うための評価指標などが設定されています。データセットには大きく分けて、正解ラベルが与えられている訓練セットと、正解ラベルが参加者には隠されているテストセットの2種類があります。参加者は主に訓練セットの情報を用いて、機械学習によるモデルを構築し、テストセットの正解ラベルを予測します（図 1.1）。

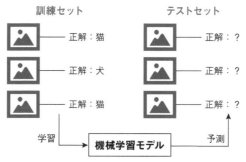

図 1.1　教師あり学習を題材にした機械学習コンテストの枠組み

　予測結果は、主催者のみが把握している正解ラベルを用いて評価されます。コンテスト開催中は、テストセットの一部のみを用いた暫定のスコアによる順位表（public leaderboard）が公開されるのが一般的です。最終結果はコンテスト終了時の順位に基づいて決まります。未知のデータセットに対する性能を評価するため、暫定結果と最終結果では異なるデータセットを利用する場合が多いです。最終的な順位表（private leaderboard）では大きく順位が変動することもあります。

1.2　機械学習コンテストの歴史

　本節では、機械学習コンテストの歴史をひも解きます。執筆にあたっては、著者の 1 人である小嵜の 2017 年の発表資料[14][15]や、学会誌『人工知能』に 2016 年に掲載された解説[16]を参考にしています。

1.2.1　機械学習コンテストの変遷

　機械学習コンテストの歴史は古く、1997 年にはデータマイニングの国際会議 ACM SIGKDD Conference on Knowledge Discovery and Data Mining（以下 KDD）[17]にて、第 1 回のコンテストが開催されました。KDD に併設される機械学習コンテストは KDD Cup[18]と呼ばれ、現在に至るまで毎年開催が続いています。KDD の他にも Conference on Neural Information Processing Systems（NeurIPS）[19]や The ACM Recommender Systems conference（RecSys）[20]など、機械学習に関連するさまざまな国際会議でコンテストが開かれています。

　2010 年には、オンラインの機械学習コンテストのプラットフォームとして Kaggle が設立されました。機械学習コンテストに必要なユーザ管理・順位表・スコア計算などの機能を提供しており、主催者は比較的手軽にコンテストを開催できます。参加者もより気軽に数多くのコンテストに挑戦できるようになり、データサイエンスの流行とあいまって、普及が進んでいきました。

　機械学習のライブラリが現在ほど整備されていない 2012〜2014 年ごろ、ツールやアルゴリズム開発で競争優位に立てる場面が何度かありました。たとえば libFM[21]や Regularized Greedy Forest（RGF）[22]、そして今でもコンテストの解法に登場する XGBoost[23]などが挙げられます。開発者本人がコンテスト参加を通じてライブラリの性能を宣伝する場面もありました。

　2012 年には大規模画像認識のコンテストである ILSVRC にて、深層学習モデル **AlexNet**[24]が飛躍的な性能を叩き出しました。このことは衝撃的な出来事であった一方で、計算資源やライブラリの都合で、Kaggle 内で深層学習を用いるユーザはまだまだ少数派でした。

　2014〜2016 年ごろにかけては、大量にモデルを作り混ぜ合わせる**アンサンブル**（ensembling）が流行しました。与えられた評価指標で少しでも上回っていれば勝利するという仕組み上、トップ争いが僅差であれば性能向上のためにモデルを増やす動機が生まれます。この頃は現在に比べ、比較的単純な課題が設定されることが多く、工夫の余地が少ない点などがその流行の原因として考えられました。

　過去を振り返ると、優勝賞金 100 万ドルを掲げて Netflix が 2006〜2009 年に開催した Netflix Prize でもアンサンブルが猛威をふるい、最終的に賞金を獲得したモデルは 100 以上のモデルのアンサンブルでした[25]。Netflix によると、優勝したモデルはオフライン検証を通じた性能向上が実装や運用の工数に見合わないという理由で、本番環境への導入が見送られています。

　テーブル形式のデータセットを扱うことが多かった 2016 年ごろは、XGBoost が Kaggle の解法に頻繁に採用されていました[26]。XGBoost に代表される勾配ブースティング決定木の人気は、今もなお根強いです。2017 年には、XGBoost に計算量削減といった工夫を加えた **LightGBM**[27] が登場しました。高速に動作するなどの利点から、現在では XGBoost よりも機械学習コンテストで多くの支持を得ています。その他、カテゴリ変数の扱い方などに違いがある CatBoost[28] も、解法として目にする機会があります。

　2016 年ごろからは Graphics Processing Unit（以下 GPU）などの計算資源やライブラリが研究者・開発者に普及しました。GPU は並列計算処理を得意とする半導体プロセッサで、単体で数千個もの演算機構を搭載しています。ニューラルネットワークの学習は並列計算処理で高速化する余地が大きく、深層学習が幅広い領域で応用可能であるとの認識が広がっていきました。コンテストで提供されるデータセットも画像・テキスト・音声など多岐にわたり、参加者の解法も豊かになっています。現在は、テーブル形式のデータセットに対してもニューラルネットワークが利用される機会が増えています。

1.2.2　機械学習コンテストの貢献

　機械学習コンテストは、さまざまな形で機械学習の発展に貢献してきました。ここでは『人工知能』での解説[16]を参考に、「特定の課題に適した予測モデルの研究促進」「予測モデルの性能を報告する場の提供」「実用上の知見の蓄積」の 3 つの観点で紹介します。

　まず大きな貢献として、特定の課題に適した予測モデルの研究促進があります。たとえば、大規模画像認識の ILSVRC や映画推薦の Netflix Prize といったコンテストを通じて、それぞれの研究領域が大きく発展しました。すでに紹介した通り、2012 年の ILSVRC で畳み込み層を用いた深層学習モデルが優勝したのを皮切りに、深層学習を用いた画像認識の手法が急速に普及していきました。Netflix Prize を通じては推薦手法に関する研究が大きく進展し、多数

の成果が著名な国際会議で報告されました。

予測モデルの性能を報告する場を提供している点も大きいです。機械学習コンテストでは、参加者が同一のデータセットで学習し未知のデータセットで性能を評価するため、予測モデルの性能が客観的に測りやすい利点があります。さきに述べたように、libFM や XGBoost といった手法・ライブラリの性能が機械学習コンテストを通じて認知されていきました。

実用上の知見の蓄積の場としての役割も存在します。機械学習コンテストでは参加者の解法が共有されることが多く、類似の課題に取り組む際の参考になります。

> ✎ note
> **参入障壁の低減**
>
> 　課題に適したデータセットが用意されている点は、機械学習の研究・応用に対する参入障壁の低減にもつながります。Kaggle などのコンテストは、初心者の入門や学びの場としても重要な役割を果たしています。

1.2.3　よりよい競争環境のための創意工夫

Kaggle の仕組みの中では、よりよい競争環境を整備するための創意工夫が続いています。たとえば 2018 年ごろからは、チーム内の人数の上限が設定されるようになりました。これには、過度なアンサンブルへの警鐘、チームへの貢献がない参加者の抑制といった目的などがあると考えられています。

その他、計算資源の公平性や透過性のためにコードを提出して実行する形式のコンテストも登場しました。code competitions[29] と呼ばれている形式で、近年の Kaggle ではこの形式が一般的になっています。最終評価に、コード提出締切後の将来のデータを利用する場合もあります[30]。実行時間の制限も存在し、より実用面を勘案した解法になるような制度設計が進んでいます。

コンテストによっては time-series API と呼ばれる独自の API を用いて、学習時にテストセットを参照できない仕組みを実現している事例もあります[31]。このような制約の中では、未知のデータセットへの対応力や省メモリ化・高速化など、実装力を問われる場面も増えてきました[32]。

1.2.4　教師あり学習以外が題材の機械学習コンテスト

教師あり学習以外を題材にした機械学習コンテストも登場しました。Kaggle では、毎年クリスマスの時期に、数理最適化を題材にしたコンテストの開催が恒例になっています。近年

は対戦形式の simulation competition（シミュレーション）[33] も、定期的に開催されています。機械学習の中でも強化学習と呼ばれる分野が題材になることが多く、コンテストによっては機械学習を使わないルールベースの手法が上位に躍り出る事例もあります。

　予測の性能ではなく、分析結果の考察を評価するコンテストもあります。2021 年には Kaggle で、アメリカンフットボールの守備のプレーの質を計測する方法を提案する「NFL Big Data Bowl 2021」[34] や、データサイエンティスト向けの大規模アンケートから知見を見出す「2021 Kaggle Machine Learning & Data Science Survey」[35] などが開かれました。

　Kaggle の外に目を向けると、モデリングではなくデータ加工に焦点を当てた「Data-Centric AI Competition」[36] が 2021 年 9 月まで開催されました。モデルの学習や推論部分の処理は参加者内で統一されており、画像の前処理などデータセット側の工夫に焦点を当てて性能を競う点が特徴的でした。

　Kaggle 以外にも Topcoder[37]、AIcrowd[38]、CodaLab[39]、DrivenData[40]、Bitgrit[41]、Numerai[42] など、数多くのプラットフォームが展開されています。日本発のプラットフォームも増えており、国内最大の SIGNATE[43] をはじめとして PROBSPACE[44]、Nishika[45]、atmaCup[46] などで定期的にコンテストが開催されています。

1.3　機械学習コンテストの例

　表 1.1 に、Kaggle が公開しているデータセット Meta Kaggle[47] から作成したデータセットの種類別のコンテスト数の推移を示します（2021 年 12 月時点で終了したコンテストまでを対象に集計）。公式に付与されているタグに基づくもので、必ずしもすべてのコンテストを網羅できていない点には注意してください。

表 1.1　データセットの種類別の Kaggle コンテスト数の推移

year	audio data	image data	tabular data	text data	video data
2013	0	0	1	1	0
2015	0	2	20	1	0
2016	0	6	18	1	0
2017	0	12	8	4	0
2018	0	10	5	2	1
2019	1	14	8	4	1
2020	1	10	4	4	1
2021	2	12	4	4	1

　おおまかな傾向として、2016 年まではテーブル（tabular data）が主流でしたが、徐々に画像（image data）やテキスト（text data）を題材にしたコンテストが増えてきているとわかります。

年に 1、2 回のペースですが、**音声**(audio data) と**動画**(video data) も継続的に開催されています。当然ですが、これらの分類の枠組みにとどまらない題材や、テーブルの中に包含されている特徴的なコンテストもあります。たとえば、時系列・グラフ・シミュレーション・数理最適化などです。複数の要素がからみ合ったコンテストも存在します。

　以降、扱うデータセットの種類・性質や課題の形式別に、ここ数年で開催された Kaggle のコンテストをいくつか取り上げて紹介します。

1.3.1　画像

　ここ数年の Kaggle で主流となっているのが画像コンテストです。単体画像の**分類**や、ピクセル単位で物体を認識する**セグメンテーション**や**検出**など、いくつかの課題に分けられます。

　本書では、画像の分類と検索を題材としたコンテストに挑戦します。第 3 章の画像分類は多くの画像分野の中でも基礎にあたる題材で、この章で学んだ知識は、セグメンテーションや検出などの幅広い課題に応用できるでしょう。与えられたテキストや画像に対応する画像を抽出する**検索**も、候補の中から広義には適切な画像を推定する分類問題と捉えられます。第 4 章では、類似画像の探索やマッチングなど検索特有の手法についても詳しく取り上げます。

● 分類・回帰

　分類の問題では、与えられた画像に対して、適切なラベルを予測します。出力は最も可能性の高いラベルの場合もあれば、ラベルと確率の場合もあります。

　画像の分類は一般的な課題で、Kaggle で 2020 年だけでも 8 つのコンテストが開催されました。各コンテストの概要や優勝解法については、まとめ記事を参照してください[48]。2018 ～2021 年には、毎年恒例の画像分類コンテストとして、Google が公開した大規模データセットを用いた「Google Landmark Recognition」[49] が開催されていました。このコンテストでは、入力画像に写る世界各地の有名な建造物など（ランドマーク）のラベル予測が課題でした。

　分類に似た概念として、**回帰**があります。回帰は、ラベルではなく値を予測する問題です。Kaggle で 2019 年に開催された「APTOS 2019 Blindness Detection」[50] では、画像から糖尿病網膜症の度合いを 0～4 の 5 段階で予測することが求められました。この問題は各段階に属する確率を予測する分類と捉えられますが、度合いの大小を予測する回帰として解くこともできます（図 1.2）。回帰の場合は、得られた値をなんらかの閾値に基づき 0～4 に割り振る処理が必要ですが、各段階の順序関係を考慮できる利点があります。

図 1.2 画像の分類と回帰

● セグメンテーション

　セグメンテーションの問題では、与えられた画像をいくつかの領域に塗り分けます。画像のピクセル単位で、どの領域に属するかを分類している問題と捉えることも可能です。たとえば 2019 年の「Understanding Clouds from Satellite Images」[51] では雲の形態、2021 年の「Sartorius - Cell Instance Segmentation」[52] では顕微鏡画像からの神経細胞、2022 年の「UW-Madison GI Tract Image Segmentation」[53] では臓器細胞のセグメンテーションが題材でした。

● 検出

　検出の問題では、与えられた画像の中にある物体の場所・ラベルを予測します。検出もセグメンテーション同様、画像をピクセル単位で分類している問題とも考えられます。たとえば、2019 年の「Severstal: Steel Defect Detection」[54] では製造された鉄板の欠損の検出、2020 年の「Global Wheat Detection」[55] では屋外画像からの小麦の穂の検出、2022 年の「TensorFlow - Help Protect the Great Barrier Reef」[56] では水中画像からのオニヒトデの検出が題材でした。

● 検索

　検索は画像分野の伝統的な課題の 1 つで、与えられたテキストや画像に対応する画像を抽出する問題です。Kaggle では、前述したランドマークのデータセットを用いて検索を題材とした「Google Landmark Retrieval」[57] が、毎年開催されていました。検索では分類と異なり、解答としてラベルを出力するのではなく、入力画像と同じランドマークが写る画像を返します。2021 年には、ユーザが投稿した画像とテキストから類似した商品を取り出す「Shopee - Price Match Guarantee」[58] も開催されました。

● 動画

　動画は、時系列性を持った画像の集合と捉えられます。2019 年に開催された「Deepfake Detection Challenge」[59] は、動画が人工的に作られたかどうかを判定するコンテストでした。賞金総額 100 万ドルの高額賞金も話題を呼びました。2020 年の「NFL 1st and Future - Impact Detection」[60] は、アメリカンフットボールのプレー動画から、ヘルメットの衝突を検出する

課題でした。同様のデータセットを用いた「NFL Health & Safety - Helmet Assignment」[61] も、2021 年に開催されました。動画から特定の選手を検出し追跡する**物体追跡**（object tracking）と呼ばれる領域の課題でした。

● Adversarial Attack / GAN

その他、具体的な技術に特化したコンテストも開催されています。たとえば、過去に Kaggle では **Adversarial Attack**[62] や **Generative Adversarial Network**（**GAN**）[63] などを題材にしたコンテストが開かれました。

Adversarial Attack は、入力画像に対し人間が検知できない微量な変更を加えることで機械学習アルゴリズムの出力を大きく狂わせてしまう現象のことです。2017 年に国際会議に併設される形でコンテストが開催されました[64]。

GAN は画像の生成器と識別器という 2 種類のニューラルネットワークを組み合わせて品質の高い自然な画像を生成する技術です。2019 年の「Generative Dog Images」[65] は、GAN を用いて、いかに品質の高い画像を生成できるかを競う問題設定でした。

1.3.2　自然言語

自然言語処理は、機械学習の伝統的な応用領域の 1 つです。自然言語処理の課題としては、テキストの**分類・質問応答・要約・翻訳・対話**などが挙げられます。特に Kaggle でコンテストの題材となることが多いのは分類で、近年は質問応答のコンテストもときおり開催されています。

本書では第 5 章で、テキストの分類を題材にしたコンテストに挑みます。テキストの分類は自然言語処理の中でも基礎にあたる題材で、この章で学んだ知識は多くの課題に応用できるでしょう。近年は、自然言語処理の文脈で発展した手法が、画像や音声など他の領域で応用される事例も増えています。

● 分類・回帰

テキストを特定の基準でラベル付けするコンテストは、数年前から定期的に開かれています。題材は複数のラベルへの分類だけではなく、値の大小を予測する回帰の場合もあります。

Kaggle では、テキストの中に悪質な意図が含まれるかを判定する題材がよく出題されます。2018 年の「Quora Insincere Questions Classification」[66]、2019 年の「Jigsaw Unintended Bias in Toxicity Classification」[67]、2020 年の「Jigsaw Multilingual Toxic Comment Classification」[68]、2021 年の「Jigsaw Rate Severity of Toxic Comments」[69] などがあります。

単体ではなく、複数のテキストの関係性を分析する場合もあります。2017 年には与えられ

た2つの質問文が同じ内容であるかを判定する「Quora Question Pairs」[70]、2022年には特許での語句の類似度を判定する「U.S. Patent Phrase to Phrase Matching」[71]が開催されました。

2021年の「CommonLit Readability Prize」[72]や、2022年の「Feedback Prize -English Language Learning」[73]は、文書の読みやすさや習熟度を予測する回帰の問題でした。

● 質問応答

テキストの分類・回帰に次いで、Kaggleではテキストから目的に応じた語句を抽出するコンテストも開催されています。このような課題は、本質的には文や単語などの粒度で、抽出すべきか否かのラベルを付与している分類問題とも捉えられます。

質問応答は、質問に対する答えに該当する文や単語などをテキストから抽出する課題です。2019年に「TensorFlow 2.0 Question Answering」[74]、2021年には「chaii - Hindi and Tamil Question Answering」[75]が開かれました。

その他にも、さまざまな課題のコンテストが開催されています。2020年の「Tweet Sentiment Extraction」[76]はTwitterからの感情抽出、2021年の「Feedback Prize - Evaluating Student Writing」[77]はテストの採点補助のためのテキスト抽出、2022年の「NBME - Score Clinical Patient Notes」[78]は特定の症例に関する文言の抽出が題材でした。

1.3.3 音声

近年は、**音声**を題材としたコンテストも登場しています。2019年には「Freesound Audio Tagging 2019」[79]、2020年には「Cornell Birdcall Identification」[80]、2021年には「BirdCLEF 2021 - Birdcall Identification」[81]、2022年には「BirdCLEF 2022」[82]が開催されました。

音声を広く信号の一種と考えると、2021年の「SETI Breakthrough Listen - E.T. Signal Search」[83]なども該当します。Kaggleの外では、環境音を専門とする「Detection and Classification of Acoustic Scenes and Events（DCASE）」[84]内で毎年コンテストが開催されています。

音声を題材とした課題を解く方法としては、生データである波形をそのまま扱う方法や、時間と周波数の2次元データを画像とみなして処理する方法などが議論されています。前者のほうが利用できる情報量が多いですが、後者には画像分野で提案されているさまざまなモデルや技法が使える利点があります。

1.3.4 マルチモーダル

複数の種類のデータセットが提供されるコンテストもあります。画像とその説明文といった複数の種類（モダリティ）を同時に扱う課題も存在し、**マルチモーダル**や**クロスモーダル**と

呼ばれます。たとえば 2018 年の「Mercari Price Suggestion Challenge」[85] では、テキストとテーブルの 2 種類のデータセットが利用可能でした。画像・テキスト・テーブルの 3 種類のデータセットが提供される場合もあり、2018 年の「Avito Demand Prediction Challenge」[86] や「PetFinder.my Adoption Prediction」[87] などが挙げられます。2022 年の「H&M Personalized Fashion Recommendations」[88] では、商品の画像・説明文・付随情報が提供されました。

1.3.5 推薦

「H&M Personalized Fashion Recommendations」の課題は**推薦**でした。ユーザの過去の購入やクリックなどの履歴を用いて、将来的に購入しそうな商品を予測します。映画推薦のNetflix Prize や、推薦に関する国際会議「RecSys」併設のコンテストなど、伝統的に出題が多い課題です。Kaggle では 2016 年の「Santander Product Recommendation」[89]、2017 年の「Instacart Market Basket Analysis」[90]、2022 年の「OTTO – Multi-Objective Recommender System」[91] など、ときおり出題されています。

1.3.6 時系列

訓練・テストセットが**時系列**で分割されている場合、データセットの性質が変化している可能性もあり、一般にコンテストとしての難易度が上がります。このような難しさをはらむ時系列コンテストは、近年の Kaggle で定期的に開催されています。

2020 年の「M5 Forecasting - Accuracy」[92] では、世界最大のスーパーマーケットチェーンである Walmart での売上を予測しました。最終的な順位を決めるためには 2020 年 5〜6 月のデータセットが使われ、新型コロナウイルス感染症による社会情勢の影響もあり、暫定の順位表からの大きな変動が発生しました。

2019 年の「NFL Big Data Bowl」[93] では、アメリカンフットボールにおけるランプレイの獲得ヤード数を予測しました。コードを提出して実行する形式のコンテストで、独自の APIを用いることで実務に近い状況を担保していました。最終順位がコード提出締切後の実際の試合結果で決まる点も特徴的でした。

1.3.7 グラフ

グラフ（ネットワーク）**構造**を有するデータセットを用いたコンテストも、ときおり開催されています。2010 年には「IJCNN Social Network Challenge」[94] も開催されており、歴史のある題材です。2019 年の「Predicting Molecular Properties」[95] では、物質の分子構造に関するデータセットが与えられました。Kaggle においては、グラフ構造を扱うニューラルネットワークが利用される 1 つのきっかけにもなりました。

その他、すでに紹介した「Quora Question Pairs」や「Shopee - Price Match Guarantee」では、データセット内に存在するグラフ構造を用いた上位解法が登場しました。与えられたデータセットを注意深く観察することで、データセットの特性に応じた手法を利用できる場合があります。

1.3.8 シミュレーション

Kaggle では 2020 年から、設定された環境下で戦うモデル（エージェント）を提出する**シミュレーション**形式のコンテストが登場しました。まだ歴史は浅く定石となる解法が模索されている段階ですが、エージェントの行動を制御するために大量の条件文を記述する方法や、機械学習の中の**強化学習**と呼ばれる手法が採用されています。

教師あり学習の考え方で取り組む**模倣学習**（imitation learning）のアプローチも存在します。シミュレーション形式のコンテストでは、参加者同士の対戦記録が保存され、利用可能になる場合があります。ここで上位チームの対戦記録から、状態を入力としその際の行動を正解ラベルとみなすことで訓練セットを構築できます。後は一般的なコンテストと同様、ニューラルネットワークや勾配ブースティング決定木などの機械学習モデルを構築することで、与えられた状態に対して上位チームの戦略をまねた行動が予測できます。

ゲームを題材とした「Halite by Two Sigma」[96]、サッカーを題材とした「Google Research Football with Manchester City F.C.」[97]、じゃんけんを題材とした「Rock, Paper, Scissors」[98]、などが次々と開催されました。2021 年にも「Hungry Geese」[99] や「Lux AI」[100]、2022 年にも「Kore 2022」が [101] が開催され、コンテストの新たな方向性として注目を集めています。

1.3.9 数理最適化

Kaggle で開催されるコンテストの中には、必ずしも機械学習の利用を想定していないものもあります。有名なのが、毎年 12 月ごろにはじまる通称「サンタ」コンテストです。

2019 年の「Santa's Workshop Tour 2019」[102] では、損失を最小化するようなスケジュールを考える問題が課されました。過去にも巡回セールスマン問題と呼ばれる**数理最適化**の問題が出題されています。最適解が導出可能な出題もあり、上位には最適解のスコアが並び、提出時間で順位が決まる場合もありました。2020 年の「Santa 2020 - The Candy Cane Contest」[103] はシミュレーション形式でしたが、2021 年や 2022 年は 2019 年以前の数理最適化の課題に戻りました。

1.4　計算資源

1.4.1　コンテストにおける GPU・TPU

　前節で紹介した通り、近年のコンテストでは画像・テキスト・音声・動画など、大規模なデータセットを扱う事例が増えています。たとえば、2020 年の「SIIM-ISIC Melanoma Classification」[104] で提供されたデータセットの合計サイズは 108.19GB でした。大量の計算が必要なニューラルネットワークを用いた解法も一般的になっており、処理を高速化するための GPU の利用は必須になりつつあります。

　テーブル形式のデータセットを扱う場合も、2018 年の「TalkingData AdTracking Fraud Detection Challenge」[105] では 10.49GB、2020 年の「Riiid! Answer Correctness Prediction」[106] では 5.45GB、2022 年の「Ubiquant Market Prediction」[107] では 18.55GB のデータセットが提供されました。データセットの加工に GPU を用いるライブラリも増えつつあり、データセットの種類を問わず GPU が活用される事例が目立っています。

　最近は Google が開発した機械学習に特化したプロセッサとして Tensor Processing Unit（以下 TPU）にも注目が集まっています。大規模な行列演算時のメモリへの読み書きを減らすなど、さらなる高速化に向けた工夫が施されています。

1.4.2　利用できる環境

● Kaggle Code

　現在では、一定の制約の下で、GPU や TPU を無料で利用できる環境も登場しています。Kaggle では「Code」[108] の名で、Python・R がブラウザ上で実行できる環境が提供されています。同時実行数や週単位の実行時間などに制限はありますが、GPU と TPU が利用可能です。

● Google Colaboratory・SageMaker Studio Lab

　Google が提供しているブラウザ上の Python 実行環境 Google Colaboratory[109] でも、実行時間などの制約はありますが、GPU と TPU が無料で利用できます。自身や全体の空き状況に応じて GPU が割り当てられるので、GPU の種類は常に一律ではありません。2021 年 3 月には課金版プラン「Pro」が日本でも利用可能になり、9 月には上位版の「Pro+」もはじまりました。性能のよい GPU の優先的な割り当て、より長い実行時間などの利点があります。Amazon Web Service（AWS）も 2021 年、GPU などが無料で利用できるブラウザ上の実行環境 SageMaker Studio Lab[110] の提供を開始しました。

● クラウドサービス

　必要に応じて、AWS や Google Cloud Platform、Microsoft Azure といったクラウドサービスへの課金も考えられます。Kaggle は Google の子会社ということもあり、Kaggle と Google Cloud の連携も進んでいます。2020 年 6 月には、Kaggle 上で作成した Notebook を、Google Cloud 上に展開する機能 [111] が実装されました。

● ローカルマシン

　GPU 付きコンピュータを購入する選択肢もあります。けっして安い買い物ではありませんが、課金額などを気にせず計算を回せるのが利点です。デメリットとしては電気代の高騰や、クラウドサービスに比べ購入後に GPU 数やメモリサイズを調整しづらい点などが挙げられます。

● 計算資源を削減する工夫

　コンテストによっては、一見膨大な計算資源が必要に見えても、工夫次第で少ない計算資源で勝利する事例があります。たとえば前述の「TalkingData AdTracking Fraud Detection Challenge」は、あるユーザが広告をクリック後にアプリをダウンロードするかどうかを予測する課題でしたが、膨大な学習データのほとんどはダウンロードをしなかったパターン（負例）のデータでした。このコンテストで 1 位になったチームは、ダウンロードをしたパターンのデータ（正例）と同数になるように限定して負例を取り出すことで、学習に利用するデータセットを約 2 億から 100 万件程度まで削減していました [112]。あきらめずに試行錯誤することも大切です。

第2章
探索的データ分析とモデルの作成・検証・性能向上

機械学習コンテストのおおまかな流れとして「探索的データ分析」「モデルの作成」「モデルの検証」「性能の向上」という4つの過程が存在します。本章では、それぞれの観点に焦点を当て、基本的な考え方や技法を紹介します。画像やテキストを用いるコンテストに取り組むうえで前提となる知識の整理を目的としています。

最初に説明するのは、課題やデータセットを把握する**探索的データ分析** (Exploratory Data Analysis、EDA) です。あらゆるデータ分析のプロジェクトに必要不可欠な考え方で、後段の過程に取り組むうえで他者と差を付ける重要な要素となります。

次に、機械学習のモデルを構築する方法を学びます。手始めに作成し、今後の基準となっていく単純なモデルのことを**ベースライン**と呼びます。その後、作成したモデルの性能をどのように検証するかを議論します。ここでは訓練セットから一部を切り出し検証セットとし、テストセットに対する性能を見積もります。最後に、モデルを改善してスコアを伸ばすための技法を紹介します。

データ分析や機械学習コンテストの入門的な内容については、必要最低限の解説にとどめています。必要に応じて、関連書籍などを参照してください。

2.1 探索的データ分析

機械学習コンテストで他の参加者との差別化を図るためには、与えられたデータセットと課題を適切に理解し、多くの試行錯誤を重ねられるかが鍵となります。人工知能領域の著名な定理に、あらゆる問題で性能が高い万能なモデルは存在しないという旨を主張する**ノーフリーランチ定理**があります。機械学習コンテストでも、データセットと課題の特性に応じたモデルを模索することが、スコアを伸ばすうえで必要不可欠です。

探索的データ分析では、さまざまな切り口でデータセットを抽出・集計・可視化して、仮説を立てながら問題の解き方を考えます。集計と可視化を駆使することで、スコア向上につながるアイディアを生み出しましょう。テーブル形式のデータセットでは Pandas Profiling[113]、画像では IPyPlot[114] など、専用のライブラリもあります。

ときには、課題を解くうえで本来は使えないはずのデータセットの特徴を発見する場合もあります。このような**データ漏洩 (リーク)** [115] は、スコアを飛躍的に伸ばす要因となりえます。

作成したモデルの考察も大切です。検証セットの個々のサンプルに対する予測結果を確認

することで、誤分類の事例を知ることができます。モデルの予測根拠の可視化も、改善に向けた知見獲得につながります。

　試行錯誤を重ねるにあたって、類似のコンテスト事例や関連研究を調査しておくことで、首尾よく実験を進められる可能性があります。たとえば毎年開催されているコンテストでは、前年の上位チームの取り組みを調べることで、解法の方向性を学べます。プラットフォーム内で議論の場が提供されている場合は、定期的に確認しておくことも大切です。Kaggle の場合は、参加者が議論する「Discussions」やコードを共有する「Code」、データセットを公開する「Datasets」といった機能があり、それぞれのコンテストで有効な取り組みが議題に挙がっている場合があります。

2.2　モデルの作成

　機械学習のモデルを構築するうえで、入力となるデータセットから出力の予測値を導くアルゴリズムが必要となります。最初に説明するアルゴリズムは**ニューラルネットワーク**で、本書で題材とする画像やテキストを用いる機械学習コンテストで頻繁に利用されています。2017 年から 2020 年 7 月ごろまでの Kaggle コンテストの解法を調査した結果によると、画像・動画・自然言語処理・グラフを扱ったコンテストにおける優勝チームの主力モデルは、いずれもニューラルネットワークでした[116]。

　本節では、ニューラルネットワークの学習の枠組みを簡単に解説した後、深層学習ライブラリ **PyTorch** を用いた実装方法を紹介します。ニューラルネットワーク以外にも、数多くの機械学習アルゴリズムが存在します。その中から、ニューラルネットワークと並んでコンテストでの登場回数が多い**勾配ブースティング決定木**を説明し、そして **k 近傍法**と**線形モデル**についても言及します。

2.2.1　ニューラルネットワーク

● ニューラルネットワークの学習

　ここでは、ニューラルネットワークの学習の仕組みについて解説します。本書では概念を説明するにとどめますので、理論的な詳細については『深層学習 改訂第 2 版』第 2～4 章などを参照してください。

　ニューラルネットワークとは、いくつもの**パーセプトロン**と呼ばれる構造を含むモデルです。パーセプトロンの概要を図 2.1 に示します。

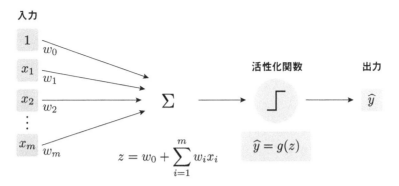

図 2.1　パーセプトロンの概要

パーセプトロンは最初に、与えられた入力 $(x_1, x_2, \ldots, x_m)$ に対して、重み $(w_0, w_1, \ldots, w_m)$ 付きで総和 z を計算します。その後、活性化関数 g を適用したうえで、y を出力します。

$$z = x_0 + w_1 \times x_1 + w_2 \times x_2 + \cdots + w_m \times x_m, \quad \widehat{y} = g(z)$$

ニューラルネットワークは図 2.2 のように、入力層（input layer）・隠れ層（hidden layer）・出力層（output layer）の構造を持ち、それぞれのパーセプトロンが持つ重みなど多数のパラメータを持つモデルです。ニューラルネットワークの学習とは、与えられた訓練セットによく当てはまるパラメータを導く作業であると捉えられます。ニューラルネットワークの学習のためには、アーキテクチャ・目的関数・最適化手法などを事前に定義しておく必要があります。

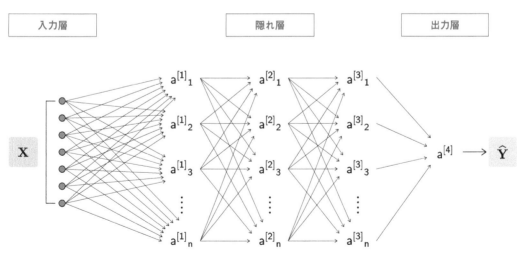

図 2.2　ニューラルネットワークのアーキテクチャの例

（文献 [117] を参考に作成）

　アーキテクチャについては、入出力の形状や隠れ層の種類・数などが調整可能です。自前で定義することも可能ですが、多くの場合は過去の事例を参考に、扱うデータセットに適したアーキテクチャを採用するのが一般的です。

　モデルのパラメータを改善していくためには、推論した結果と真の値の差をなんらかの基準で計算しなければなりません。このために定義した関数を**目的関数**や**損失関数**と呼びます。たとえば分類では**対数損失**（log loss）、回帰では**平均平方二乗誤差**（root mean square error、RMSE）といった目的関数がよく用いられます。いずれも、真の値・分布と推定した値・分布との差を定量化しています。

　モデルの学習のために最適化する目的関数に対し、単純にモデルの性能のよさを測る関数を**評価指標**と呼びます。機械学習コンテストの場合、評価指標は主催者によって定義されています。目的関数・評価指標の詳細や種類については、本書の対象外です。『Kaggle で勝つデータ分析の技術』第 2 章や『Kaggle Grandmaster に学ぶ機械学習実践アプローチ』第 3 章などを参照してください。

　目的関数の最適化手法としては**確率的勾配降下法**（stochastic gradient descent、以下 **SGD**）や **adaptive moment estimation**（以下 **Adam**）などが挙げられます。SGD は、ランダムに取り出した一部のデータで計算される目的関数が小さくなる方向へパラメータを更新する手法です。パラメータの更新量を調整するための**慣性項**（momentum）を付与した **Momentum SGD** もあります。Adam は、SGD に移動平均の計算や学習率の調整などの工夫を加えています。

✎note

誤差逆伝播

　ニューラルネットワークの学習の手順を次に示します。

1. 重みなど学習対象のパラメータの初期値を決定する
2. 既存のモデルを用いて、与えられた訓練セットに対する予測値を算出する
3. 得られた予測値と正解ラベルを比較し、誤差を小さくするようにパラメータを修正する
4. 2 と 3 を繰り返す

　3 番目の処理は**誤差逆伝播**と呼ばれます。これらの処理を経て、訓練セットに適したニューラルネットワークのパラメータを獲得します。

> note
>
> ### 目的関数と評価指標
>
> 　目的関数と評価指標は、必ずしも一致する必要はありません。たとえば評価指標として正答率が設定されたコンテストの場合、目的関数としては対数損失がよく用いられます。SGDなどの勾配計算を伴う最適化手法は目的関数の導関数（傾き）を利用するので、正答率のような非連続な目的関数の最小化は困難なためです。目的関数としては、対数損失のような導関数を求めやすい関数を代わりに使うのが一般的となっています。
>
> 　対数損失は正答率に比べて、作成したモデルの性能をより細かく評価していると考えることも可能です。たとえば正解ラベルがそれぞれ (0, 1, 1) の3サンプルに対して、予測値が以下の2通りだったとします。
>
> ```
> 予測値パターンA = (0.4, 0.6, 0.6)
> 予測値パターンB = (0.1, 0.9, 0.9)
> ```
>
> 　ここで予測値を正解ラベルに変換する閾値として 0.5 を採用した場合、両者とも正答率は等しいです。一方で対数損失を考えた場合、前者に比べて後者のほうが優れた値となります。

● PyTorch による実装例

ここでは、単純なニューラルネットワークのパラメータ導出の手順を学びます。

まずはデータの準備です。ここでは手書き文字認識のためのデータセットを利用します。

```
from sklearn.datasets import load_digits


digits = load_digits()
X = digits.data
y = digits.target
print(X.shape, y.shape)

# (1797, 64) (1797,)
```

　このデータセットには 1797 件のサンプルが含まれています。それぞれの画像を表す情報として、8 × 8 の画素で計 64 個の濃淡を示す値が与えられています。出力対象の変数（目的変数）は、画像が示す 0~9 の数字を示すラベルです。

　本書では、深層学習ライブラリとして PyTorch を使います。取得したデータを PyTorch で扱える形式に変換しました。

```
import torch


X = torch.tensor(X, dtype=torch.float32)
y = torch.tensor(y, dtype=torch.int64)
```

　ついで、アーキテクチャ・目的関数・最適化手法を定義します。ここではアーキテクチャ
として単純なパーセプトロンを 3 層重ね、活性化関数として **Rectified Linear Unit**（以下
ReLU）、目的関数にはクロスエントロピー、最適化手法として SGD を採用しました。単純な
パーセプトロンは**全結合層**（fully connected layer、FC layer）とも呼ばれます。

```
from torch import nn, optim


model = nn.Sequential(
    nn.Linear(64, 32),
    nn.ReLU(),
    nn.Linear(32, 16),
    nn.ReLU(),
    nn.Linear(16, 10),
)
model.train()
lossfun = nn.CrossEntropyLoss()
optimizer = optim.SGD(model.parameters(), lr=0.01)
```

　準備が整ったので、いよいよ学習を実行します。

```
losses = []

for ep in range(100):
    optimizer.zero_grad()
    # y の予測値を算出
    out = model(X)

    # 損失を計算
    loss = lossfun(out, y)
    loss.backward()

    # 勾配を更新
    optimizer.step()

    losses.append(loss.item())
```

　学習結果を確認してみましょう。今回の場合、学習に用いたデータのうち約 82％の分類に
成功しました。

```
_, pred = torch.max(out, 1)
print((pred == y).sum().item() / len(y))

# 0.8280467445742905
```

損失が収束していく様子は、図 2.3 のように可視化されます。なおこの可視化は、次のミニバッチの処理も含めた結果です。

```
import matplotlib.pyplot as plt


plt.plot(losses)
plt.xlabel('epoch')
plt.ylabel('loss')
```

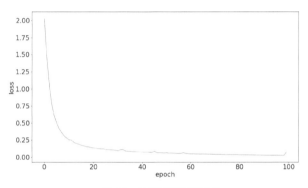

図 2.3　損失の収束の可視化

● ミニバッチ

前節の例では、すべてのデータを用いてニューラルネットワークを学習しています（そのためデータの選択に確率的な挙動はなく厳密には SGD と呼びません）。しかし一般に、ニューラルネットワークの学習には大量のデータセットが必要で、一度にすべてのデータをメモリに載せられない場合もあります。そのような場合、データセットを小さな**バッチ**もしくは**ミニバッチ**と呼ばれる単位に分割し、逐次的に学習を進めていく方法が採用されています。

PyTorch の場合、次のように**データセット**（Dataset）や**データローダ**（DataLoader）という概念を用いて実装できます。Dataset はデータセット内の各データに関する入力や正解ラベルなどをまとめたもので、DataLoader は Dataset 全体から一部をバッチ単位で取り出します。batch_size=64 と定義すると、1 つのバッチの中に 64 個のデータが含まれます。

```
import torch
from sklearn.datasets import load_digits
```

```python
from torch.utils.data import DataLoader, TensorDataset


digits = load_digits()
X = digits.data
y = digits.target

X = torch.tensor(X, dtype=torch.float32)
y = torch.tensor(y, dtype=torch.int64)
dataset = TensorDataset(X, y)
dataloader = DataLoader(dataset, batch_size=64, shuffle=False)
```

学習時には、次のようにバッチごとに処理を実行します。

```python
def train_1epoch(model, train_loader, lossfun, optimizer, device):
    model.train()
    total_loss, total_acc = 0.0, 0.0

    for x, y in tqdm(train_loader):
        x = x.to(device)
        y = y.to(device)

        optimizer.zero_grad()
        # y の予測値を算出
        out = model(x)

        # 損失を計算
        loss = lossfun(out, y)
        loss.backward()

        # 勾配を更新
        optimizer.step()

        # バッチ単位の損失を計算
        total_loss += loss.item() * x.size(0)

        # バッチ単位の正答率を計算
        _, pred = torch.max(out, 1)
        total_acc += torch.sum(pred == y.data)

    avg_loss = total_loss / len(train_loader.dataset)
    avg_acc = total_acc / len(train_loader.dataset)
    return avg_acc, avg_loss
```

note

PyTorch のコードを簡略化するライブラリ

ここまで見た通り、PyTorch の学習のためのコードには、DataLoader などの複数のルー

プが含まれており、微分の計算や勾配の更新・損失の計算など定番の処理も数多く存在します。これらの一連の処理の記述を簡略化するためのライブラリがいくつか開発されています。PyTorch のエコシステム[118] の中では、次のようなライブラリが紹介されています。それぞれ抽象度や設計思想などにさまざまな違いがあります。実際にそれぞれのライブラリを用いて機械学習コンテストに参加した方のまとめ記事も参考になるでしょう[119]。第 5 章では、最先端の自然言語処理モデルを搭載している Transformers ライブラリを用いて、テキストの分類に取り組んでいます。

- PyTorch Lightning[120]
- Ignite[121]
- Catalyst[122]
- fastai[123]
- OpenMMLab[124]
- Transformers[125]

2.2.2 ニューラルネットワーク以外のアルゴリズム

その他のアルゴリズムとして、ここでは勾配ブースティング決定木・k 近傍法・線形モデルの 3 つを取り上げます。単体での性能は、ニューラルネットワークや勾配ブースティング決定木が優れている場合が多いです。しかしコンテストの課題やデータセットの特性によっては、k 近傍法・線形モデルのほうが優れた性能を示す場合もあります。線形モデルは、後述するアンサンブルの目的で利用されることも多いです。

● 勾配ブースティング決定木

勾配ブースティング決定木 (gradient boosting decision tree、**GBDT**) は、多数の決定木を逐次的に学習させていくアルゴリズムです。決定木は 1 つの入力に対し 1 つの閾値を定め、次々と条件分岐していきながら予測値を決定します。入力はデータセットの特徴をよく表す定量的な値であり**特徴量**とも呼ばれます。訓練セットからは、それぞれの決定木の分岐において、どの特徴量に対してどの閾値で左右に振り分けるかの判定を学びます。

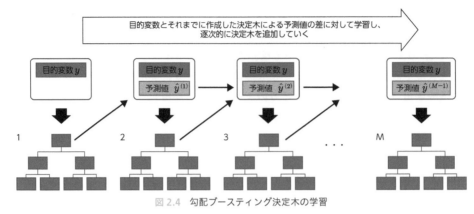

図 2.4　勾配ブースティング決定木の学習

(『Kaggle で勝つデータ分析の技術』図 4.9 から引用)

　勾配ブースティング決定木の学習では、ある時点で作成した決定木の予測結果を確認し、誤差の大きいデータをうまく予測できるように、次の決定木を作成していきます（図 2.4）。最終的な予測値は、学習の過程で作成したすべての決定木での予測値を利用して算出されます。アルゴリズムの詳細に関しては『統計的学習の基礎』第 10 章に記載されています。

　勾配ブースティング決定木の実装としては XGBoost・LightGBM・CatBoost が有名で、テーブル形式のデータセットを扱うコンテストでよく利用されています。先述の Kaggle コンテストの解法の調査結果によると、テーブル形式のデータセットを扱った 14 コンテストの中で 11 回は、優勝チームが勾配ブースティング決定木を使っていました。時系列データの場合でも 7 コンテスト中 6 回、優勝チームの主力モデルが勾配ブースティング決定木でした。

　決定木を元にしたアルゴリズムとしては**ランダムフォレスト**も有名です。ランダムフォレストは、勾配ブースティング決定木と異なり、独立して学習させた複数の決定木の結果を用いて最終的な予測値を算出します。

● k 近傍法

　k 近傍法（k-nearest neighbor algorithm、kNN）は、与えられた入力が似ている k 個のサンプルの目的変数を用いて結果を予測するアルゴリズムです。類似度は、ユークリッド距離を用いて計算する場合が多いです。その際、たとえば 0 から 1 の値をとる特徴量 A と、0 から 1000 の値をとる特徴量 B があると、特徴量 B が最終的な類似度に大きく影響してしまいます。そのため、k 近傍法を用いる場合には、事前にすべての特徴量が取り得る範囲を一定区間に変換しておくのがよいでしょう。

● 線形モデル

　線形モデルでは、与えられた入力の線形和を用いて目的変数を表現します。機械学習コンテストでは、スタッキングと呼ばれるアンサンブルの技法で採用される場合があります。線形モデルについても k 近傍法同様、事前にすべての特徴量が取り得る範囲をそろえておくのが望ましいです。線形モデルの例としては、リッジ回帰・ラッソ回帰・線形サポートベクターマシンなどが挙げられます。線形モデルを非線形に拡張したモデルもあります。

2.2.3　利用するモデルと得意とするデータセットの種類・性質

　近年の機械学習コンテストでは、ニューラルネットワークと勾配ブースティング決定木を用いたモデルが頻繁に利用されています。本節ではそれぞれのモデルについて、得意とするデータセットの種類や性質を説明します。特にニューラルネットワークに関しては、代表的なアーキテクチャをいくつか取り上げて紹介します。

● 勾配ブースティング決定木

　勾配ブースティング決定木は、テーブル形式のデータセットを扱う機械学習コンテストでよく利用されています。それぞれの特徴量に対し 1 つの閾値を定めるという学習の性質上、個別の特徴量が目的変数の予測に有効であることが望ましいです。事前に予測に有効な特徴量を抽出する工程を**特徴量エンジニアリング**と呼びます。

　テーブル形式のデータセットを扱うコンテストでは、データセットの特性を見抜き、いかに課題設定に応じた情報抽出をするかが勝敗を左右します。手法や事例などの詳細については『Kaggle で勝つデータ分析の技術』第 3 章などを参照してください。

　すでに述べている通り、近年の画像やテキストを用いるコンテストでは、勾配ブースティング決定木はあまり使われていません。要因として、テーブル形式のデータセットと比較すると、画像やテキストは特徴量エンジニアリングによる情報抽出が難しいという点が挙げられます。

　たとえば画像を勾配ブースティング決定木の入力とする素朴なやり方として、各ピクセルを 1 列に並べる方法があります（図 2.5 上）。その他にも伝統的な手法として、画像の局所的な特徴に注目する SIFT[126] や SURF[127] などの特徴量があります（図 2.5 下）。しかしこういった方法では、人手で特徴量を設計する段階で、画像が保有する情報の一部が欠損してしまいます。

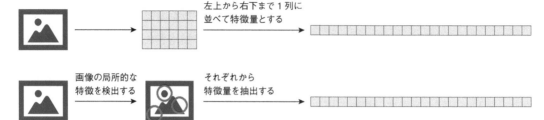

画像の各ピクセルを
左上から右下まで 1 列に
並べて特徴量とする

画像の局所的な
特徴を検出する

それぞれから
特徴量を抽出する

図 2.5　画像の特徴量エンジニアリングの例

　テキストに関する特徴量としては TF-IDF[128] など、単語の登場頻度に基づく方法が伝統的に用いられています。しかし頻度を集計する段階で単語の順序や文脈などが欠落してしまい、モデルの予測のために必要な情報を十分に提供できない可能性があります。

　こういった問題意識やニューラルネットワークの台頭に伴い、現在では画像やテキストをそのまま入力として用いて、ニューラルネットワークの高い表現力で有用な特徴量を獲得する手法が一般的になりました。伝統的な取り組みからの変遷については『画像認識』や『深層学習による自然言語処理』などに記載されています。

● 多層パーセプトロン

　ニューラルネットワークの最も基本的なアーキテクチャとして、パーセプトロン（全結合層）を何層か積み重ねた**多層パーセプトロン**（multilayer perceptron、MLP）があります。そして MLP を基礎として、扱うデータセットに適したさまざまなアーキテクチャが提案されてきました。

● 畳み込みニューラルネットワーク

　画像の場合は**畳み込みニューラルネットワーク**（convolutional neural network、以下 **CNN**）と呼ばれるアーキテクチャが有名です。CNN は全結合層だけではなく、**畳み込み層**（convolutional layer）や**プーリング層**（pooling layer）と呼ばれる構造を持ちます。2012 年の ILSVRC で従来手法を圧倒した AlexNet は、CNN の元祖と言えるモデルで、5 つの畳み込み層などで構成されます。

　AlexNet の登場後、より大規模な CNN のモデルがたびたび登場し、最高性能を更新し続けてきました。2015 年に提案された ResNet は、AlexNet と比べて単に層の数が多いだけではなく、ある層の出力をいくつかさきの層に伝える（shortcut connection）機能を持つ「残差ブロック」といった構造も備えています。同じ ResNet と呼ばれるモデルでも、18 層、34 層、50 層、101 層、152 層などと、深さが異なるさまざまな種類が用意されているのもニューラルネットワークでは一般的です。2019 年には CNN のモデルの深さ・広さ・解像度などを探

索した EfficientNet[129]、2022 年には昨今の画像認識分野の要素技術を ResNet に組み込んだ ConvNeXt[130] が提案されるなど、現在進行系で研究が進んでいます。

　CNN を通じて入力の局所的な特徴を捉えたいという考え方は、画像以外のデータセットに対しても応用できます。たとえば、時系列データ[131] やテキストの分類[132] に CNN を利用する場合があります。その他、一般的なテーブル形式のデータセットに対しても、1 次元の畳み込み層が効果を発揮したと報告している例があります[133]。

　CNN については、画像を題材としたコンテストに挑戦する第 3 章と第 4 章で具体的に取り上げます。

● リカレントニューラルネットワーク

　リカレントニューラルネットワーク（recurrent neural network、以下 **RNN**）は、時系列データやテキストといった順序関係を持つデータセットの処理を得意とするニューラルネットワークです。RNN は入力を順番に読み込みながら、隠れ状態という形で前段までの情報を保持しつつ系列を処理していきます。RNN の中でも**長短期記憶**（long short term memory、以下 **LSTM**）と呼ばれるモデルが最も頻繁に利用されています。RNN については、テキストを題材としたコンテストに挑戦する第 5 章で具体的に解説します。

● トランスフォーマー

　近年は**トランスフォーマー**（以下 transformer）というアーキテクチャが多くの課題で高い性能を示すと報告され、注目を集めています。transformer が最初に注目を集めたのは自然言語処理の領域で、2017 年に「Attention Is All You Need」と題した論文が発表されました[134]。transformer は任意長の入力を任意長の出力に変換するニューラルネットワークです。**attention** と呼ばれる機構を用いて、入力全体と出力全体の対応関係を学習します。

　transformer は、ここ数年の自然言語処理の急速な発展の礎となっています。2018 年には **Bidirectional Encoder Representations from Transformers**（以下 **BERT**）[135]、2020 年には **Generative Pre-trained Transformer 3**（**GPT-3**）[136] といったモデルが提案され、大きな話題を呼びました。特に BERT は、汎用的に多くの問題に流用しやすく高い性能を示すため、自然言語処理を題材とした機械学習コンテストで一般的な解法となっていきました。BERT の派生系として RoBERTa[137] や DeBERTa[138] などさまざまなモデルが提案されています。第 5 章では、具体的に BERT を用いてテキスト分類のモデルを構築します。

　2019 年ごろからは画像認識分野にも transformer を導入するモデルが登場し始めます。2020 年には、画像分類問題のための Vision Transformer（ViT）[139]、物体検出問題を解く DEtection TRansformer（DETR）[140] が提案されました。2021 年に登場した Swin Transformer[141] は画像認識分野の幅広い問題で高い性能が報告されました。画像を題材にし

た機械学習コンテストでも、transformer を用いたモデルを目にする機会が多くなっています。

　transformer はその他、音声認識 [142]・時系列予測 [143]・グラフ構造 [144] など多種多様な領域で応用され、研究が進んでいます。

2.2.4　ニューラルネットワークの高速化・安定化

　一般にニューラルネットワークの学習・推論には、多くの時間を必要とします。そのためニューラルネットワークの実装では性能の高さだけではなく、学習・推論の速度も重要な観点として議論されることが多いです。機械学習コンテストの世界でも、個々の学習の時間が短縮できれば、試行錯誤の回数を増やせます。推論時間に制限がある形式のコンテストも増えており、計算速度は考慮すべき要素の 1 つです。

　たとえば、モデルのアーキテクチャなどを変えずに計算速度やメモリの使用量を改善する方法として、コンピュータ上での数値表現データ自体の精度を落とすことも可能です。中でも、可能な限り数値表現のデータ量を節約しつつ、一方で数値誤差によるモデルの性能悪化ができるだけ起きないようにする方法として、**混合精度**（mixed precision）があります。混合精度とは 16 ビットと 32 ビットの両方の浮動小数点型を使ってモデルの学習を高速化する手法です。行列計算など一部の演算で 16 ビットを利用することで、計算速度の高速化が期待されます。メモリ削減により大きなバッチサイズを確保でき、学習の安定化につながる利点もあります。PyTorch では、v1.6.0 から NVIDIA による自動混合精度（automatic mixed precision、AMP）機能が公式にサポートされ、手軽に導入できるようになりました [145]。

　ニューラルネットワークの学習では、バッチサイズが小さすぎると学習が不安定になったり最終的な性能が伸び悩んだりすることがあります。しかし、モデルやデータの大きさによってはメモリの使用量の関係上、小さいバッチサイズでしか誤差逆伝播法の演算を行えないこともあります。そこで、小さなバッチサイズでも学習を安定させる手法として**勾配累積**（gradient accumulation）があります。勾配累積では、複数の小さいバッチそれぞれで勾配を分けて計算し、その平均を用いてモデルのパラメータを更新します。累積回数を乗じた分のバッチサイズを確保した場合と同等の効果が期待できます。

　その他にも、ニューラルネットワークの高速化・安定化に関する工夫は数多く議論されています。優れたまとめとして、国際会議「European Conference on Computer Vision (ECCV) 2020」のチュートリアル [146] や 2021 年の「NVIDIA GTC」[147] で発表された「PyTorch Performance Tuning Guide」は一読の価値があります。

2.2.5　ニューラルネットワークの実装における留意点

　ニューラルネットワークのモデル作成には、勾配ブースティング決定木などと比べて、難

しい点がいくつかあります。まずは実装の問題です。

　勾配ブースティング決定木では、LightGBM などの既存のライブラリが成熟しており、ハイパーパラメータを調整することはあれど、モデル自体に手を加える機会は多くありません。一方でニューラルネットワークの場合、PyTorch や同じく深層学習ライブラリの TensorFlow などを用いて、自らアーキテクチャや学習のためのコードを記述するのが一般的です。データセットの形状の不一致で学習自体が実行不可能な場合や、実行しても学習がうまく進まない場合など、さまざまな不具合が発生する可能性があります。

　ニューラルネットワークの実装を効率的に進めるには、できる限り手戻りが少ないように順を追って挙動を確認するのがよいでしょう。以下に「Troubleshooting Deep Neural Networks」[148] と題した発表やスタンフォード大学での講義[149] を元にした戦略の一例を示します。

1. 単純なアーキテクチャや学習設定からはじめる
2. 訓練セットで学習できると確認する
3. 検証セットへの汎化性能を確認する

● 単純なアーキテクチャや学習設定からはじめる

　可能な限り単純なアーキテクチャや学習設定からはじめ、モデルの学習が問題なくはじまることを確認しましょう。最初の段階では、データセットの一部のみを抽出することで読み込み時間を短縮し、試行錯誤を手早く回すとよいでしょう。

　データセットの形状の不一致などが発生せず、モデルの学習が進行するかを確かめます。コードが実行できていても、モデルの出力が NaN（非数）になっている場合があります。入力に欠損値や無限大が含まれる、値が想定範囲に収まっていないなど原因はさまざまです。LightGBM などでは欠損値をそのまま扱えますが、ニューラルネットワークの場合には何かしらの方法で欠損値を処理しておく必要があります。

　少量のデータセットで実行できたら、全量のデータセットでも挙動を確認しておきましょう。メモリ不足（out of memory）のエラーは、ニューラルネットワークの実装で頻繁に直面します。利用できる計算資源に適したバッチサイズなどの設定を確認しておくことが大切です。

● 訓練セットで学習できると確認する

　モデルが最低限動いたら、次は訓練セットに対する損失が小さくなることを確認します。たとえば少量の訓練セットを使って、ニューラルネットワークの学習が問題なく進むことを確かめましょう。

　勾配ブースティング決定木では一般的に、学習率が小さいほど性能が高くなる傾向にあり

ます。そのため学習率は 0.1〜0.5 程度で固定したうえで他のハイパーパラメータを探索し、最後に学習率を下げる方針が採用される場合が多いです。しかしニューラルネットワークでは、学習率が大きすぎると目的関数が発散したり、小さすぎるとまったく学習が進まなかったりと、学習率がモデルの挙動に与える影響が大きいです。そもそもの値の水準も 10^{-6}〜10^{-3} など、勾配ブースティング決定木などと比べて小さい値が使われます。

　データセットの前処理が必要な場合もあります。たとえば量的変数の取り得る値の範囲の変換や、質的変数への対応です。

　ニューラルネットワークでは、入力の各特徴量の取り得る値の範囲が異なると、学習がうまく進まない場合があります。そのような状況では、線形変換で平均を 0、標準偏差を 1 にする**標準化**や、値を 0〜1 の区間に閉じ込める **min-max スケーリング**が効果を発揮します。数値関係を順位情報に変換し、その後に正規分布に変換する **RankGauss** と呼ばれる手法もあります。極端な値に対しては、上限や下限を設定して適当な値に置換する**クリッピング処理**を適用する選択肢もあります。一方で、勾配ブースティング決定木ではそれぞれの変数の大小関係のみを考慮して個別に処理するため、大小関係が不変な変換は学習にほとんど影響しません。

　値の大小関係に意味がない質的変数については、図 2.6 のような **one-hot エンコーディング**と呼ばれる処理をする場合があります。この例では「S、C、Q」の値を持つ列を 3 列に展開し、それぞれの列で特定の値か否かを 0 もしくは 1 で表現しています。

Embarked		Embarked_S	Embarked_C	Embarked_Q
S		1	0	0
C	→	0	1	0
Q		0	0	1
C		0	1	0

図 2.6　one-hot エンコーディングの例

（『Python ではじめる Kaggle スタートブック』図 2.16 から引用）

　不要な関係性を与えないように質的変数を処理することで、学習が円滑に進む可能性があります。1 つの質的変数が多くの値をとる場合に列数が増えすぎてしまう点には注意しましょう。ニューラルネットワークの学習を通じて質的変数の分散表現を獲得する entity embedding[150] を利用する場合もあります。

● 検証セットへの汎化性能を確認する

　ここまでで、コードに不備がなくモデルが問題なく動くこと、訓練セットに対して学習が進むことを確認しました。その後は、未知のデータセットに対する性能（**汎化性能**）を確認し、少しずつ改善していく作業になります。

　以降の節では、モデルを検証するうえでの考え方や、汎化性能を高めるための技法について紹介していきます。この戦略はあくまで一例ですが、このように順序立てて実装を進めておくと、問題のある箇所を特定しやすく手戻りが少なくなるでしょう。

2.3　モデルの検証

　機械学習コンテストにおけるモデル作成では、未知のデータセットに対する性能を高めることが目的になります。この性能を測るため、正解ラベルが与えられているデータセットから一部を切り出し、検証セットを構築するのが一般的です。本節では、モデルの検証方法について議論します。

2.3.1　汎化性能

　機械学習アルゴリズムでは、与えられた学習データから、ラベルを推定するモデルを構築するパラメータを導出します。ここで構築されるモデルは、訓練セットのみを尤もらしく表現できる状態になってしまっている可能性がある点には注意が必要です。学習に利用したデータセットにのみ過剰に適合してしまい、本来の目的である未知のデータセットに対する性能が劣化してしまう現象に陥る可能性があるからです。この現象を**過学習**（overfitting）と呼びます。

　ニューラルネットワークや勾配ブースティング決定木などの逐次的に学習を進めていく機械学習アルゴリズムでは、モデルが過学習していないかを確認するために、訓練セットだけではなく**検証セット**に対する性能も監視するのが一般的です。検証セットに対する性能が一定回数改善しない場合には、学習を早期に打ち切る **early stopping** を実施する場合もあります。

　実装の抜粋を以下に示します。まずは訓練セットから検証セットを切り出します。

```
import torch
from sklearn.datasets import load_digits
from sklearn.model_selection import train_test_split
from torch import nn, optim
from torch.utils.data import DataLoader, TensorDataset


digits = load_digits()
X = digits.data
```

```python
y = digits.target

# train と test に分割
X_train, X_test, y_train, y_test = train_test_split(
    X, y, test_size=0.3, stratify=y, random_state=42
)
# train から valid を切り出す
X_train, X_valid, y_train, y_valid = train_test_split(
    X_train, y_train, test_size=0.2, stratify=y_train, random_state=0
)

X_train = torch.tensor(X_train, dtype=torch.float32)
X_valid = torch.tensor(X_valid, dtype=torch.float32)
X_test = torch.tensor(X_test, dtype=torch.float32)
y_train = torch.tensor(y_train, dtype=torch.int64)
y_valid = torch.tensor(y_valid, dtype=torch.int64)
y_test = torch.tensor(y_test, dtype=torch.int64)

train_dataset = TensorDataset(X_train, y_train)
train_loader = DataLoader(train_dataset, batch_size=64, shuffle=False)
val_dataset = TensorDataset(X_valid, y_valid)
val_loader = DataLoader(val_dataset, batch_size=64, shuffle=False)
test_dataset = TensorDataset(X_test, y_test)
test_loader = DataLoader(test_dataset, batch_size=64, shuffle=False)
```

　検証時には、次のようにバッチごとに処理を実行します。検証・テストセットに対しては、勾配の更新などを実施していない点に注意してください。実装の抜粋は以下の通りです。

```python
import numpy as np
import torch
from tqdm import tqdm


def validate_1epoch(model, val_loader, lossfun, device):
    model.eval()
    total_loss, total_acc = 0.0, 0.0

    with torch.no_grad():
        for x, y in tqdm(val_loader):
            x = x.to(device)
            y = y.to(device)

            out = model(x)
            loss = lossfun(out, y)
            _, pred = torch.max(out, 1)

            total_loss += loss.item() * x.size(0)
            total_acc += torch.sum(pred == y.data)

    avg_loss = total_loss / len(val_loader.dataset)
    avg_acc = total_acc / len(val_loader.dataset)
```

```
    return avg_acc, avg_loss


def predict(model, loader, device):
    pred_fun = torch.nn.Softmax(dim=1)
    preds = []
    for x, _ in tqdm(loader):
        with torch.set_grad_enabled(False):
            x = x.to(device)
            y = pred_fun(model(x))
        y = y.cpu().numpy()
        preds.append(y)
    preds = np.concatenate(preds)
    return preds
```

訓練・検証セットに対する損失が収束していく様子は、図 2.7 のように可視化されます。
train_losses と valid_losses は、それぞれ訓練と検証セットに対する損失です。

```
import matplotlib.pyplot as plt


plt.plot(train_losses, label='train_losses')
plt.plot(valid_losses, label='valid_losses')
plt.xlabel('epoch')
plt.ylabel('loss')
plt.legend()
```

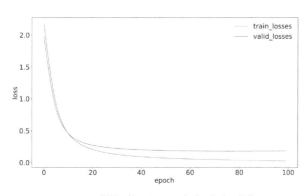

図 2.7　訓練・検証セットに対する損失の推移

　訓練・検証・テストセットに対する正答率を計算すると、次のようになりました。訓練セットに対する性能は約 99％に達しています。機械学習アルゴリズムでは、訓練セットに対応するモデルを学習しているため、ある意味妥当な結果です。一方で、検証・テストセットに対する正答率は若干悪い値を示しています。検証・テストセットは学習に利用していない未知のデータセットのため、一般に訓練セットに対する性能よりも悪くなります。

```
for ep in range(100):
    train_acc, train_loss = train_1epoch(
        model, train_loader, lossfun, optimizer, device
    )
    valid_acc, valid_loss = validate_1epoch(
        model, val_loader, lossfun, device
    )

    train_losses.append(train_loss)
    valid_losses.append(valid_loss)

plt.plot(train_losses, label="train_losses")
plt.plot(valid_losses, label="valid_losses")
plt.xlabel("epoch")
plt.ylabel("loss")
plt.legend()

test_preds = predict(model, test_loader, device)
test_preds = np.argmax(test_preds, axis=1)

print("train acc", train_acc.item())
print("valid acc", valid_acc.item())
print(
    "test acc",
    sum(y_test.detach().numpy().copy() == test_preds) / len(y_test),
)

# train acc 0.9990049600601196
# valid acc 0.9642857313156128
# test acc 0.9592592592592593
```

2.3.2　検証セットが必要な理由

　機械学習コンテストの場合「検証セットを用意せずとも、実際に予測結果を提出した結果でどのモデルを使うべきかを判断すればよいのでは」と考える読者もいるかもしれません。しかし、この方法にはいくつかの問題点があり、基本的には望ましくありません。

　第一に機械学習コンテストでは、提出回数に制限がある場合が多いです。予測結果を提出した結果でモデルの是非を判断しようとすると、提出回数分しか試行錯誤ができない事態に陥ります。

　また一般に機械学習コンテストでは、開催中に確認できる暫定の順位表（public leaderboard）のためにはテストセット（test）の一部のみを利用し、最終的な順位（private leaderboard）は残りのテストセットに対する性能で決定します（図 2.8）。仮に暫定の順位表でよいスコアが出ても、一部の偏ったデータのみが得意なモデルになっている可能性があります。必ずしも、参加者にとって完全に未知のデータセットで評価される最終の順位表でも、

よいスコアになるとは限りません。テストセットの分割方法は参加者に開示されない場合が多く、暫定の順位表がどれほど信頼に足るか判断が付きづらいという問題も存在します。

図 2.8　訓練・テストセットの分割

(『Python ではじめる Kaggle スタートブック』図 2.43 を参考に作成)

　以上の問題を踏まえ、機械学習コンテストでは訓練セット（train）から検証セット（validation）を切り出し、自分のモデルの性能を検証するのが一般的です。この手法は**ホールドアウト検証**（holdout validation）と呼ばれます（図 2.9）。

　検証セットは、訓練セットから作成するため、正解ラベルを含めて全容を把握できています。実際に提出せずとも手元でスコアを計算でき、モデルの性能向上を確認できます。全体像が見えていない暫定の順位表でスコアだけを見るのと違い、各データでの実際の予測を確認できるなどの利点もあります。

図 2.9　ホールドアウト検証

(『Python ではじめる Kaggle スタートブック』図 2.44 から引用)

2.3.3　交差検証

　訓練セットから検証セットを切り出すと、その分だけ学習に利用できるデータセットが少なくなります。ここでよく使われているのが**交差検証**（cross validation、CV）と呼ばれる手法です。交差検証は、図 2.10 のように複数回にわたって異なる方法でデータセットを分割し、それぞれでホールドアウト検証を実行します。与えられたデータセットをもれなく学習に利用できる利点があるほか、ホールドアウト検証と比べてより正確にモデルを評価できることが理論的に示されています[151]。

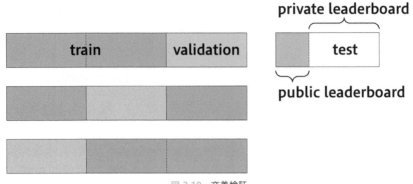

図 2.10　交差検証

（『Python ではじめる Kaggle スタートブック』図 2.45 を参考に作成）

　訓練セットを分割した最小単位をそれぞれ「fold」と呼びます。交差検証では、1 つの fold 以外を用いてモデルを学習し、学習に使わなかった fold で性能を検証します。学習に使われなかった fold は「out-of-fold、oof」と表現されます。

　交差検証のためにデータセットを分割するコードを以下に示します。単純なランダム分割は **k-fold**（以下 **KFold**）と呼ばれ、`sklearn.model_selection.KFold` というクラスが利用可能です。

```python
import torch
from sklearn.datasets import load_digits
from sklearn.model_selection import KFold, train_test_split
from torch.utils.data import DataLoader, TensorDataset


digits = load_digits()
X = digits.data
y = digits.target

# train と test に分割
X_train, X_test, y_train, y_test = train_test_split(
    X, y, test_size=0.3, stratify=y, random_state=42
)

X_test = torch.tensor(X_test, dtype=torch.float32)
y_test = torch.tensor(y_test, dtype=torch.int64)
test_dataset = TensorDataset(X_test, y_test)
test_loader = DataLoader(test_dataset, batch_size=64, shuffle=False)

# 交差検証
cv = KFold(n_splits=5)
# 各 fold での oof に対する予測値をとりまとめる
oof_train = np.zeros((len(X_train), 10))
```

```
for fold_id, (train_index, valid_index) in enumerate(cv.split(X_train)):
    X_tr, X_val = X_train[train_index], X_train[valid_index]
    y_tr, y_val = y_train[train_index], y_train[valid_index]

    X_tr = torch.tensor(X_tr, dtype=torch.float32)
    X_val = torch.tensor(X_val, dtype=torch.float32)
    y_tr = torch.tensor(y_tr, dtype=torch.int64)
    y_val = torch.tensor(y_val, dtype=torch.int64)

    train_dataset = TensorDataset(X_tr, y_tr)
    train_loader = DataLoader(train_dataset, batch_size=64, shuffle=False)
    val_dataset = TensorDataset(X_val, y_val)
    val_loader = DataLoader(val_dataset, batch_size=64, shuffle=False)
```

　各 fold での oof に対する予測値をとりまとめることで、すべての訓練セットに対する予測値が得られます。この予測値と訓練セットの正解ラベルを照らし合わせることで、交差検証のスコアが導出可能です。交差検証のスコアは **CV スコア**または単に **CV** とも呼ばれます。実装を簡単にするため、各 fold での検証セットに対するスコアの平均を CV スコアとみなすこともあります。評価指標が **Area Under the Curve**（**AUC**）など順位に関する場合は、各 fold の平均を用いた場合と、全体に対するスコアが乖離する場合があるので注意が必要です。

　機械学習コンテストでは、最終的なテストセットに対する予測値として、各 fold での予測値の平均を使う場合が多いです。今回の場合、5 つのモデルの予測値をそれぞれ算出し、値を平均します。実質的には fold 数分のモデルを利用していますが、機械学習コンテスト特有の慣習として、交差検証も含めて得られた一連の結果を「1 つのモデル」と捉える場合もあります。交差検証を通じて複数のモデルを活用する方法は、後述するアンサンブルをしているとみなすことも可能です。

2.3.4 多様な検証方法の使い分け

　データセットの分割にあたっては、データセットや課題設定の特徴を意識するのが大切です。いずれの場合も、テストセットの状況を再現するような検証方法の構築を目指しましょう。ここでは、いくつかの検証方法の具体例を示します。

● stratified k-fold

　さきに利用した KFold は、特にデータセットや課題設定の特徴を考慮することなくデータセットを分割します。しかし状況によっては、より適切な分割方法が考えられます。

　分類の場合、各 fold に含まれる正解ラベルの割合を等しく分割する **stratified k-fold**（以下 **StratifiedKFold**）という方法が採用されることが多いです。ここでは、テストセットの正解ラベルの割合は、訓練セットと類似しているという仮定がおかれています。訓練セットから

検証セットを切り出す際には、可能な限りテストセットの状況を再現するのが望ましいです。特に正解ラベルの候補数が多く極端に頻度の少ないクラスが存在する場合、ランダムな分割は検証の質を悪化させる可能性があります。

　ホールドアウト、KFold、StratifiedKFold で検証した場合の検証・テストセットに対するスコアを表 2.1 に示します。ホールドアウトに比べ、KFold や StratifiedKFold ではテストセットに対する性能が向上しました。ただし、ホールドアウト検証時は対象となるデータセットの量やモデルの数が異なる点に留意が必要です。さらに StratifiedKFold では KFold を用いたときに比べ、テストセットに対する性能が改善しています。

表 2.1　データセットの分割方法別の検証・テストセットに対する性能

検証方法	検証セット	テストセット
ホールドアウト	0.9642	0.9592
Kfold	0.9848	0.9648
StratifiedKFold	0.9848	0.9685

● group k-fold

　データセット内にグループが存在する場合、同一のグループ内の予測が比較的容易である点に注意しましょう。ここでは題材として State Farm Distracted Driver Detection[152] を紹介します。

　このコンテストは、運転手(driver)の画像から運転態度を 10 クラスに分類する問題でした(図2.11)。データセットとしては 1 人の運転手にひもづく複数の画像が提供されました。ここで注意すべきは、訓練(train)・テスト(test)セットの間には、運転手の重複がなかったという点です。

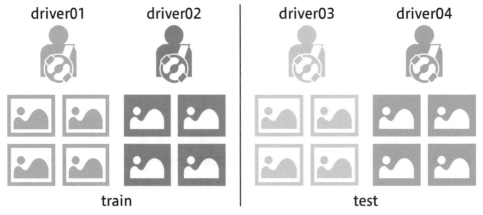

図 2.11　「State Farm Distracted Driver Detection」で提供された訓練・テストセット

(『Python ではじめる Kaggle スタートブック』図 2.51 から引用)

　このとき、図 2.12 のように運転手が混在する形で訓練セットを分割するのは不適切です。なぜなら同一の運転手の画像を予測するのは比較的簡単なので、検証セットに対する性能が不当に高く見積もられてしまうからです。図 2.13 のように同一の運転手が分割されないように気を付ける必要があります。このような分割方法を **group k-fold**（以下 **GroupKFold**）と呼びます。

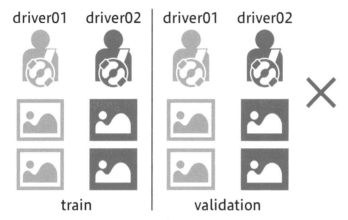

図 2.12　運転手が混在した訓練セットの分割
（『Python ではじめる Kaggle スタートブック』図 2.52 を参考に作成）

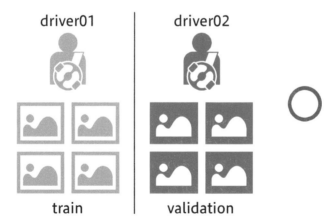

図 2.13　同一の運転手が分割されないような訓練セットの分割（group k-fold）
（『Python ではじめる Kaggle スタートブック』図 2.53 を参考に作成）

　sklearn の実装としては、`sklearn.model_selection.GroupKFold` というクラスが利用可能です。ただしデータセットのシャッフルはできず乱数の設定も存在しないなど、若干使いにくい面もあります。

● stratified group k-fold

StratifiedKFold と GroupKFold の両方の考え方を組み合わせた検証方法が求められる場合もあります。2019 年の PetFinder.my Adoption Prediction では **stratified group k-fold**[153] と呼ばれる実装が公開されました。sklearn にもその後、`sklearn.model_selection.StratifiedGroupKFold` というクラスが実装されています。

同コンテストは、ペットショップで犬・猫が引き取られる速度を 0〜4 の 5 段階で予測する問題が課せられました。また訓練・テストセットでは、RescuerID という ID が共通していないのも特徴的です。この状況下では、目的変数の割合を保ちつつ、同一の RescuerID が分割されないような方法が望ましい状況となりました。

ただし優勝したチームは最終提出として stratified group k-fold と GroupKFold の 2 つを選び、後者が最終的な最善のスコアとなりました[154]。stratified group k-fold などの考え方は、あくまで訓練・テストセットが類似しているという仮定に基づいているに過ぎません。現実は必ずしも直観的に正しそうな分割のほうが性能が高くなる場合ばかりではないので、注意が必要です。

● multilabel stratified k-fold

2020 年の「Mechanisms of Action (MoA) Prediction」[155] では、薬剤が 206 種類のタンパク質に与える作用の有無を予測する（マルチラベル、multilabel）問題が与えられました。このコンテストでは多くの参加者が、複数の目的変数の割合を可能な限り等しく分割する **multilabel stratified k-fold**[156] を採用していました。

● time series split

時系列性を意識した検証セット構築（**time series split**）が必要な場合があります。たとえば「Recruit Restaurant Visitor Forecasting」[157] では、図 2.14 のように時系列でデータセットが分割されていました。このときコンテストの目的は、訓練セットから 1 週間を空けたテストセットに対する性能を高めることです。そのため手元で検証セットを作成する際も、図 2.15 のように一定期間を空けてデータセットを分割するのが理想となります。

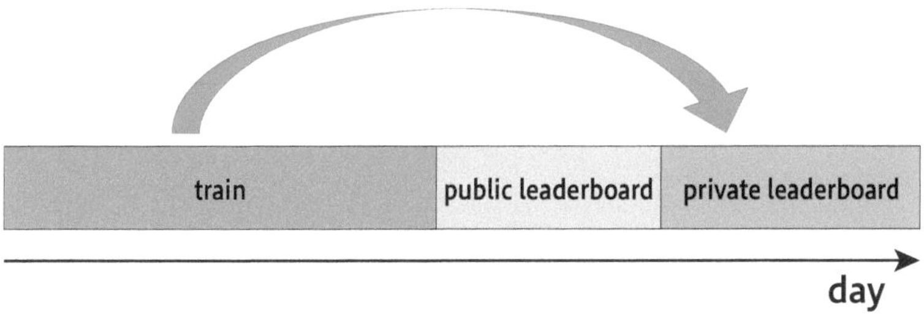

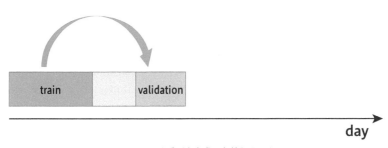

図 2.14　時系列で分割されたデータセット

（図は『Python ではじめる Kaggle スタートブック』図 2.49 を参考に作成）

図 2.15　時系列を考慮した検証セット

（『Python ではじめる Kaggle スタートブック』図 2.50 を参考に作成）

　実装としては `sklearn.model_selection.TimeSeriesSplit` というクラスが存在しています。ただし単純にデータセットの並び順で分割するだけで、時刻情報を考慮した実装にはなっていません。状況に合わせて、自分でデータセットの分割を定義するのが現実的でしょう。

　時系列を持つデータセットでも、場合によっては交差検証を実施して、過去のデータセットを検証に用いる場合があります。たとえば「IEEE-CIS Fraud Detection」[158] の 5 位チームは、時系列を示すカラムの月部分を ID として利用し、GroupKFold でデータセットを分割していました[159]。

　時系列でデータセットを区切る場合と比べ、より多くのデータセットが利用できる利点があります。一方で当然ですが、時系列で変化する特徴量による悪影響が発生する場合もあります。コンテストごとに、時系列がどの程度重要なのかを考えて取り組むことが大切です。同コンテストの 1 位チームは、次のような複数の検証を実施していました[160]。

- 月部分を ID として利用し、GroupKFold
- 最初の 4 カ月を訓練セット、1 カ月飛ばして、最後の 1 カ月を検証セット
- 最初の 2 カ月を訓練セット、2 カ月飛ばして、最後の 2 カ月を検証セット
- 最初の 1 カ月を訓練セット、4 カ月飛ばして、最後の 1 カ月を検証セット

● adversarial validation

近年、**adversarial validation**[161] と呼ばれる手法も利用されています。訓練・テストセットの特性を勘案しながら検証セットを構築する手法です。両者の分布が異なると推察される場合に利用されることが多いです。

adversarial validation は、次のような手順で実行されます。テストセットに似ているデータを切り出すことで、信頼度の高い検証セットを構築しようという試みになっています。

1. 「訓練セットかテストセットかを判定する分類器」を作る
2. 訓練セットを、テストセットに似ている順に並び替える
3. 似ている順に、訓練セットからデータを抽出し、検証セットとする

adversarial validation は、しばしば特徴量選択にも応用されています。注目を集める契機になったのは、2019 年に終了した「Microsoft Malware Prediction」[162] です。このコンテストでは、暫定と最終の順位表で大きな変動が発生し、話題となりました。そんな中で暫定と最終の順位表の両方で上位に入った 6 位チームが利用したのが、adversarial validation の考え方を応用した手法でした。

ある特徴量を設計した際に「訓練セットかテストセットかを判定する分類器」の性能が低いことは、その特徴量のうえでは訓練・テストセットがよく似ていることを意味します。彼らはそのような分類器ができるだけデータセットを見分けられないような特徴量の加工方法を探し出すことで、訓練・テストセットの分布の違いに頑健なモデルを作成していました[163]。特徴量の加工方法の具体的な探索手順は次の通りです。

1. 「訓練セットかテストセットかを判定する分類器」を作成
2. 1 の分類性能を確認
3. 1 の分類器の特徴量の重要度などからいくつかの特徴量を加工・削除

分類器としては、予測に用いた特徴量の重要度を算出できる勾配ブースティング決定木を用いることが多いです。重要度上位の特徴量の削除や、登場頻度などへの置換といった対応が考えられます。

2.4　性能の向上

ここまでモデルを作成し、性能を検証する方法を学びました。本節では、モデルの汎化性能を向上させていく方法を取り上げます。具体的には、近年の機械学習コンテストでの差別

化要因として利用される頻度の高い技法について、次の観点でまとめて説明します。

- モデルの複雑性
- データの拡張
- 過学習の抑制
- さまざまな学習方法
- アンサンブル

2.4.1 モデルの複雑性（表現力）

機械学習では、複雑なモデルを利用することで、与えられたデータセットをよりよく表現する優れたモデルが構築できる可能性があります。近年多くの領域で高い性能が報告されている transformer については、一定の条件下ではモデルのパラメータ数に応じて性能が向上するという実験結果が報告されました[164]。

大規模なアーキテクチャを利用することで、モデルの複雑性や表現力は増加すると期待されます。単純には隠れ層の数や次元数を増やす操作が該当します。たとえば画像を扱う場合に、同じ ResNet の中でも、より深い層を持つモデルを使うなどが考えられます。

入力の次元数を増やすという選択肢もあります。画像の場合はサイズを大きくする、テキストの場合は扱う文長を増やすなどです。

目的関数の最適化手法を変える選択肢もあります。最適化手法としては SGD や Adam などがよく利用されますが、別の手法もさまざま提案されています。たとえば 2020 年、**Sharpness-Aware Minimization（SAM）**[165] という最適化手法が提案され、画像の大規模データセットの ImageNet など多くのデータセットに対して過去最高の性能を達成したと報告されました。

最適化を進めるうえでの学習率を途中で変化させる**スケジューラ**が有効な場合もあります。学習率を変えることで、モデルが局所最適解から脱し大域最適解に到達できることが期待されます。学習の初期に学習率を 0 から線形に大きくしていく処理を**ウォームアップ**（warmup）、学習の終盤に学習率を徐々に小さくしていく処理を**学習率減衰**（learning rate decay）と呼びます。

2.4.2 データの拡張

機械学習モデルは、一般に学習に利用するデータセットの数が多いほど性能が向上すると知られています。機械学習コンテストでは全ユーザに同一のデータセットが提供されますが、さまざまな方法でデータを拡張するアプローチが採用されています。

● データ拡張（data augmentation）

　特に画像を題材とするコンテストでは、多種多様な変形を加えることで学習に用いるデータセットを増やす取り組みが一般的に行われています。こういった取り組みは**データ拡張**（**data augmentation**）と呼ばれます。

　たとえば、乗り物や動物などを含む「CIFAR-10」という著名な画像のデータセットを対象とする際、画像を左右反転する処理をかける場合があります。認識の対象が乗り物や動物であることを考えると、反転しても予測への悪影響はなく、水増しの効果があると期待されます。画像の上下左右を部分的に切り抜く処理もあります。対象物は画像の中心に写っていることが多いと期待されるので、画像から不要な部分を削除して頑健性を高めているとも考えられます。左右反転と上下左右の切り抜きを合わせて **standard data augmentation** とも呼びます。

　その他、サイズの変更や回転、画像の一部をランダムに削除する **random erasing** など、さまざまな処理があります。著名な画像のデータ拡張のライブラリ albumentations のデモサイト [166] では、具体的な処理の種類や変換後の画像を確認できます。

　複数の画像を組み合わせて新しい画像を作る **mixup** と呼ばれる手法もあります。mixup では、ラベルも同様に混ぜ合わせるのが特徴的です。たとえば猫と犬のデータを混ぜ合わせた際に「猫：0.6、犬：0.4」といったラベルが現れます。

　画像分類を題材にしたデータ拡張については、第 3 章で実装と合わせて取り扱います。

● test time augmentation

　test time augmentation（TTA）は、学習時ではなく推論時にデータの拡張を実行し、推論の精度を上げる手法です。画像を題材にしたコンテストでは一般的に利用されており、変換した画像それぞれに対して得られた結果を平均することで、最終的な予測結果を獲得します。

● 言い換え文生成

　テキストを題材にしたコンテストでよくデータ拡張に利用されるのが**言い換え文生成**です。ラベルに影響がないような言い換えの生成はそれ自体が非自明な課題ですが、機械学習コンテストでは簡易的な言い換え文生成の方法として、既存の翻訳システムを用いた方法が頻繁に使われます。具体的には、英語の文章をドイツ語などの他言語にいったん翻訳した後、改めて英語に翻訳します。この手法は**逆翻訳**（back translation）などと呼ばれ、原文から表現が変わりつつもほぼ同じ意味であるような文が生成されると期待できます。

● 半教師あり学習

　正解ラベルを含むデータセットだけではなく、ラベルなしのデータセットも用いて学習する枠組みを**半教師あり学習**（semi-supervised learning）と呼びます。機械学習コンテストでは

ラベルなしのデータセットとして、テストセットや外部データセットを利用可能な場合があります。

半教師あり学習の中でも特に **pseudo labeling** と呼ばれる手法がよく使われます。pseudo labeling では、ラベルなしのデータセットに対する予測値を目的変数とみなし、訓練セットに加えて改めて学習します。ラベルなしのデータセットに対する予測値をどう扱うか、ラベルなしのデータセットをどの程度学習に利用するかなどの観点で、pseudo labeling にはいくつかのやり方が存在します。

分類問題で、とあるデータに対して $\hat{y} = (0.2, 0.8)$ (0 である確率が 0.2、1 である確率が 0.8) という予測値が得られた場合を考えます。1 つの方法として、最も予測確率の大きいクラスを疑似的な正解ラベルとみなすことが可能です。このとき、このデータは、正解ラベルを 1 として訓練セットに追加されます。

もう 1 つの方法として、予測値を正解ラベルに変換することなく、そのまま利用することも可能です。つまり、訓練セットに正解ラベルが 0.8 のデータを追加することになります。この方法は、分類だけではなく回帰の問題でも適用できます。

予測確率が十分に大きい、信頼に足るデータのみを訓練セットに追加するという考え方もあります。最大の予測確率が 0.9 といった閾値を超えたデータのみに疑似的な正解ラベルを付与するということです。目的変数に偏りがある「不均衡データ」を扱う場合、割合の少ないクラスのみ優先的に訓練セットを拡充するのも良案です。元々の訓練セットの大きさを勘案して、追加するラベルなしのデータセットの量を計算する場合もあります。

pseudo labeling に用いる予測値には、単体のモデルではなく複数のモデルの結果を活用する場合があります。後述のアンサンブルと呼ばれる手法で予測値の性能を高めておくことで、より信頼性の高い疑似ラベルが付与できるためです。

少し高度な例ですが「State Farm Distracted Driver Detection」の 9 位解法では、テストセットを複数のグループに分け、あるグループを予測する場合には、そのグループ以外のテストセットに疑似的な正解ラベルを付与して訓練セットに加える手法が使われていました [167]。その他、pseudo labeling で得られた予測値を用いて、ラベルなしのデータセットの正解ラベルを更新し、再度学習を実行することで性能が向上したという事例もあります。

機械学習コンテストでは、これらの亜種も含めて pseudo labeling と呼ばれることが多いですが、しばしば学術界での定義と食い違う場合があることには注意が必要です。たとえば、複数のモデルをアンサンブルした結果からラベルなしのデータセットにラベルを付与する方法は **distillation** (**蒸留**) [168] と捉えるのがふさわしいという考え方もあります。

● 課題に即したデータ拡張

データ拡張に取り組む際には、課題に応じた方法を採用するのが肝要です。

さきほど、画像に対するよくある処理として左右反転を紹介しました。しかし、たとえば日本語のくずし字認識が題材となった「Kuzushiji Recognition」[169] では、画像の反転は処理として不適切でしょう。反転すると認識すべき文字が崩れてしまい、正しく学習が進まなくなってしまうと考えられるためです。

課題に即したデータ拡張が決め手となったコンテストとして「Bengali.AI Handwritten Grapheme Classification」[170] がありました。このコンテストでは、手書きのベンガル語 1 文字の画像から文字を認識する課題が与えられました。ただしベンガル語は書式素・母音・子音の組み合わせで構成されるので、文字単位ではなくそれぞれを予測するという設定でした。このコンテストでは、訓練セットに存在しない組み合わせがテストセットで登場したため、比較的大きな順位変動がありました。しかし優勝した参加者は、存在しない組み合わせの画像を **CycleGAN**[171] という手法を用いて生成することで、問題に対処していました [172]。

テーブル形式のデータセットを題材にしたコンテストでも、課題に沿った工夫ができる場合があります。2020 年に国際会議のワークショップ内で開催された「Booking.com WSDM WebTour 21 challenge」[173] では、ユーザの旅程から次に訪問する都市を予測する課題が与えられました。このコンテストの優勝チームらは、与えられた旅程を逆からたどることで、新しい旅程を作成してデータセットを倍増させていました。ユーザのアプリの利用ログのデータセットが与えられた「2019 Data Science Bowl」[174] では、ランダムに一部のデータを欠損させるデータ拡張が実施されました。

● 外部データセットの利用

コンテストによっては、外部データセットの利用が許可されているコンテストもあります。「SIIM-ISIC Melanoma Classification」や「Jigsaw Unintended Bias in Toxicity Classification」などでは、過去の同様のコンテストのデータセットを用いたデータ拡張が実施されていました。

● 不均衡データへの対応

機械学習の枠組みの中で不均衡データを用いて学習すると、多数派の値ばかりを予測してしまうモデルができてしまう場合があります。こういった問題に対処する方法として、学習に用いる少数データセットを水増しする**アップサンプリング**（upsampling）や、多数データセットから一部を取り出す**ダウンサンプリング**（downsampling）が知られています。データセット自体はそのままで、目的関数内で学習のための各サンプルの重みを調整する **Focal Loss**[175] などの方法もあります。

2.4.3　過学習の抑制

　過学習を防ぐ目的で、モデルになんらかの制約を与える手法として**正則化**があります。機械学習の文脈では、線形モデルで利用される「L1 正則化」「L2 正則化」が有名です。特にニューラルネットワークを扱う場合には、次に紹介する「重み減衰」「バッチ正規化」「ドロップアウト」といった手法が利用されています。

● 重み減衰

　重み減衰（weight decay）では、学習で重みを更新した後に、一定の割合で減衰します。一定の条件下では、重み減衰と L2 正則化は形式上一致します。最適化手法の Adam とは相性が悪い[176] ことが知られており、代わりに AdamW[177] が使われる場合があります。

● バッチ正規化

　バッチ正規化（batch normalization）は、バッチ内の平均と分散を使って値を正規化することで、学習を安定させる手法です。PyTorch などのライブラリでは、正規化後に定数倍し定数を足す処理も含めて実装されることが多いです。

● ドロップアウト

　ニューラルネットワークの一部分をランダムに使わずに予測する処理を**ドロップアウト**（dropout）と呼びます（図 2.16）。特定の入力に強く依存する可能性を減らすことで、安定性を高める狙いがあります。前述のバッチ正規化とは、相性がよくないと知られています[178]。

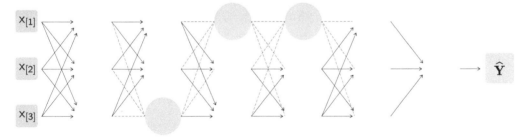

図 2.16　ドロップアウトの例

（文献 [113] を参考に作成）

● ラベルスムージング

　データに付与するラベルを書き換える**ラベルスムージング**（label smoothing）[179] という手法があります。分類の場合、通常ではデータに付与するラベルを 1、他のラベルを 0 として学

習します。ラベルスムージングでは図 2.17 に示すように、正解ラベルのスコアを 1 未満の値に付け替え、さらに他のラベルにも微弱なスコアを割り当てます。

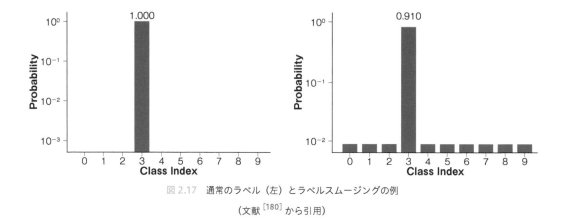

図 2.17　通常のラベル（左）とラベルスムージングの例

（文献 [180] から引用）

● ラベルノイズへの対応

機械学習コンテストでは、ときに与えられた正解ラベルが間違っているように見える場合があります。たとえば、画像に写っている物体の正解ラベルを人間が付けている場合には、見えづらい画像や勘違いで誤ったラベルを付けてしまう可能性があります。このようなノイズが含まれる与えられたデータセットに過学習しないような工夫も、ある意味では正則化の概念に近いアプローチと言えるでしょう。

2020 年に開催された「Prostate cANcer graDe Assessment (PANDA) Challenge」[181] では、ラベルのノイズが大きな焦点となりました。同コンテストでは、テストセットは複数の病理医がラベル付けしたために正確性や統一感があった一方で、訓練セットについては品質として不十分な点があると明示されていました。同コンテストの優勝チームは、全量の訓練セットで一度モデルを学習した後、oof の予測結果を元にラベルノイズを検出していました[182]。ラベルが誤っていると推察されるデータを取り除いたデータセットで改めて学習を実施することで、頑健性の高いモデルを構築しています。

「PetFinder.my Adoption Prediction」では、訓練・テストセットに同一の画像が存在することが報告されていました[183]。画像のハッシュ値を算出することで同一の画像を検知でき、訓練セットの正解ラベルを転用することで、テストセットの値が推察できました。

ラベルノイズといったデータセットの誤りは、避けては通れない問題です。「Shopee - Price Match Guarantee」では、開催主が「現実世界の課題であるため、ラベルノイズは開催前から想定されていた」と語っています[184]。

2.4.4　さまざまな学習方法

　ニューラルネットワークに関しては、さまざまな学習方法が研究されています。ここでは「転移学習」「マルチタスク学習」「自己教師あり学習」「距離学習」と呼ばれる方法について紹介します。

● 転移学習

　ニューラルネットワークを用いたモデル構築では、ある領域で事前に学習した結果を活かして、個別の問題を解く**転移学習**（transfer learning）が広く採用されています。たとえば大規模なデータセットで長時間学習した結果を初期値とすることで、比較的小規模なデータセットでも効率的に学習を進められる利点があります。前段となる大規模な学習を**事前学習**（pre-training）、事前学習した結果を初期値とし個別の問題を解くことを**ファインチューニング**（fine-tuning）と呼びます。

　扱う問題がまったく同じであれば事前学習済みモデルをそのまま流用できますが、分類の対象が異なる場合などは、最終層を付け替えて乱数で初期化したうえで再学習します。一般的に、再学習の際は学習率を低めに設定するほうが望ましいとされています。序盤は事前学習済みの層を学習しないよう固定する場合もあります。

　事前学習では、大量のデータセットを用いて特定の問題に対するニューラルネットワークを学習しています。画像の大規模データセットである ImageNet を用いた分類問題が有名で、さまざまな事前学習済みモデルが構築・公開されています。

　事前学習済みモデルを提供している有名なライブラリとして、画像では「torchvision」や「PyTorch Image Models（timm）」、テキストでは「Transformers」などがあります。いずれもウェブ上の大量のデータセットなどを用いた学習済みモデルを提供しています。機械学習コンテストにおいても、これらの学習済みモデルを起点としながら、課題特有のモデルを構築していく解法が採用されています。

✎ note

事前学習済みモデルを用いた特徴量抽出

　事前学習済みモデルは、ファインチューニングによるモデル構築だけではなく、特徴量抽出にも利用できます。たとえば、画像やテキストを事前学習済みモデルに入力し、出力や一部の層の値を特徴量と見なします。機械学習アルゴリズムとしては、勾配ブースティング決定木や線形モデルなどが利用できます。2022 年に終了した「PetFinder.my - Pawpularity Contest」[185] では、優勝者がサポートベクターマシンを利用していました。

● マルチタスク学習

　転移学習の 1 つの枠組みとして、複数の問題（タスク）を同時に解く**マルチタスク学習**があります。モデルの前段では共通の層を用いて、最後のほうの層で個別の問題を処理します。類似している問題とモデルの層を共有することで、単体ではサンプル数が少なく難易度が高い場合などに、性能向上が期待できる手法です。損失の計算時には、個々の損失に係数をかけて足し合わせる必要があります。

● 自己教師あり学習

　事前学習の方法は、教師ありだけではありません。正解ラベルがないデータから汎用的な知見を獲得する**自己教師あり学習**（self-supervised learning）といった取り組みが、近年注目を集めています。

　自己教師あり学習では、人間がラベル付けする必要がない問題を解きます。たとえば、テキストの単語の穴埋め問題や、次の文を予測する問題が考えられます。インターネット上にある大量のテキストを正解として、機械的に正解データを生成することが可能です。画像の場合も、意図的に欠損させた箇所を補完する問題や、画像に適用した回転の角度を当てる問題などがあります。

　事前学習済みモデルに対して、コンテストで提供されているデータセットを用いて追加で事前学習を実施する場合もあります。専門用語などが含まれるテキストでの追加の事前学習を通じて、個別の問題での性能向上が期待されます[186]。カルテのテキストの解析が題材の「NBME - Score Clinical Patient Notes」では、上位チームの多くが穴埋め問題を解くという追加の事前学習を行っていました[187]。

　自己教師あり学習の枠組みとして、データ拡張を利用した手法も提案されています。1 枚の画像に 2 種類の異なるデータ拡張を適用することで、意味的に近い画像の組を生成します。代表的な手法に「SimCLR」[188]や「MoCo」[189]などがあります。

● 距離学習

　距離学習（metric learning）は、データ間の関係を表す距離や類似度などを学習する手法です。Kaggle では、2018 年に開催された画像分類のコンテスト「Human Protein Atlas Image Classification」[190]の優勝者が使っていたことで一気に認知度を高めました。

　主要なアプローチとしては、サンプルの同一性・非同一性を用いる方法や、多クラス分類として定式化する方法があります。ともに根底にあるのは「意味的に近い画像は近く、逆に遠い画像は遠くなるように学習したい」という考え方です。前者はサンプルの関係性を用いて損失関数を設計しているため、同一性や非同一性に基づく画像の組の構築が必要です。後者は通常の多クラス分類問題を解く流れの中で、間接的に同一クラス間の距離が近くなるよ

うな表現の獲得を目指します。両者の具体的な手法については、第 4 章で詳しく取り上げます。

　距離学習は、画像検索のコンテストで頻繁に用いられます。2021 年の「Shopee - Price Match Guarantee」では、参加者の多くが距離学習のアプローチを採用していました。このコンテストではユーザが登録した画像・タイトルから同一商品をまとめ上げる課題が出されており、距離学習を用いることで与えられたデータに適した埋め込み表現を獲得する狙いがありました。

2.4.5　アンサンブル

　複数のモデルを活用して最終的な予測値を得る手法を**アンサンブル**と呼びます。機械学習コンテストでは、アンサンブルによって最終的な性能を高める取り組みが一般的です。ここでは、いくつかのアンサンブルの手法を紹介します。より詳細な情報については『Kaggle で勝つデータ分析の技術』第 7 章などを参照してください。

● 多数決投票

　分類問題のアンサンブルとして最も単純な方法は、複数のモデルでの**多数決投票**（majority voting）です。場合によっては、各モデルの検証セットに対する性能などを考慮し、モデルごとに重みを付けて計算することもあります。

● 平均

　単純に予測値を**平均する**（averaging）、もしくは重み付きで平均するのも手軽な手法です。分類問題の場合も予測確率の平均をとることで適用可能です。多数決投票に比べて細かいスコアの差を考慮できます。

　各モデルの重みは、検証セットに対する性能を最適化するような値として導出できます。実装には scipy.optimize.minimize の「Nelder-Mead 法」[191] などが利用されています。順位表に提出した際のスコアを用いて重みを決める場合もあります。Netflix Prize では、public leaderboard へ提出したスコアの一覧から重みを導出する **linear quiz blending** が提案されました[192]。

● スナップショット・アンサンブル

　スナップショット・アンサンブル（snapshot ensembling）は、周期的に学習率を変えながら 1 つのモデルを学習し、それぞれの周期で得られる複数の重みを用いて、最終的な予測値を算出する方法です[193]。学習時間自体は 1 モデル分で済むため、実行時間に制約があるコンテストで特に効果を発揮する可能性があります。

● スタッキング

　スタッキング（stacking）は、学習された単一あるいは複数のモデルの予測値自体を入力として、別のモデルを構築するアンサンブルの手法です。さきほど紹介した重み付き平均などよりも、複数モデルの予測を高度に統合する方法とも考えられます。

　さきのモデルと次段のモデルをどちらも同じデータセットで学習させてしまうと、容易に過学習に陥ってしまう点に注意が必要です。さきのモデルが学習した結果を、次段のモデルがさらに過剰に学習してしまうためです。この問題に対処するため、交差検証の考え方を利用します。つまり訓練セットを複数に分割し、1 つの fold に対する予測値を得る際には、残りの部分を使って学習したモデルを使います。テストセットに対しては、各分割で学習したモデルの予測値の平均などを使う場合が多いです。

　さまざまなモデルによる予測値を集めることで、スタッキング用の特徴量を構成できます。場合によっては、スタッキングを複数回繰り返すこともあります（図 2.18）。

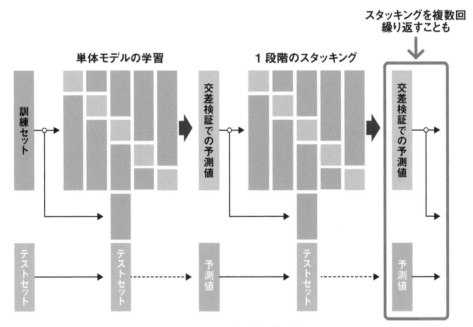

図 2.18　スタッキングの例

● ニューラルネットワークを用いたスタッキング

　複数のラベルを予測するマルチラベル問題や複数のクラスへの分類問題では、1 つのサンプルに対してモデルの予測値が複数存在します（表 2.2）。こういった課題に対してスタッキングを実施する際、個別のモデルを複数作成するのではなく、ニューラルネットワークなどを

用いてマルチタスク学習の考え方を導入する場合もあります[194]。具体的には、データセットに対する予測値の行列（サンプル数×予測値数）をスタッキング時のニューラルネットワークの入力として用います。アーキテクチャとしては、単純な MLP や CNN が利用される場合が多いです。

　複数の予測値が存在する場合は、平均によるアンサンブルを実施する際も、予測値ごと異なる重みを使うほうが望ましいです。たとえば表 2.2 に示す複数のクラスへの分類問題の場合、2 つのモデルの重みを、class_0 は (0.5, 0.5)、class_1 は (0.2, 0.8)、class_2 は (0.8, 0.2) に設定するといった具合です。

表 2.2　マルチラベル問題（左）や、複数のクラスへの分類問題の例

id	target_0	target_1	target_2
id_0	0	1	1
id_1	1	1	0

id	class_0	class_1	class_2
id_0	0.1	0.8	0.1
id_1	0.7	0.1	0.2

第3章
画像分類入門

Kaggle

本章では、画像を扱うコンテストに挑戦します。画像に関するタスクは、**分類** (classification)、**検出** (detection)、**セグメンテーション** (segmentation) など、さまざまなものがありますが、本章では基礎となる**画像分類**を扱います。

画像を扱うコンテストは、近年 Kaggle にて増えてきています。これは、深層学習の台頭が1つの要因だと考えられます。近年、深層学習はさまざまな種類のデータやタスクを対象に、これまでの手法を大きく上回る性能を達成しており、注目を集めています。その中でも、画像解析関連のタスクで特に大きな成功を収めており、世の中でも、これまでの技術では検討しにくかった画像解析関連タスクの自動化が急速に推し進められている印象があります。Kaggle での画像を扱うコンテストの増加も、このような情勢を反映しているように思います。

本章では、画像を扱うコンテストの最初の例として、画像に写っている動物が犬か猫かを判別する、シンプルな画像分類のコンテストを取り上げます。そして、畳み込みニューラルネットワーク (CNN) による画像分類の仕組み、チューニングの方法、精度を上げるためのテクニックなどを紹介します。

3.1 畳み込みニューラルネットワークの基礎

画像を扱う際には**畳み込みニューラルネットワーク** (convolutional neural network、以下 **CNN**) と呼ばれるニューラルネットワークが最もよく用いられます。深層学習の基礎については本書の対象外ですので、ここでは CNN の概要を簡潔に紹介します。さらなる詳細については、深層学習の入門書などを参考にしてください。

CNN はニューラルネットワークの一種ですが、畳み込み層と呼ばれる層を主に利用している点が特徴となります。画像を扱う際の畳み込み層の入出力は、縦・横・チャンネルの次元を持つ画像のような3次元配列です[注1]。畳み込み層のハイパーパラメータとしてカーネルサイズがあり、各出力位置について、上下左右どの程度の範囲を見るかがこれにより決まります。たとえば、カーネルサイズ 3×3 の畳み込み層の場合、各出力位置について、元画像から 3×3 の部分画像を取り出し、それらに重みを掛け合わせたものが出力値になります。

注1　実際にはミニバッチを利用して学習・推論をするため、これにバッチ方向を加えた4次元の配列を扱うことになります。ミニバッチに関しては第2章を参照してください。

　畳み込み層と活性化関数を繰り返すのが最も基礎的な CNN と言えます。画像分類では入力画像からどんどん解像度を落としつつチャンネル数を増やしていく構造が一般的で、画像サイズの変更のためにプーリング層と呼ばれる層やストライドというパラメータを設定した畳み込み層が利用されます。また、**batch normalization（バッチ正規化）** という層を利用することで層数の多い CNN の学習を安定化・効率化することができ、batch normalization は現在ではほぼ必ず利用されます。

　後述する通り、CNN をゼロから設計する場面は実際には現在ほぼないと言って差し支えなく、したがって、こういった詳細について理解していない状態でも CNN を利用することは可能ではあります。一方で、仕組みを把握し挙動や特性を理解することはスコア向上のための試行錯誤を効率的に行うために重要です。これらの詳細について知らない人は、ぜひ深層学習の入門書などを参考にしてください。

3.2　コンテスト「Dogs vs. Cats Redux」の紹介

3.2.1　コンテスト概要

　本章では、コンテスト「Dogs vs. Cats Redux: Kernels Edition」[195] を扱います。タスクは非常にシンプルで、図 3.1 のような画像が 1 枚ずつ与えられるので、各画像に写っている動物が犬か猫かを判別します。各画像に、必ず犬か猫が写っています。

図 3.1　画像の例

（文献 [195] より引用）

　予測結果は、他の Kaggle のコンテストと同様に、CSV 形式で、以下のように記述し提出します。

```
id,label
1,0.9
2,0.1
3,0.5
...
```

1 列目の id は画像の ID を表しています。このコンテストにおいては、テスト画像のファイル名から拡張子を除いたものに相当します。2 列目の label が予測を表しています。label の数値は、犬である確率を予測したものになります。上の例では、画像 1 は犬の確率が高く、画像 2 は猫の確率が高いと予測しています。画像 3 に関してはどちらともわからないという予測になります。

評価は対数損失で行われます。対数損失は以下の式で表されます。

$$\mathrm{LogLoss} = -\frac{1}{n} \sum_{i=1}^{n} \left[y_i \log(\hat{y}_i) + (1 - y_i) \log(1 - \hat{y}_i) \right]$$

ここで、n は画像の枚数を、$\hat{y}_i$ は画像 i に対する予測を、y_i は画像 i の正解ラベル（犬の画像は 1、猫の画像は 0）を表します。

3.2.2 探索的データ分析

最初に、与えられているデータがどういったものなのかを少し見てみます。画像を扱うコンテストでは、画像を実際に目で見てみるといろいろな発見があることがあります。今回の場合、画像を少し見てみると、たとえば以下のようなことに気づくと思います。

- 猫か犬が主題となっているような画像ばかりであり、かなり大きく写っていることが多い。
- ほとんどの画像には猫か犬が 1 匹写っているが、複数匹写っている画像もある。

おおむね、データとしては非常に質が高く、取り組みやすそうなシンプルなタスクとなっている印象を受けるかと思います。

また、画像の枚数を数えてみると、以下のようになっています。

- 訓練セット：猫・犬、それぞれ 12,500 枚ずつ、合計 25,000 枚
- テストセット：12,500 枚

訓練セットの猫と犬の枚数が同じになっており、不均衡などに対応する必要がなく取り組みやすそうです。

また、画像サイズの分布をプロットしてみると、図 3.2 のようになっています。

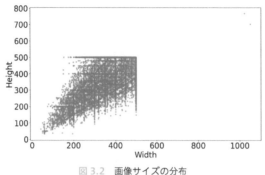

図 3.2　画像サイズの分布

　どうやら大きな画像は長辺が 500 ピクセルになるようにリサイズされていることがわかり
ます。ただし、なぜか 2 枚だけ大きな画像がそのままのサイズで含まれているようです。と
はいえ、これらも特段大きすぎるわけではないので、特別な対処は不要そうです。

 まずコンテストの評価指標やデータをしっかり理解しましょう。

3.3 　最初の学習：CNN アーキテクチャ

　本節と次節では、あまり凝らない設定で学習を行い、予測を提出してみることを目指します。
本節では、まずは CNN アーキテクチャをどのように決め、PyTorch からどのように利用する
かを説明します。

3.3.1 　CNN アーキテクチャ

● 考え方

　CNN アーキテクチャには、一見かなりの自由度があります。何層にするか、どのような種
類の畳み込み層を使うか、どのような種類の活性化関数を使うか、チャンネル数をどうするか、
解像度はいつどのように落とすかなどなど……。こういったものをすべて自分で決めていか
ないと CNN を用いることはできないのでしょうか。

　実際にはそうではなく、むしろこういった詳細な検討が必要になる場面はほぼありません。
既存のタスクで成功を収めている既存の CNN アーキテクチャをベースとして用いるアプロー
チが一般的です。特に、ImageNet という大規模画像データセットにおける分類タスクが CNN
アーキテクチャの良し悪しを評価するのに最も一般的であり、ImageNet の分類タスクでよい

成績を収めているアーキテクチャのうち、計算量と精度のトレードオフを考慮して、アーキテクチャを選択するのが一般的です。この理由は 2 つあります。

- ImageNet の分類タスクでよい成績を収めるアーキテクチャは、多くの場合に、他のタスクでもよい成績を収めることが多いことが経験的に知られています。
- 次節で紹介する通り、多くのタスクに CNN を用いる際、ImageNet の分類タスクで**事前学習**（pretraining）が行われた重みを読み込み、そこからの**ファインチューニング**を行います。ImageNet での学習済みの重みが公開されているアーキテクチャを用いると、自分で事前学習を行う必要がなくなります。

ここでは、ResNet-50 というアーキテクチャからスタートします。ResNet-50 は、非常にシンプルかつ計算量が低いながら、そこそこ性能がよいため、多くの人が最初の選択肢として ResNet-50 を用いる印象があります。まずは試行錯誤しやすい ResNet-50 のようなシンプルかつ軽量なネットワークからスタートし、精度を追い込む段階でより新しく複雑なアーキテクチャを導入することをおすすめします[注2]。

● ResNet-50 のアーキテクチャ

ResNet-50 はライブラリに実装されているため、自分で実装する必要はありません。したがって、ここでは概要のみ紹介します。詳細を理解したい方は原論文やインターネット上の解説記事を参照してください。

ResNet[196] は、他の CNN と同じく、図 3.3 のように基本的には畳み込み層、batch normalization、ReLU からなる畳み込み層ブロックを繰り返します。ただ、ResNet 以前の AlexNet や VGG などの CNN アーキテクチャと異なり、shortcut connection というテクニックが使われていることが特徴です[注3]。図 3.3 は ResNet-50 のアーキテクチャを表す図ですが、畳み込み層ブロックを飛び越える接続が存在することがわかります。この shortcut connection なしだと、層数をある程度以上増やすと学習がうまく進まないという問題があり、使える層数に限りがありました。一方、shortcut connection を用いると、層数を増やしても学習がうまく進むようになり、層数を大幅に増やし性能の高い CNN を作ることができるようになりました。

注2　人によっては、さらに軽量な ResNet-34 や ResNet-18 からスタートします。
注3　skip connection や residual connection と呼ばれることもあります。

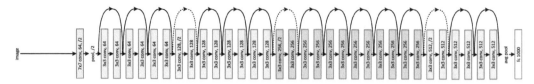

図 3.3　ResNet-50 のアーキテクチャ

(文献[196] より引用)

　現在では shortcut connection は幅広く用いられており、ResNet をベースとした多くのアーキテクチャが提案されています。

　ResNet には畳み込み層の数などが異なる、ResNet-18、ResNet-34、ResNet-50、ResNet-101、ResNet-152 などがあります。末尾に付いている数値が層の数を表しており、大きいものほど巨大な CNN となります。

> ✏️ note
> ━━━━━━━━━━━━━━━━━━━━━━━━━━
> ### ResNet の詳細
>
> 　ResNet の詳細は、原論文[196] を参照してください。
>
> 　ただし、現在広く用いられている ResNet は、原論文で提案されたアーキテクチャから若干変更が加えられたものになります。細部を知りたい方は、以下のブログ[197] や論文[198] を参照してください。

● 実装例

　ライブラリ torchvision を用いる場合、以下のようにすることで、ResNet-50 をインスタンス化できます。

```
import torchvision

...

model = torchvision.models.resnet50()
```

　ただし、このままでは model は ImageNet の 1000 クラス分類用のモデルのままです。具体的には、最終層の全結合層の出力が 1000 次元ある状態になっています。一方、今回は犬と猫の 2 クラス分類を行いたいので、ここを変更する必要があります。そこで、以下のようにします。

```
model.fc = torch.nn.Linear(model.fc.in_features, 2)
```

既存の全結合層 `model.fc` を新しい全結合層で上書きしています。新しい全結合層は、既存の全結合層と同じ入力次元を持ち、出力は 2 次元になるようになっています。

3.3.2 事前学習とファインチューニング

● 考え方

ImageNet 分類タスクのような大規模データセットでの学習によって得られた重みを初期値として読み込み、そこから別のタスクの学習を行う、ということがよく行われています。初期値を得るための学習を**事前学習** (pretraining)、その初期値を用いた別タスクの学習を**ファインチューニング**(fine tuning) と呼びます。これは**転移学習**(transfer learning) の 1 つの形態です。ImageNet 分類タスクのような大規模データセットでの学習が事前学習と呼ばれ、ここで用いるタスクが転移元タスクと呼ばれます。また、事前学習を行った重みを初期値として読み込んで学習を行うことはファインチューニングと呼ばれ、ファインチューニングしたいタスクが転移先タスクと呼ばれます。

事前学習済みの重みからファインチューニングすることにより、転移先のタスクにおいて、学習の収束が早くなったり、最終的な予測性能が上がったりすることが知られています。事前学習についてはわかっていないことも多いですが、大規模データセットでの学習を通じて CNN が画像の特徴を把握する能力を獲得しており、その状態からスタートすることで、そういった能力を活かして転移先タスクを学習できるからだというように考えられています。

上で議論した通り、実用上 ImageNet 分類タスクでよい成績を収めているアーキテクチャをベースとして用いることが多く、そういったアーキテクチャでは ImageNet 分類タスクでの事前学習済みの重みが公開されていることがほとんどです。そのため、基本的にその公開されている重みを読み込み、そこからファインチューニングすることをおすすめします。

分類タスクへのファインチューニングでは、最後層を付け替え、最後層のみ乱数で初期化し学習をスタートするのが一般的です。また、ファインチューニングにおいては、入力に近い一部の層の重みを固定し、出力に近い一部の層の重みのみを学習対象とするようなテクニックが使われることもあります。今回は、ひとまずすべての層の重みを学習対象とします。

● 実装例

ライブラリ torchvision を使っている場合、ResNet-50 に ImageNet での事前学習済みの重みを読み込むことは簡単です。上述の ResNet-50 をインスタンス化しているコードに、`pretrained=True` という引数を加えましょう。

```
model = torchvision.models.resnet50(pretrained=True)
```

note

転移学習での性能

　ImageNet 分類タスクでの性能と、他のタスクでの性能の関係について詳しく知りたい方は、論文[199] などを参照してください。

3.3.3　目的関数

● 考え方

　本章では、目的関数として、第 2 章と同じくクロスエントロピー損失を利用します。分類問題では基本的に目的関数としてクロスエントロピー損失が第一の選択肢になりますが、本章で扱うコンテストは特に評価指標がクロスエントロピーであり[注4]、クロスエントロピーを最適化することがスコアに直結するため、クロスエントロピーを利用するのがよいでしょう。

● 実装例

　前述の model は、2 クラスに関する予測を出力します。

　学習を行うためには、model の予測と正解ラベルから目的関数の値を求め、そこから誤差逆伝播する必要があります。PyTorch では torch.nn.CrossEntropyLoss としてクロスエントロピーを計算するモジュールが提供されています。torch.nn.CrossEntropyLoss は、ソフトマックス関数による予測確率の計算と、その予測確率に対するクロスエントロピー損失の計算を一括で行うモジュールです。具体的には、学習時に以下のようにします。

```
# CrossEntropyLoss モジュールのインスタンスを作成
loss_fun = torch.nn.CrossEntropyLoss()

...

# x は入力画像、y は正解ラベル
loss = loss_fun(model(x), y)
loss.backward()
```

　一方で、最終的には Kaggle への提出するときに、予測確率を出力する必要があります。つまり、model の出力に対し、ソフトマックス関数だけを適用したいことになります。そこで、予測確率の計算のためには以下のようにします。

注 4　対数損失とクロスエントロピーは基本的に同じものです。

```
# Softmax モジュールのインスタンスを作成
pred_fun = torch.nn.Softmax(dim=1)

...

# x は入力画像
y = pred_fun(model(x))
```

3

note

torch.nn.CrossEntropyLoss

　resnet50 モジュール内でソフトマックス関数の計算まで行い確率を出力するようにすれば、提出時には model の出力をそのまま使えて、上のソースコードのように pred_fun をいちいち作る必要がなくなりそうです。なぜ、ソフトマックス関数による確率の計算をモデルに含めず、torch.nn.CrossEntropyLoss と torch.nn.Softmax を使い分けるのでしょうか？
　これは、数値的な安定性のためです。コンピュータ内での計算は浮動小数点数を用いて行われます。たとえば、ソフトマックス関数では指数関数が用いられており、計算の過程において絶対値が非常に大きくなったり小さくなったりする可能性があります。そういった値は、大きすぎて浮動小数点数で表現できる範囲を超えたり、小さすぎて 0 と扱われてしまったりします。一方、ソフトマックス関数とクロスエントロピーを合わせて計算することを考えると、式変形により、そういった値が出てきにくいような、より安全な計算方法を用いることができます。torch.nn.CrossEntropyLoss の中の実装は、そういったテクニックを用いた安全な実装になっているため、こちらを用いるべきなのです。

note

2 値分類におけるソフトマックス関数とシグモイド関数

　2 値分類なのでソフトマックス関数ではなくシグモイド関数を用いるべきなのではないかと考える人もいるでしょうか。本書では、どちらの関数を使っても結果がほぼ変わらないこと、3 クラス以上の多クラス分類に取り組むことになる読者が多いであろうことを踏まえ、ソフトマックス関数を用いることにしています。実際に 2 値分類をソフトマックス関数で行っている例は本書以外でも多くあります。

極意　有名な CNN アーキテクチャを利用し、ファインチューニングをしましょう。

3.4　最初の学習：データセットの準備と学習ループ

さて、前節では最初に使う CNN のアーキテクチャと目的関数を決めました。次に、データセットの準備や学習ループの記述などを行い、引き続き最初の学習と提出を目指していきます。

3.4.1　データセットの準備

データセットを Kaggle からダウンロードし、以下のようなディレクトリ構造になるように配置します。

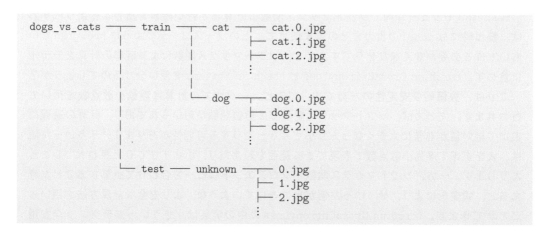

zip を解凍した状態では訓練セットは猫と犬で同じディレクトリに入れられていますが、`torchvision.datasets.ImageFolder` を使うため、別のサブディレクトリに分けます。テストセットについても同様に `torchvision.datasets.ImageFolder` を使う都合上 `unknown` というサブディレクトリに入れます。

● データセットの分割

訓練セットから検証セットを分割するために、本節では `StratifiedShuffleSplit` を用います。80% の画像を訓練に、20% の画像を検証に用いるようにしています。また、引数 `dryrun` が `True` の際には、訓練用、検証用ともに画像の枚数を 100 枚に制限するようにしています。これは、いったん少ないサンプル数で学習スクリプトを実行することで、学習スクリプトがエラーを起こさず完了することをすばやく確認したり、デバッグの試行錯誤を効率化したりするためのものです。CNN の学習は時間がかかるため、たとえば、学習が終わった後の予測の書き出しのような部分をデバッグしたい際、毎回学習を待っていると非効率的です。そこで、こういったオプションを付けて、一通りコードが小規模なデータに対しエラーなく動くことを確認してから本番の実行に入れるようにすると便利です。

```python
def setup_train_val_split(labels, dryrun=False, seed=0):
    x = np.arange(len(labels))
    y = np.array(labels)
    splitter = sklearn.model_selection.StratifiedShuffleSplit(
        n_splits=1, train_size=0.8, random_state=seed
    )
    train_indices, val_indices = next(splitter.split(x, y))

    if dryrun:
        train_indices = np.random.choice(train_indices, 100, replace=False)
        val_indices = np.random.choice(val_indices, 100, replace=False)

    return train_indices, val_indices
```

● データセットとデータローダ

　データセットには、ライブラリ torchvision が提供する ImageFolder クラスを、データロー
ダとしては PyTorch が提供する DataLoader を用います。また、訓練セットと検証セットにデー
タセットを分割する際には PyTorch が提供する Subset クラスを用いています。

　ImageFolder には引数 transform で、画像に対する前処理を与えます。今回は、まずは最
初の学習ということで、以下のようなシンプルな処理を用いています。

1. 画像の短いほうの辺の長さが 256 になるようにリサイズする
2. 画像の中央から 224 × 224 の正方形を切り抜く
3. RGB 値が平均 0、分散 1 になるように正規化する

　ResNet などの画像分類モデルは、入力画像として 224 × 224 の解像度の画像を入力される
想定で設計され、事前学習されています。実際には、より高い解像度の入力を用いたほうが
精度が上がる現象もよく報告されていますが、最初はそのモデルに対して標準的とされる解
像度の入力を用いるのが無難だと思います。

　ソースコードでは正規化のために用いる平均・分散の値を直接ソースコードに埋め込んで
います。この値は、ImageNet のデータセットに対して計算されたもので、事前学習もこの値
を用いて行われています。事前学習に関する詳細は torchvision のモデルの説明のページ[200]
で見ることができ、これらの値もそこに書かれています。平均・分散として、今回取り組ん
でいる Dogs vs Cats コンテストのデータに対して計算しなおしたものを使うことも考えられ
ますが、ImageNet から値が大きく変わらないであろうことや、どちらかと言うと CNN が事
前学習で得た知識を使いにくくなり性能を損ねてしまう可能性などを考え、まずは同じ値を
使って進めていくことをおすすめします。

```python
def setup_center_crop_transform():
    return transforms.Compose(
        [
            transforms.Resize(256),
            transforms.CenterCrop(224),
            transforms.ToTensor(),
            transforms.Normalize([0.485, 0.456, 0.406], [0.229, 0.224, 0.225]),
        ]
    )


def setup_train_val_datasets(data_dir, dryrun=False):
    dataset = torchvision.datasets.ImageFolder(
        os.path.join(data_dir, "train"),
        transform=setup_center_crop_transform(),
    )
    labels = get_labels(dataset)
    train_indices, val_indices = setup_train_val_split(labels, dryrun)

    train_dataset = torch.utils.data.Subset(dataset, train_indices)
    val_dataset = torch.utils.data.Subset(dataset, val_indices)

    return train_dataset, val_dataset


def setup_train_val_loaders(data_dir, batch_size, dryrun=False):
    train_dataset, val_dataset = setup_train_val_datasets(
        data_dir, dryrun=dryrun
    )
    train_loader = torch.utils.data.DataLoader(
        train_dataset,
        batch_size=batch_size,
        shuffle=True,
        drop_last=True,
        num_workers=8,
    )
    val_loader = torch.utils.data.DataLoader(
        val_dataset, batch_size=batch_size, num_workers=8
    )
    return train_loader, val_loader
```

3.4.2　学習ループ

　データローダの準備ができたので、学習ループを記述します。ここがプログラムのメイン部分となります。エポック終了ごとに検証を行い、loss や accuracy の値を出力しています。また、ループに tqdm を用い、プログレスバーや学習終了時間の予想を出力するようにしています。CNN の学習は長い時間を要することが多いため、こういったものを利用しておくと便利です。

```python
def train_1epoch(model, train_loader, lossfun, optimizer, device):
    model.train()
    total_loss, total_acc = 0.0, 0.0

    for x, y in tqdm(train_loader):
        x = x.to(device)
        y = y.to(device)

        optimizer.zero_grad()
        out = model(x)
        loss = lossfun(out, y)
        _, pred = torch.max(out.detach(), 1)
        loss.backward()
        optimizer.step()

        total_loss += loss.item() * x.size(0)
        total_acc += torch.sum(pred == y)

    avg_loss = total_loss / len(train_loader.dataset)
    avg_acc = total_acc / len(train_loader.dataset)
    return avg_acc, avg_loss


def validate_1epoch(model, val_loader, lossfun, device):
    model.eval()
    total_loss, total_acc = 0.0, 0.0

    with torch.no_grad():
        for x, y in tqdm(val_loader):
            x = x.to(device)
            y = y.to(device)

            out = model(x)
            loss = lossfun(out.detach(), y)
            _, pred = torch.max(out, 1)

            total_loss += loss.item() * x.size(0)
            total_acc += torch.sum(pred == y)

    avg_loss = total_loss / len(val_loader.dataset)
    avg_acc = total_acc / len(val_loader.dataset)
    return avg_acc, avg_loss


def train(model, optimizer, train_loader, val_loader, n_epochs, device):
    lossfun = torch.nn.CrossEntropyLoss()

    for epoch in tqdm(range(n_epochs)):
        train_acc, train_loss = train_1epoch(
            model, train_loader, lossfun, optimizer, device
        )
```

```
        val_acc, val_loss = validate_1epoch(model, val_loader, lossfun, device)
        print(
            f"epoch={epoch}, train loss={train_loss}, train accuracy={train_acc}",
            f"val loss={val_loss}, val accuracy={val_acc}"
        )
```

● 最初の学習

駆け足でなんとか学習を行う準備をしてきました。早速、学習を行ってみましょう。まず
は 1 エポックだけ学習してみます。

```
def train_subsec5(data_dir, batch_size, dryrun=False, device="cuda:0"):
    model = torchvision.models.resnet50(pretrained=True)
    model.fc = torch.nn.Linear(model.fc.in_features, 2)
    model.to(device)

    optimizer = torch.optim.SGD(model.parameters(), lr=0.01, momentum=0.9)
    train_loader, val_loader = setup_train_val_loaders(
        data_dir, batch_size, dryrun
    )
    train(
        model, optimizer, train_loader, val_loader, n_epochs=1, device=device
    )

    return model
```

結果は以下のようになりました。

```
epoch=0, train loss=0.10072480895426124, train accuracy=0.960099995136261, val
loss=0.06128678568382748, val accuracy=0.9789999723434448
```

まずは 1 エポックという短い設定で試しましたが、すでに検証セットにおいて 98% の正答
率となっており、それらしい学習ができているようですね。では、これを提出してみましょう。

● 提出

```
def setup_test_loader(data_dir, batch_size, dryrun):
    dataset = torchvision.datasets.ImageFolder(
        os.path.join(data_dir, "test"), transform=setup_center_crop_transform()
    )
    image_ids = [
        os.path.splitext(os.path.basename(path))[0] for path, _ in dataset.imgs
    ]

    if dryrun:
        dataset = torch.utils.data.Subset(dataset, range(0, 100))
        image_ids = image_ids[:100]
```

```
    loader = torch.utils.data.DataLoader(
        dataset, batch_size=batch_size, num_workers=8
    )
    return loader, image_ids


def predict(model, loader, device):
    pred_fun = torch.nn.Softmax(dim=1)
    preds = []
    for x, _ in tqdm(loader):
        with torch.set_grad_enabled(False):
            x = x.to(device)
            y = pred_fun(model(x))
        y = y.cpu().numpy()
        y = y[:, 1]  # cat:0, dog: 1
        preds.append(y)
    preds = np.concatenate(preds)
    return preds


def write_prediction(image_ids, prediction, out_path):
    with open(out_path, "w") as f:
        f.write("id,label\n")
        for i, p in zip(image_ids, prediction):
            f.write("{},{}\n".format(i, p))


def predict_subsec5(
    data_dir, out_dir, model, batch_size, dryrun=False, device="cuda:0"
):
    test_loader, image_ids = setup_test_loader(
        data_dir, batch_size, dryrun=dryrun
    )
    preds = predict(model, test_loader, device)
    write_prediction(image_ids, preds, out_dir / "out.csv")
```

　提出のためには、テストセット用のデータローダを用意し、それらに対し作成したモデルを適用し予測を行い、CSV に書き出します。上で作成した 1 エポックでのモデルでこれを行い提出してみます。図 3.4 のように、0.14040 というスコアでした。順位表を見ると All 0.5 Benchmark（おそらくすべての画像に対し両方のクラスが 0.5 と回答したもの）のスコアが 0.69314 であり、それと比べると十分よいスコアとなっているため、無事に意味のある予測結果を提出できていることが確認できます。

Submission and Description	Private Score ⓘ	Public Score ⓘ	Selected
✓ out.csv Complete (after deadline) · now	0.1404	0.1404	☐

図 3.4　提出結果

● 予測値のクリップ

さきほどの 0.14040 というスコアは、無事に意味のある予測結果を提出できていると確信できるスコアです。一方で、学習時の出力における検証データの損失は 0.06 程度だったので、それと比較するとやや大きい印象もあります。

結論から言うと、このコンテストにおいては、出力結果が 0 や 1 に極めて近い極端な値をとらないよう、パラメータ ϵ を決め、出力値が $[\epsilon, 1 - \epsilon]$ の範囲に収まるようにクリップするとスコアがよくなります。

```python
def write_prediction_with_clip(
    image_ids, prediction, clip_threshold, out_path
):
    with open(out_path, "w") as f:
        f.write("id,label\n")
        for i, p in zip(image_ids, prediction):
            p = np.clip(p, clip_threshold, 1.0 - clip_threshold)
            f.write("{},{}\n".format(i, p))
```

以上のコードを用い、$\epsilon = 0.0125$ とし提出した結果が図 3.5 です。

Submission and Description	Private Score ⓘ	Public Score ⓘ	Selected
out_clip.csv Complete (after deadline) · now	0.08274	0.08274	☐

図 3.5　提出結果

この現象については、コンテストの Discussion（掲示板機能）において参加者により報告・議論されていました。原因としては、対数損失という評価指標の特性上、0 や 1 に極めて近い極端な値で間違えてしまった際、スコアが跳ね上がってしまうということがあるのだと思われます。Discussion には、こういった非常に有益な情報が書かれていることが多いので、実際のコンテストに参加する際には必ずチェックしましょう。

---

note

乱数

　深層学習では疑似乱数を多くの場所で利用します。たとえば、重みの初期値、訓練画像のサンプリングなどです。そのため、実行するたびに結果は異なってきます。したがって、本書のスクリプトを実際に実行し提出しても、掲載しているものとまったく同じスコアには

なりません。ただし、章全体を通じて改善を適用していく際の傾向は、おおむね一致するはずです。

　なお、開発を行う際、疑似乱数の seed を固定すると便利なことがあります。たとえば、結果が変化しないはずのリファクタリングを行った際に、seed を固定していればまったく同じ結果が出ることを確認できます。また、デバッグをする際にも、seed を固定していれば同じエラーを再現できます。厳密に結果を一致させるためには、疑似乱数の seed を固定するだけでなく、関数 torch.use_deterministic_algorithms を呼び出して決定論的に動作するアルゴリズムのみを利用するように設定するなどといったことも必要になってきます。詳しくは以下のウェブページ[201] を参照してください。

コンテストの Discussion もしっかりチェックしましょう。

3.5　最適化アルゴリズムと学習率スケジューリング

　前節では、駆け足で最低限の設定での学習を行い、最初の提出を行いました。スコア向上を目指し、少しずつ、学習の設定を追求していきましょう。まずは、最適化アルゴリズムや学習率のスケジューリングなどに注目してみます。

3.5.1　最適化アルゴリズム

　前節コード例では**最適化アルゴリズム**として Momentum SGD を利用しています。深層学習フレームワークには他にも数多くの最適化アルゴリズムが実装されており、論文などを見てもさまざまなアルゴリズムが提案されたり利用されたりしています。実際にはどの最適化アルゴリズムを使うのが最もよいのでしょうか？

　もちろん、時間が許すのであれば、すべてを試し、最もよいものを使えばよいでしょう。しかし多くの場合、これは現実的ではありません。まず、最適化アルゴリズムの種類はかなり多いです。また、各最適化アルゴリズムはそれぞれ異なるハイパーパラメータを持っており、アルゴリズムごとに調整しないとそのアルゴリズムでの最もよいパフォーマンスを知ることができません。そして何より、経験上多くの場合、最適化アルゴリズムの探求にそこまでの時間を使ってもスコアへの寄与は比較的限られているため、最適化アルゴリズムを選択するために時間を使うことはあまり得策ではないと感じます。

　そこで本節では、1つの考え方として、「**とりあえず Momentum SGD と Adam のどちらかを使う**」という考え方を紹介します。

　まず、Momentum SGD は勾配降下法にモーメンタム項を付け加えただけの非常にシンプルなアルゴリズムです。一方、Adam は勾配を用いて学習率を調整する機構を備えたアルゴリズムの代表例と言えます。Adam のようなアルゴリズムは、そういった機構を備えていない Momentum SGD と比較して、収束の効率が非常によく、Momentum SGD よりもはるかに少ない繰り返し回数で収束することがほとんどです。また、一部のモデル・タスクでは、そもそも Momentum SGD だと学習が困難であり、Adam などのアルゴリズムを用いなければ学習が成立しないこともあります。

　しかし、特に画像系タスクに対する CNN を用いた論文を見てみると、いまだに Momentum SGD が用いられていることが非常に多いです。これはなぜなのでしょうか？ 実は、Momentum SGD と Adam で学習したモデルを最終的に比較すると、Momentum SGD のほうが汎化性能が高いモデルになる、という現象が知られています。Adam ではその収束性の高さが仇となり、性質の悪い局所最適解に落ちていってしまいます。一方、Momentum SGD では、収束が遅い代わりに、性質の悪い局所最適解に落ちにくく、比較的ロバストな解に到達しやすいため、汎化性能が高いモデルになると考えられています。

　こういった状況を踏まえて、ひとまず以下のような考え方をするとよいと思います。

極意

早く収束してほしい → Adam
学習時間は全然問題になっていないので
少しでも汎化性能を高めたい → Momentum SGD

　なお、ここで 1 つ考えるべき点は、Kaggle ではアンサンブルがかなり強力な武器であるということです。学術論文ではアンサンブル抜きでの単一モデルでの性能にこだわる傾向が強く、それも学術論文で Momentum SGD の採用が多い理由だと思います。一方で、Kaggle では、早く学習が終われば、それだけアンサンブルで用いるモデル数を増やせるということにほかならないため、単一モデルでの性能だけを考えた判断は早計と言えます。そういったこともあり、Kaggle では学術論文に比べると Adam が使われることが多い印象があります。

　また前述の通り、Momentum SGD だと学習が困難であり、Adam などのアルゴリズムを用いなければ収束が遅すぎて学習がほとんど成立しないケースも多々あります。たとえば、画像処理ではなく自然言語処理のようなタスクでは、Momentum SGD での学習は困難なことが多く、ほぼ利用されません。

　本章で扱う Dogs vs. Cats コンテストでは、データセットも非常に小さく、アンサンブルを考えても学習時間は大きな問題となってこないため、今後も引き続き Momentum SGD で取り組んでいくこととします。

> ✎ note
>
> ### Adam と汎化性能
>
> 「Adam などのアルゴリズムの汎化性能が低いと言われるのはハイパーパラメータの調整が不十分だからであり、ハイパーパラメータを十分に調整すれば Momentum SGD に劣ることはない」という主張もあります[202]。また、実際に、一部の ImageNet モデルなどの論文では、やや極端とも感じられるハイパーパラメータが設定された RMSprop という Adam に類似した最適化アルゴリズムが使われています。具体的には、やや極端なハイパーパラメータの設定を行い、学習率の調整があまり行われないようにすることによって、どちらかと言うと Momentum SGD に近い挙動をするように調整されています。

3.5.2 学習率・学習期間

学習率と学習期間は非常に重要なハイパーパラメータです。収束の効率やモデルの学習不足・過学習を大幅に左右します。

● 学習率の大きさ

学習率は、高めの値から開始し学習終了に向けて下げていくのが基本です。まず、学習終了に向けて値を下げていくのは、最適化を収束させるためです。一方、開始時に大きめの値を用いる理由としてよく言われているものは、「学習率が小さすぎると学習に時間がかかってしまう」というものです。

これは間違いではないのですが、一方で、これとは別の理由で大きい学習率から学習を開始するようにしている場合も少なくありません。それは「大きめの学習率での最適化を行ってから学習率の値を小さくしていったほうが、最終的に汎化性能のよいモデルになることがある」という理由です。この現象は、上で説明した Momentum SGD と Adam で汎化性能に差が出る現象と同じような理由で説明できます。こういった目的を考える場合、学習を最も効率的に進められるような学習率、すなわち訓練損失の減りが最も早い学習率よりも、さらに大きい学習率を開始時に利用するのが有利ということになります。実際、ImageNet モデルなどを提案している学術論文で用いられている学習率の設定について、論文記載の設定よりも学習率を少し下げて実験してみると、学習の収束は早くなるものの、最終的な汎化性能が悪化するということが多いと思います。

ただし、現在の Kaggle のコンテストでは事前学習済みモデルの利用が許されている場合が多くなっています。事前学習済みモデルを用いる場合には、事前学習により得られている特徴量抽出の能力を破壊しないよう、低めの学習率で学習を開始するのがよいことが多いようです。

　具体的な学習率は、タスクやモデルによるため、実験的に決めるしかありません。近いタスクを扱っている事例から値の範囲にある程度見込みを付けつつ、いろいろな値で学習の進みを見て適切な値を用いましょう。

● 学習率のスケジュール

　学習率は学習が進むにつれどのようなスケジュールで下げていけばよいのでしょうか。おそらく多くの方が見たことがあるであろう代表的なものをいくつか挙げてみます。

- 段階的：ある値で一定期間学習し、次に値をまた小さくして一定期間学習し……というものです
- 指数関数：学習率を指数的に小さくしていくというものです
- 多項式：学習率を多項式関数で小さくしていくというものです

　これに加え、本節では、**cosine annealing** というスケジュールを紹介します。cosine annealing では、イテレーション i での学習率 η を以下のように設定します。

$$\eta = \frac{\eta_0}{2}\left(1 + \cos\pi\frac{i}{n}\right)$$

ここで、η_0 は開始時の学習率、n は総イテレーション数です。学習率は η_0 から開始し少しずつ下がっていき最終的に 0 になります。cosine annealing はここ数年で特に画像系タスクでよく使われるようになった印象があります。また、ハイパーパラメータの数が少ないことも利点です。ただし、その分、開始時の学習率 η_0 の設定がより重要となってくる印象もあります。

　本節では、cosine annealing を使っていきます。

note

warm restart

　cosine 関数の学習率スケジュールでの活用を大きく広めるきっかけとなった論文[203] では、warm restart という技術も同時に提案され利用されていました。概要としては、上で説明したスケジュールを何度も繰り返し、学習率を上げ下げするというものです。現在でも warm restart が利用されることはありますが、warm restart を利用しない cosine annealing がより多く使われている印象を受けます。

● 重み減衰による正則化

　深層学習モデルは学習時に**重み減衰**（weight decay）による正則化を行うことで汎化性能が

上がることが多いことが知られています。重み減衰は基本的に利用すると考えてよいでしょう。用いるパラメータは、他のパラメータと同じく、類似したタスクに対する論文やKaggleコンテストの上位者のコードを参考にしてあたりを付けるとよいでしょう。

最適化アルゴリズムにAdamを選択し重み減衰を適用する場合、通常の重み減衰をAdamに加えて適用する代わりに、AdamW[204]という重み減衰をより望ましい形でAdamに組み込んだアルゴリズムを用いると最終的な結果がよくなることが多いことが知られており、現在では多くの場面でAdamWが利用されています。

● 学習

最適化アルゴリズムはMomentum SGD、開始時の学習率0.01、学習率スケジュールはcosine annealing、学習期間は10エポック、重み減衰は0.0001として学習してみます。学習率の初期値や重み減衰は以下のように指定します。

```
optimizer = torch.optim.SGD(
    model.parameters(), lr=0.01, momentum=0.9, weight_decay=0.0001)
```

学習率スケジューラもPyTorchに含まれています。以下のようにスケジューラのインスタンスを作ります。

```
n_iterations = len(train_loader) * n_epochs
lr_scheduler = torch.optim.lr_scheduler.CosineAnnealingLR(optimizer, n_iterations)
```

そして、学習イテレーションのたびに関数lr_scheduler.step()を呼びましょう。
筆者の環境では学習結果は以下のようになりました。

```
epoch=0, train loss=0.11926492055617273, train accuracy=0.9556999802589417, val
loss=0.053476734107360244, val accuracy=0.9779999852180481, lr=0.009755282581475764
...
epoch=7, train loss=0.00047197335285204645, train accuracy=0.9999499917030334, val
loss=0.037910463528202584, val accuracy=0.989799976348877, lr=0.000954915028125266
epoch=8, train loss=0.000577277513590343, train accuracy=0.9998499751091003, val
loss=0.03631059852356575, val accuracy=0.989799976348877, lr=0.0002447174185242329
epoch=9, train loss=0.0006177356116423198, train accuracy=0.9999499917030334, val
loss=0.03641931980711342, val accuracy=0.989799976348877, lr=0.0
```

検証データの損失は0.036となっており前節より改善しています。提出スコアは0.05441となり、こちらも前節より改善していました。

最適化アルゴリズムに迷ったら、
Momentum SGD か Adam を利用しましょう。

3.6 データ拡張

第 2 章でも説明した通り、**データ拡張**（data augmentation）によりデータを水増しすることは、画像を扱うニューラルネットワークに対して非常に効果的な正則化となります。本節では、実際にデータ拡張を、このタスクに適用しスコア向上を目指してみましょう。

3.6.1 random flip と random crop

まずは基礎的なデータ拡張の方法である **random flip**、**random crop** を紹介します。

最も基礎的なデータ拡張は、random flip でしょう。その名の通り、図 3.6 のように、ランダムに画像の左右を反転します。CNN は、左右反転したものに対して同じ出力を出す制約を持っていません。一方、画像を扱う多くのタスクでは、左右を反転した画像に対し同じような出力を出すことが妥当である場合が多く、そのため左右反転した画像も学習サンプルとすることには意味があります。ライブラリ torchvision では `transforms.RandomHorizontalFlip` として提供されています。

元画像　　　　　　左右反転した画像
図 3.6　random flip の例

一方で、上下反転は行わないことも多いです。左右と異なり、上下を反転した画像は入力例として妥当ではないと考えられる場合が多いためです。たとえば、犬か猫かを分類するタスクにおいて、写っている対象自体は上下反転をしても変わりませんが、上下が反転したような画像自体は不自然で、評価時にもそういった画像が現れることはないと考えられます。むしろ上下の情報を CNN が学習時に使えるようにするべきで、上下の反転は行わないほうがよい結果になることが多いでしょう。逆に、顕微鏡で撮影した細胞などの画像においては、上下の反転も合わせて行うことも有効になりうるでしょう。

　次によく使われるデータ拡張は random crop でしょうか。こちらは、ランダムに画像の一部を切り抜き学習サンプルとします。この際、元画像をランダムに拡大縮小したり、アスペクト比をランダムに調整したりします。たとえば、ライブラリ torchvision の `transforms.RandomResizedCrop` はデフォルトのパラメータでおおむね以下のような処理をします[注5]。

- アスペクト比を 3/4 から 4/3 倍までの間でランダムに調整する
- サイズが 8% から 100% の間になるようにランダムなサイズ・位置をクロップ

　図 3.7 のように、この処理は元の画像のごく一部だけを切り抜いてしまうこともあり、人間が見ても判別が難しいようなものを作ってしまうこともあります。少しやり過ぎな印象も受けるかもしれませんが、この処理は画像分類の数々の論文で使われてきているものであり、実績があるものと言えます。今回我々が扱っているのも画像分類なので、このままのパラメータで `transforms.RandomResizedCrop` を利用してみましょう。

図 3.7　random crop の例

● torchvision での実装

　以下のように random crop と random flip を用いた変換を構成し、訓練用のデータセットに適用します。

```python
def setup_crop_flip_transform():
    return transforms.Compose(
        [
            transforms.RandomResizedCrop(224),
            transforms.RandomHorizontalFlip(),
            transforms.ToTensor(),
            transforms.Normalize([0.485, 0.456, 0.406], [0.229, 0.224, 0.225]),
        ]
    )
```

　なお、検証用やテスト用のデータセットでは、これまで通り中央で切り抜きを行います。データ拡張を用い前節と同じ設定で学習すると、検証データの損失は 0.019586、提出スコ

注5　少し複雑なので正確な処理を把握したい場合にはソースコードを見ることをおすすめします。

アは 0.04660 になりました。スコアが向上していることが確認できました。なお、今回は問題ありませんでしたが、データ拡張を用いると、汎化性能が上がる反面、収束が遅くなり学習イテレーションがより多く必要になる場合もあります。

3.6.2　mixup

データ拡張にはさまざまな手法が提案されていますが、ここでは **mixup** を紹介します。mixup は、非常に強力なデータ拡張の手法であり、2017 年に提案されて以降、学術論文でもKaggle でも頻繁に利用されています。他の多くのデータ拡張と異なり、2 つの画像を使うという点もユニークです。画像以外のデータでも利用可能である点も他のデータ拡張と異なります。

2 つのサンプル $(x_i, y_i), (x_j, y_j)$ があるとします。x_i, x_j は画像、y_i, y_j は one-hot 表現でのラベルとします。mixup は、以下のように作られる新たなサンプル $(\tilde{x}, \tilde{y})$ を入力とします。

$$\tilde{x} = \lambda x_i + (1 - \lambda)x_j$$
$$\tilde{y} = \lambda y_i + (1 - \lambda)y_j.$$

ここで、λ は $[0, 1]$ の範囲のランダムな値であり、具体的にはベータ分布 $B(\alpha, \alpha)$ からサンプリングします。α はハイパーパラメータです。学習時にはランダムに選択した 2 つのサンプルに対し、上の式を適用して作成したサンプルを用います。図 3.8 は mixup を適用した例です。

図 3.8　mixup の例

● 実装

実装は Facebook AI Research の公開している論文著者らの実装を参考にしています [205]。実際は、1 つのサンプルを作るために 2 つの画像をランダムに選択するのではなく、各画像に対してペアになるもう 1 つの画像を同じバッチの中から 1 つランダムに選択しています。厳密には上の説明や原論文の説明と異なっていますが、論文著者らの実装もこのようにしており、実用上も問題がなく、この方法のほうが実装が楽になります。

```
def train_1epoch_mixup(
    model, train_loader, lossfun, optimizer, lr_scheduler, mixup_alpha, device
):
```

```
model.train()
total_loss, total_acc = 0.0, 0.0

for x, y in tqdm(train_loader):
    x = x.to(device)
    y = y.to(device)

    lmd = np.random.beta(mixup_alpha, mixup_alpha)
    perm = torch.randperm(x.shape[0]).to(device)
    x2 = x[perm, :]
    y2 = y[perm]

    optimizer.zero_grad()
    out = model(lmd * x + (1.0 - lmd) * x2)
    loss = lmd * lossfun(out, y) + (1.0 - lmd) * lossfun(out, y2)
    loss.backward()
    optimizer.step()
    lr_scheduler.step()

    _, pred = torch.max(out.detach(), 1)
    total_loss += loss.item() * x.size(0)
    total_acc += lmd * torch.sum(pred == y) + (1.0 - lmd) * torch.sum(
        pred == y2
    )

avg_loss = total_loss / len(train_loader.dataset)
avg_acc = total_acc / len(train_loader.dataset)
return avg_acc, avg_loss
```

● 学習終盤に mixup を停止するテクニック

mixup のような強力なデータ拡張を用いる際、「**学習の初期で利用し、途中からは利用しない**」
というテクニックが有効なことがあります。

検証セットやテストセットの推論時にはデータ拡張を適用しないクリーンな状態で推論す
るので、最終的に必要な能力はクリーンなサンプルを分類することです。mixup を最後まで
利用していると、学習時にはクリーンなサンプルを一切使わずに学習してしまうことになり
ます。こう考えると、クリーンなサンプルを分類する能力が最高に引き出されているか、確
かに不安になりますよね。したがって、強いデータ拡張を用いた学習をまず行うことで汎化
しやすい特徴量抽出能力を得てから、最終的には本題であるクリーンなサンプルの分類に最
適化するのがよいと考えられます。別の言い方をすると、転移学習の部分で説明したファイ
ンチューンをしているとも言えます。詳しくは論文[206]などを参照してください。

● 結果

mixup を、ベータ分布のパラメータを$\alpha = 0.4$とし、最初の 7 エポックのみ適用し、学習し
ました。αの値は原論文で利用されている値を参考に決めました。全体の学習期間は 10 エポッ

クのままで、最後の 3 エポックも random crop、random flip はオンにしています。検証データの損失は 0.016292 で、提出スコアは 0.04453 でした。スコアは少し向上しています。

 データ拡張は、画像をニューラルネットワークで
扱う際に非常に効果的な正則化です。

3.7　アンサンブル

アンサンブルは正しく用いればスコアが悪くなることが基本的にほぼないテクニックであると言っても過言ではなく、計算時間が許すのであれば常に試すべき手段と言えます。本節では、アンサンブルを実際に今回のタスクに適用しスコア向上を目指してみます。

3.7.1　交差検証とアンサンブル

モデルを複数作成し、各モデルの予測を平均したものを最終的な出力とするアンサンブルの方法が **averaging** です。ニューラルネットワークの学習は基本的に非凸な最適化問題であり、同じ学習データで学習を行っても、初期化やデータのサンプリングに用いられる乱数の影響により、少しずつ違うモデルに収束します。そのため、まったく同じ設定で乱数の seed のみが異なる複数のモデルを作成し averaging するだけでも、かなり効果が出ることが多いです。

一方 Kaggle では、少し独特な「**交差検証と同時に averaging をしてしまう**」というテクニックが広く用いられています。第 2 章で紹介した通り、交差検証では、複数回にわたって異なる方法でデータセットを分割し、それぞれで訓練と検証を行います。この際、訓練を複数回行うので、当然、複数のモデルができます。その複数のモデルをアンサンブルに利用してしまう、というのがこのテクニックです。たとえば、5 fold で交差検証を行う場合、5 つのモデルができるので、テストセットに対しては 5 モデルそれぞれで推論を行い、平均したものを最終的な予測として提出します。

このテクニックのメリットは、作成したモデルを無駄にすることなくスコアにつなげることができる点です。一方、交差検証により手元でスコアを計算する際には、各サンプルに対する予測がアンサンブルではなく単一モデルによるものになるため、アンサンブルなしでのスコアとなります。一方、提出したスコアはアンサンブルを行ったスコアとなります。この結果、厳密には手元で評価しているものと提出しているものが違うものとなってしまう、という点はこのテクニックのデメリットと言えるでしょう。ただ、averaging が悪い効果を生んでしまうことは考えにくいため、現実的にはこの点が問題となることは少ないと考えられま

す。

我々も、交差検証と averaging を同時に行うテクニックを適用してみます。

```python
def setup_cv_split(labels, n_folds, fold, dryrun=False, seed=0):
    x = np.arange(len(labels))
    y = np.array(labels)
    splitter = sklearn.model_selection.StratifiedKFold(
        n_splits=n_folds, shuffle=True, random_state=seed
    )
    splits = list(splitter.split(x, y))
    train_indices, val_indices = splits[fold]

    if dryrun:
        train_indices = np.random.choice(train_indices, 100, replace=False)
        val_indices = np.random.choice(val_indices, 100, replace=False)

    return train_indices, val_indices


# train_predict_1fold は省略、setup_cv_split を用いる以外はこれまでと同じ

def train_predict_subsec81(
    data_dir,
    out_dir,
    n_folds,
    n_epochs,
    n_mixup_epochs,
    mixup_alpha,
    batch_size,
    dryrun=False,
    device="cuda:0",
):
    test_loader, image_ids = setup_test_loader(
        data_dir, batch_size, dryrun=dryrun
    )

    val_losses = []
    test_preds = []
    for fold in range(n_folds):
        val_loss, test_pred = train_predict_1fold(
            data_dir,
            fold,
            n_folds,
            n_epochs,
            n_mixup_epochs,
            mixup_alpha,
            test_loader,
            batch_size,
            dryrun,
            device,
        )
```

```
        val_losses.append(val_loss)
        test_preds.append(test_pred)

    # 全 fold での validation score の平均を最終的な validation score として出力
    val_loss = np.mean(val_losses)
    print(f"val loss={val_loss}")

    # 全 fold でのモデルの test data に対する予測結果を平均したものを最終的な予測として出力
    test_pred = np.mean(test_preds, axis=0)
    write_prediction_with_clip(
        image_ids, test_pred, CLIP_THRESHOLD, out_dir / "out_clip.csv"
    )
```

　今回は 5 fold でやってみることにしました。これまでも訓練データと検証データを 80% と 20% で分割していたので、訓練データと検証データの比率は変わらないことになります。今回からは検証データの損失は 5 fold で平均したもので評価するため、これまでの検証データの損失と比較できないことに気を付けましょう。

　検証データの損失は 0.019308 で、提出してみるとスコアは 0.04294 でした。スコアが大きく上昇しており、アンサンブルの効果が出ていると言えます。

> ✎ **note**
>
> **交差検証とアンサンブル**
>
> 　人やコミュニティによっては、本節で紹介した「交差検証と同時に averaging をしてしまう」というテクニックをアンサンブルとみなさないようです。全 fold のモデルの出力の平均をとることではじめて全データを使うことになるため、平均をとってはじめて 1 つのモデルとなる、という考え方に基づくものです。このテクニックについて関連した議論をする際には注意するとよいでしょう。

3.7.2　test time augmentation（TTA）

　さきに取り上げた averaging によるアンサンブルは、深層学習以外の非常に幅の広い機械学習アルゴリズムで用いることができる非常に有名なテクニックです。これに加えて、データ拡張を使うことのできる今回のようなタスクを扱っている際の類似したテクニックとして、第 2 章でも触れた **test time augmentation**（以下 TTA）を取り上げます。

　TTA では、その名の通り、検証データやテストデータの推論時にもデータ拡張を使います。具体的には以下のようにします。

1. 推論対象の画像に対しデータ拡張を適用し、複数の画像を生成する

2. 生成したそれぞれの画像に対し、推論を行う

3. 予測結果の平均をとり、それを最終的な元画像に対する予測とする

　元画像が同じとはいえ、データ拡張により生成した各画像に対して、CNN はやや異なる予測をします。それらの予測を統合することにより、最終的な予測の精度を向上できます。

　注意点としては、必ずしも訓練時に用いるデータ拡張と同じような方法を使うのがよいとは限らないという点です。訓練時には過学習を避けるためにデータ拡張を非常に強い設定にすることが多いです。一方で、推論時には、あまりに予測を難しくしてしまうような強いデータ拡張を用いると、かえって結果が悪くなってしまいます。

　今回は、TTA のデータ拡張として水平反転のみを使ってみます。すなわち、元画像と、元画像を左右反転した 2 通りの画像に対して推論を行い、出力の平均をとります。この水平反転による TTA は最も標準的な TTA の 1 つであり、よく用いられている印象があります。

```python
def setup_tta_transforms():
    return [
        transforms.Compose(
            [
                transforms.Resize(256),
                transforms.CenterCrop(224),
                transforms.ToTensor(),
                transforms.Normalize(
                    [0.485, 0.456, 0.406], [0.229, 0.224, 0.225]
                ),
            ]
        ),
        transforms.Compose(
            [
                transforms.Resize(256),
                transforms.CenterCrop(224),
                torchvision.transforms.functional.hflip,
                transforms.ToTensor(),
                transforms.Normalize(
                    [0.485, 0.456, 0.406], [0.229, 0.224, 0.225]
                ),
            ]
        ),
    ]


def predict_tta(model, loader, device):
    tta_transforms = setup_tta_transforms()
    preds = []
    for transform in tta_transforms:
        set_transform(loader.dataset, transform)
        val_pred = predict(model, loader, device)
        preds.append(val_pred)
```

```
pred = np.mean(preds, axis=0)
return pred
```

　検証データの損失は 0.018262 で、提出スコアは 0.04276 でした。ともにやや向上しており、効果が観測できます。

極意　交差検証で作成したモデルを averaging にも活用し、アンサンブルでスコアを上げましょう。

3.8　さらにスコアを伸ばすために

　ここまで、CNN を用いるうえでの基礎的なテクニックを紹介してきました。各テクニックはどれもまだまだ奥が深く、追求の余地があります。以下では、さらに学び追求していきたい方が自分で調べられるよう、簡単にキーワードを紹介しておきます。

- **CNN アーキテクチャ** --- 今回は ResNet-50 を用いましたが、ResNet-101 や ResNet-152 のように大きいモデルを用いるだけでもスコアが向上する可能性があります。また、ResNet-50 以降にもさまざまな CNN アーキテクチャが提案されており、より新しく性能のよいものを用いることによりスコアが向上する可能性は高いでしょう。そして、最近では自然言語処理の分野で有名な transformer をベースとしたネットワークも使われるようになってきています。そういったものを利用したり、CNN とアンサンブルしたりすることも効果が見込まれます。
- **データ拡張** --- 画像に対するデータ拡張には非常にさまざまなものがあり、導入によりスコアが向上するものが見つかる可能性は高いでしょう。また、mixup についても、入力ではなく中間層を混合する manifold mixup という亜種があり、こちらのほうがより効果がある場合もあるようです。
- **正則化** --- データ拡張以外の正則化をさらに導入・調整したりすることも効果があるでしょう。Dropout、stochastic depth、label smoothing などはその例です。
- **入力画像サイズ** --- 今回は 224 × 224 の画像サイズで学習・推論を行いました。画像の解像度を上げたほうが予測性能が上がる場合も少なくなく、学習時・推論時のそれぞれの画像サイズには調整の余地があります。TTA で異なる解像度に対する推論結果を組み合わせることも効果があるでしょう。
- **アンサンブル** --- アンサンブルで用いるモデルの数を増やすことは確実にスコアを向上させるでしょう。また、ただ数を増やすだけでなく、アンサンブルで用いるモデルのバリエーションを増やすことも効果があるはずです。

- **ハイパーパラメータの追い込み** --- ここまで見てきた通り、深層学習を用いた学習・推論には数々のハイパーパラメータがあります。今回のタスクにより適合したハイパーパラメータを追求していくこともスコア向上につながる可能性があります。

　たとえば、ResNet の代わりに割と新しい CNN アーキテクチャである RegNet を使ってみます。pytorch-image-models（timm）パッケージから以下のようにすぐに使うことができます。

```
model = timm.create_model("regnety_080", pretrained=True, num_classes=2)
```

　CNN アーキテクチャ以外は全節と同じ設定で学習・予測を行ったところ、検証データの損失は 0.012942 で、提出スコアは 0.03868 でした。ともに大きく向上していますね。CNN アーキテクチャは非常に進展が早く、いまだにどんどん新しいものが出てくる分野です。Kaggle の最近のコンテストで使われているものなどを参考に使うアーキテクチャを判断するとよいでしょう。

3.8.1　試行錯誤の順番は？

　実際のコンテストに出場する際、時間や計算資源が限られる中で、どういった順番で試行錯誤していくべきなのでしょうか？　一概に言うことは難しく、一般的には以下のようなさまざまな要素を推測しながら考えることになります。

- 試行に必要な計算資源
- 見込まれる効果の期待値と分散
- 結果が今後の行動に影響する程度やコンテストの残り期間
- 現在の自分の順位と目標とする位置とのスコア差

　著者の個人的な経験としては、「**まず各コンテスト特有の点に優先的に取り組むのがよい**」と感じます。各コンテストのデータや評価指標の傾向に応じた試行錯誤は、伸びしろも大きく、オリジナリティの高いアイディアが要求されることも多いため、考察や試行錯誤を多く積み重ねる必要があるからです。一方で、試したアイディアの良し悪しを正しく評価するためにも、上で述べたような深層学習の種々の設定をある程度はちゃんとした状態にしておく必要もあります。

　対照的に、サイズのより大きな CNN アーキテクチャを利用したり、入力画像サイズを上げたりするのは、効果が比較的予測しやすく、コードの変更は容易に行える一方、計算時間が増加してしまうため、その後の試行錯誤の速度を落としてしまう可能性もあります。そこで、

そういった部分は、コンテストの終盤に取り組むほうが望ましい、という意見もあります。

3.8.2 　行き詰まった際に、何をする？

何をするべきか迷ってしまった際には、どうするべきでしょうか？

自分が作ったモデルの予測と実際の画像を見ながら、**エラー分析**をしてみるのは 1 つの手です。間違いやすい画像の傾向などがつかめれば、改善のアイディアにつなげられるかもしれません。

また、モデルが画像のどういった部分に特に着目して予測を行っているかを可視化する手法もいくつかあります。より詳細に分析するには、そういった手法を用いてエラー分析を行うのも手です。深層学習モデルは、人間が判断に使ってほしくないと思うような部分に着目するように学習をしてしまうことがしばしばあり、そういった現象は shortcut learning などと呼ばれています。こういった現象の有無や強度を確認することも有用かもしれません。

3.8.3 　論文はどこでどうやって調べる？

本章では、説明に際して、さまざまな論文を紹介してきました。深層学習を理解していくうえで、こういった論文はどのように見つければよいのでしょうか？

深層学習に関する論文は既存のものも非常に多いうえに、毎日のように新しいものが公開されています。すべてに目を通していくと言うことも、不可能ではありませんが、Kaggle でよい成績を収めるという目的から言うと非効率的でしょう。

効率的な方法としては、話題を呼んでいる論文に着目することが挙げられます。たとえば、有名な学会の best paper となった論文を見てみたり、arxiv-sanity[207] のような、SNS などで話題になっている論文をランキング化してくれるサイトを参照するなどです。また、そういった論文から参照されている論文を、自分の関心に応じてたどっていくこともできるとよいでしょう。

 まず各コンテスト特有の点に優先的に取り組むのがよいでしょう。

第**4**章
画像検索入門

Kaggle

　本章では画像検索とその周辺技術について、ベンチマークデータセットとコードを使い解説します。後半では画像検索タスクの Kaggle コンテストである「Google Landmark Retrieval Challenge」を題材として、検索性能改善のための発展的な話題を実装とともに解説します。

4.1　画像検索タスク

　画像検索タスクは「何をクエリ（問い合わせ）とするか」によって**テキストベースの画像検索**（text based image retrieval）と**コンテンツベースの画像検索**（content based image retrieval）に大きく分けることができます。テキストベースの画像検索は画像が使われている周辺文脈のテキスト情報を用いることで、テキストのクエリに対して結果としてふさわしい画像を提示するタスクです。一方、コンテンツベースの画像検索ではクエリとして画像を用います。画像自身の情報に基づいて関連する画像を探し出すタスクとなります。本章では特にコンテンツベースの画像検索について解説します（図 4.1）。

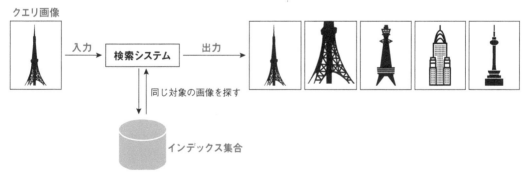

図 4.1　コンテンツベースの画像検索タスクの俯瞰図

　コンテンツベースの画像検索の応用例として、商品画像を入力とした EC アプリの商品検索機能や顔認識システムなどがあります。ウェブサービスの問い合わせ（クエリ）に対する応答を想定したとき、大規模なデータベース集合の画像すべてとリアルタイムに比較することは現実的ではありません。そのため、データベース集合の画像に対しては簡易的な索引（イ

ンデックス）を事前に計算しておき、これを参照することで比較的小さな計算量で検索することが一般的です。リアルタイムに行う処理はオンライン処理と呼び、反対にリアルタイムではない事前に備えることができる計算をオフライン処理と呼びます。扱うクエリ画像やインデックス画像の数が大きくなるに従って、インデックスの工夫による高速化は重要な課題であり、現在も盛んに研究がされています。

4.1.1　インスタンスレベル画像検索

コンテンツベースの画像検索は、何を検索結果とするかによってさらに細かく分けることができます。1つは色や形状・種類などが共通したり同一カテゴリに属する画像を検索する**カテゴリレベル画像検索**（category level image retrieval）、もう1つは同一の固有な対象を写した画像を検索する**インスタンスレベル画像検索**（instance level image retrieval）です。この2つはラベル付けする粒度に違いがあり、この違いによって適切なアプローチが異なります。本章では特にインスタンスレベル画像検索について扱います。

インスタンスレベル画像検索は、クエリ画像と同一の固有物体を写した画像を画像集合から探すタスクです。たとえば観光名所の画像検索システムではクエリ画像と同じ観光名所の建築物（エッフェル塔、東京ドームなど）が写っている画像を探し出すことができます。

4.1.2　問題設定

インスタンスレベル画像検索の問題設定について明確にしておきます。インスタンスレベル画像検索では3つの画像集合が登場します（図 4.2）。教師あり学習の問題設定では、「同一の固有な対象」を学習するために**訓練セット**が与えられます。この訓練セットは一般的な画像分類タスクと同様に、画像とラベルが与えられます。評価は画像を入力とした検索によって行われます。検索のクエリ画像の集合を**テストセット**と呼びます。検索対象となるデータベース集合の画像を**インデックスセット**と呼びます。与えられたクエリ画像に対して、インデックスセットの中から「同一の固有な対象を写した画像」を探し出すことがインスタンスレベル画像検索の問題となります。

【問題設定】テストセットのそれぞれの画像をクエリとして、
インデックスセットから「同一の固有な対象」探す

訓練セット	テストセット	インデックスセット
（ラベル情報あり）	（ラベル情報なし）	（ラベル情報なし）

図 4.2　インスタンスレベル画像検索における 3 つの画像集合の関係

　評価時にはテストセットの画像のラベルは与えられていません。評価ではクエリ画像に対して検索結果として適切なインデックスセットの画像リストをひも付けたデータを用います。そのためテストセットやインデックスセットには訓練セットで分類できない画像が含まれていても構いません。画像分類とは異なり、クエリ画像に対するラベルを与えるのではなく「同一の固有な対象を写した画像」を探すことが目的となります。

　インスタンスレベル画像検索では画像間の距離を学習するアプローチが広く使われています。CNN を使い画像のベクトル表現を抽出し、そのベクトル同士の距離を比べることで画像を探します。この方法であればテストセットやインデックスセットに未知のラベルに対応する画像があったとしても扱うことができます。

4.1.3　関連するタスク

　インスタンスレベル画像検索と関連するタスクとして**詳細画像分類**（fine-grained visual categorization、FGVC）があります。詳細画像分類タスクは一般画像認識タスクと同様に入力画像の分類タスクではありますが、より詳細に定義されたアノテーションラベルを当てることを目的としたタスクです。ユニークなクラス数が数千から数十万と大きくなるに従って、それぞれのクラスにアノテーションできる事例数を増やすために必要なアノテーションコストは膨大になります。一般的な画像分類モデルはクラスの不均衡さを苦手としているため、インスタンスレベル画像検索のような距離学習と近傍探索によるアプローチが有効です。

4.1.4　関連するコンテスト

　インスタンスレベル画像検索および詳細画像分類の Kaggle コンテストとしては、以下のコ

ンテストが挙げられます。

- Humpback Whale Identification[208]
- Recursion Cellular Image Classification[209]
- Google Landmark Retrieval Challenge 2021[210]
- Google Landmark Recognition Challenge 2021[211]
- Hotel-ID to Combat Human Trafficking 2021 - FGVC8[212]

たとえば「Humpback Whale Identification」はザトウクジラの個体を識別するコンテストですが、訓練セットの中で識別対象となるクジラ 1 匹に対して 1 枚しか画像が存在していない事例が多くあります。

解くべき課題がインスタンスレベル画像検索タスクではなくとも、部分的に技術を切り出して課題解決の役に立つ場合があります。たとえば過去に開催された Kaggle コンテスト「Planet: Understanding the Amazon from Space」では妥当な検証セットを作成するために画像検索のアプローチが用いられました。まず類似する画像を検索しグループ化します。グループ内の画像が訓練セットと検証セットの両方に存在しないように分割することで、未知の画像のグループに対しても頑健な認識が行えるモデルになるよう工夫がなされていました。

4.1.5 画像検索の評価指標

画像検索タスクの評価指標について考えます。実際の検索システムを思い浮かべると、ユーザとしては、より検索の上位に自分の意図する結果が来ているものが好ましいでしょう。この要件を満たす画像検索タスクの評価指標の 1 つとして **mAP@k** (mean average precision at k) について紹介します。mAP@k は以下の式で定義されます。

$$
\text{mAP@k} = \frac{1}{Q} \sum_{q=1}^{Q} \frac{1}{\min(m_q, k)} \sum_{i=1}^{\min(n_q, k)} P_q(i) rel_q(i) \tag{4.1}
$$

ここで、Q は評価対象となるクエリ画像の数で、この添字として q が用いられています。m_q はクエリと同一の対象としてアノテーションされているインデックス画像の数、n_q は提出ファイルに定義されているインデックス画像の数、$P_q(i)$ は上位 i 件目までの精度 (precision)、$rel_q(i)$ は q 番目のクエリが i 件目と同一の対象か否かを示しています。k は評価指標のパラメータであり、検索結果の上位 k 件までを評価の対象とするかを調整するために用います。画像検索システムの応用を例にとると、画面スクロールをすることなく検索結果としてユーザに提示される画像枚数を k として評価します。

いきなり記号が増えたので、図を用いて解説します。上位の 5 件のみ評価する例とし

て、$k = 5$ の場合を考えます（図 4.3）。クエリ q に対して、評価対象となるシステムが n_q 件の検索結果を提示します。システムが 10 件の検索結果を答えたとしても $k = 5$ の場合は 5 件しか評価されません。そのためシステムの検索結果を制御できる場合は n_q を k と合わせます。クエリ q には検索結果としてふさわしい正解が m_q 件あります。正解の件数 m_q は図にあるようにクエリ q によって変わります。mAP@k は、この n_q 件の画像と m_q 件の画像を比較することでシステムを評価しています。

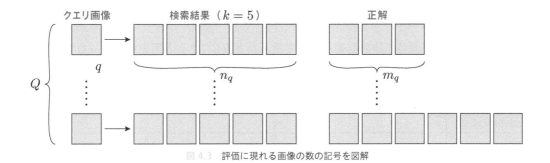

図 4.3 評価に現れる画像の数の記号を図解

精度 $P_q(i)$ と $rel_q(i)$ を図解したものが図 4.4 となります。検索結果は $i = 1, 2, ..., 5$ と順番が付けられています。精度 $P_q(i)$ は分子が i 番目までの検索結果の正解数、分母が i となります。そのため図の $i = 3$ は上位 3 件目までに 3 件中 2 件が正解しているため $P(3) = 2/3$ となります。

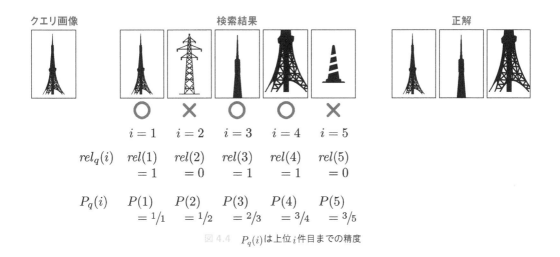

図 4.4 $P_q(i)$ は上位 i 件目までの精度

式 (4.1) の右側の項 $\frac{1}{\min(m_q, k)} \sum_{i=1}^{\min(n_q, k)} P_q(i) rel_q(i)$ は検索結果のランキングがどの程度正解しているかを、0 から 1 の数値で評価します。この数字は **AP@k** (average precision at k) と

呼ばれ、mAP@k はこの AP@k をすべてのクエリで計算した平均となります。$rel_q(i)$ は基本的には正解・不正解を1と0の離散値で表現します。0から1までの連続値をとることで正解の確信度を表現することもできます。

map@5（k=5）を評価指標として用いた場合を想定し、具体例を見ながら説明します。あるクエリに対して回答したインデックス画像の正誤が次のようになったとします。

	i=1	i=2	i=3	i=4	i=5
検索結果の正誤	○	×	○	○	×

ここで $rel_q(i)$ は i 番目の検索結果が正解であったときに1とし、不正解であった場合は0とします。このとき、$rel_q(i)$ と $P_q(i)$ は以下となります。

	i=1	i=2	i=3	i=4	i=5
検索結果の正誤	○	×	○	○	×
$rel_q(i)$	1	0	1	1	0
$P_q(i)$	1/1	1/2	2/3	3/4	3/5

この例では、$m_q = 3, n_q = 5$ としたとき AP@5 は

$$\text{AP@5} = \frac{1}{3}\left(\frac{1}{1} + \frac{2}{3} + \frac{3}{4}\right) = \frac{29}{36}$$

となります。$P_q(i)$ の分子は i 番目までの正解数であるため、同じ正解数であったとしても、検索結果のランキングの上位に正解を集中したほうが高いスコアになることがわかります。たとえば、同じ正解数 3 であり、ランキング上位に正解を答えることができた場合のスコア計算を見てみます。

	i=1	i=2	i=3	i=4	i=5
検索結果の正誤	○	○	○	×	×
$rel_q(i)$	1	1	1	0	0
$P_q(i)$	1/1	2/2	3/3	3/4	3/5

このとき AP@5 は、

$$\text{AP@5} = \frac{1}{3}\left(\frac{1}{1} + \frac{2}{2} + \frac{3}{3}\right) = 1$$

となります。最初の例より高いスコアとなりました。

極意　mAP@k では可能な限り k 個の候補を並べましょう。

4.2　学習済みモデルを使ったベースライン手法

　ここまででインスタンス検索タスクの課題設定と評価指標について紹介してきました。実際にどのような方法で検索を行い結果を提示するのか、まずは簡単なベースラインとなる手法を紹介します。

　画像のクラス分類タスクで用いられる CNN モデルでは、畳み込み層によって画像内の特徴的なパターンを抽出し、その組み合わせを全結合層によって学習します。このような学習済みモデルが出力している中間表現は画像ごとの特徴をよく捉えていることが知られています。このことからクエリやインデックスの画像をこの学習済みモデルを使いベクトルへと変換し、それらのベクトル同士のユークリッド距離によってクエリと距離の近いインデックス画像を答えることで画像検索を実現できます。

　初期の研究では全結合層の出力するベクトルに後処理を加え、得られたベクトル間の近傍探索によって画像検索をしています [213]。その後、最後の畳み込み層で獲得した 3 次元の特徴マップをグローバルプーリングと L2 正規化に適用することでベクトルを獲得する手法が用いられるようになりました [214]。プーリングについては後ほど紹介します。特に ImageNet などの学習済みモデルをそのまま用いて、上述の方法で抽出した特徴表現を**既製特徴表現**（off-the-shelf representation）と呼びます。図 4.5 はクラス分類タスクに用いる CNN モデルと検索タスクに用いる既製特徴表現の CNN モデルを簡易的に比較したものです。

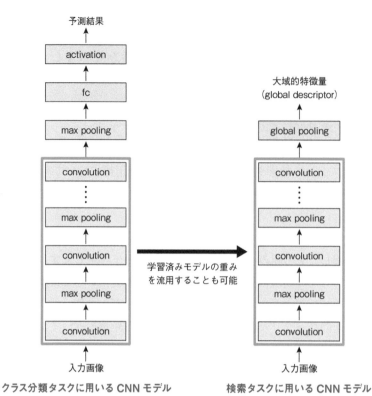

図 4.5　既製特徴表現の CNN モデル

　画像を 1 つのベクトルとして表現したものを**大域特徴量**（global descriptor）と呼びます。検索システムは、ベクトル空間（埋め込み空間）における大域特徴量同士の距離によって画像間の距離を定義し、この距離の近さによって検索結果の順番を決定します。

4.2.1　一般的なプーリングとグローバルプーリング

　プーリングは CNN において重要な役割を果たす演算です。特徴マップにおける位置方向の周辺を集約することで、位置の変化に対して不変な性質を持たせるために用いられます。特徴マップの集約の方法は、最大値をとる**最大プーリング**や平均をとる**平均プーリング**をはじめ（図 4.6）、さまざまな方法があります。

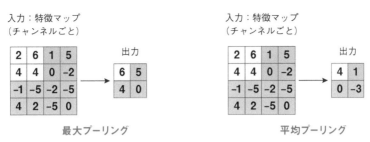

入力：特徴マップ
（チャンネルごと）

入力：特徴マップ
（チャンネルごと）

最大プーリング

平均プーリング

図 4.6 最大プーリングと平均プーリング

特徴マップの空間方向のサイズ $W \times H$ 全体に対して集約する場合、このプーリングを**グローバルプーリング**（global pooling）と呼びます。最大で集約する場合は**グローバル最大プーリング**（global max pooling）と呼び、平均で集約する場合は**グローバル平均プーリング**（global average pooling）と呼びます。画像から大域特徴量を作成するとき、多くの場合このようにグローバルプーリングによって各チャンネルの特徴マップの集約結果を要素としてベクトル表現を獲得します（図 4.7）。

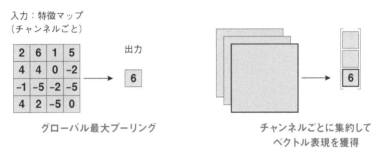

入力：特徴マップ
（チャンネルごと）

出力

グローバル最大プーリング

チャンネルごとに集約して
ベクトル表現を獲得

図 4.7 グローバル最大プーリングと特徴マップからのベクトル表現の獲得

4.2.2 一般化平均プーリング

一般化平均プーリング（generalized mean pooling あるいは GeM Pooling と略すこともある）は、最大プーリングと平均プーリングを一般化したものと考えることができます。パラメータを調整することで最大プーリングにも平均プーリングにもなり、パラメータは固定させることも学習することもできる手法です。画像検索タスクにおいて、一般化平均プーリングを用いることで最大プーリングや平均プーリングと比較して優れた性能が報告されています。

一般化平均プーリングは以下の式によって定式化されます。

$$\mathbf{f}^{(g)} = \begin{bmatrix} \mathrm{f}_1^{(g)} \ldots \mathrm{f}_k^{(g)} \ldots \mathrm{f}_K^{(g)} \end{bmatrix}^{\top}, \quad \mathrm{f}_k^{(g)} = \left(\frac{1}{|\mathcal{X}_k|} \sum_{x \in \mathcal{X}_k} x^{p_k} \right)^{\frac{1}{p_k}}$$

$\mathbf{f}^{(g)}$は一般化平均プーリングによって得られるベクトルです。特徴マップ$\mathcal{X} \in \mathbb{R}^{W \times H \times K}$に対して、各チャンネルの特徴マップを$\mathcal{X}_k$とします。$\mathcal{X}_k$の要素に対して$p_k$乗して和をとり、$\frac{1}{p_k}$乗しています。$p_k = 1$のとき、グローバル平均プーリングと同じ働きをします。またp_kの値が大きければ大きいほどグローバル最大プーリングに結果が近づく性質を持っています。

検索では、一般化平均プーリング（GeM Pooling）が
各チャンネルの特徴マップの集約方法の定番として用いられます。

4.2.3　ユークリッド距離とコサイン類似度

　ベクトル空間における大域特徴量同士の距離によって画像検索結果の順番を決定する方法を紹介しました。ここでベクトル間の**ユークリッド距離**と**コサイン類似度**の関係について確認し、実装方法について考えてみましょう。

　比較する2つのベクトルが正規化されていると仮定します。このとき2つのベクトルのユークリッド距離が近くなるとき、必ずコサイン類似度が高くなります。これはユークリッド距離$d(x, y)$を、以下のように式展開することで明らかです。

$$
\begin{aligned}
d(x, y) &= \|x - y\|_2 \\
&= \sqrt{\|x\|_2^2 - 2\cos(x, y) + \|y\|_2^2} \\
&= \sqrt{2 - 2\cos(x, y)} \\
&= \sqrt{2(1 - \cos(x, y))}
\end{aligned}
$$

　そのためユークリッド距離の絶対値ではなく相対的な比較だけが必要な場合、ユークリッド距離をコサイン類似度のマイナスの値に置き換えても同様の結果が得られます。ベクトルを正規化したとき、コサイン類似度はベクトルの内積として計算を簡略化できるため、この置き換えを行うことでコードを単純化できます。

　クエリ画像のベクトルと距離の近いインデックス画像の順番は、内積を使うことで以下のように書くことができます。

```
# Q: クエリ集合
# 行列の次元が（クエリ数，特徴表現の次元数）となる行列
# D: インデックス集合の中間表現
# 行列の次元が（インデックス画像数，特徴表現の次元数）となる行列
dist = -np.dot(Q, D.T)
distance_order = np.argsort(dist)
```

ベクトルを正規化したとき、ユークリッド距離や
コサイン類似度による比較は内積の計算によって簡略化できます。

4.3 ベースラインを実装する

　大規模なコンテストのデータセットで実験する前に、まずは手慣らしとしてベースライン手法をベンチマークデータセットで評価してみましょう。ベースラインとしてさきに紹介した既製特徴表現と近傍探索を実装して評価してみます。ベンチマークデータセットは画像検索の分野で広く使われている ROxford5k、RParis6k データセット[214] を使います。このデータセット[215] は、Kaggle からダウンロードできます。

　Kaggle からデータセットをダウンロードしたりコンテストの予測結果ファイルを提出したりするとき、kaggle のコマンドラインツールが便利です。pip コマンドから kaggle パッケージをインストールすることで利用できるようになります。ROxford5k、RParis6k データセットは kaggle コマンドを使って以下のようにダウンロードできます。

```
# roxfordparis.zip がダウンロードされる
$ kaggle datasets download -d qiubit/roxfordparis
```

　既製特徴表現では最後の畳み込み層で獲得した縦・横・チャンネル方向の3次元の特徴マップをプーリングによって1次元ベクトルに集約します。入力画像をベクトルにエンコードするために用いるアーキテクチャは**バックボーンモデル**と呼ばれます。バックボーンモデルとして用いる CNN モデルに ImageNet で学習済みの ResNet-34 を用いる方法と実装例を紹介します。

　最後の畳み込み層までのモジュールを取得する方法はモデルの実装方法によって異なりますが、ライブラリ PyTorch Image Models（timm）の ResNet 実装を使う場合は以下の方法で取り出すことができます。

```python
import timm

backbone = timm.create_model(
    "resnet34",
    pretrained=True,
    features_only=True
)
```

　関数 `timm.create_model()` にキーワード引数 `features_only=True` を指定することで、畳み込み層による特徴抽出の結果を出力するモデルが得られます[注1]。対話環境を使って以下のように出力の行列サイズを確認できます。

```
>>> import timm
>>> import torch
>>> backbone = timm.create_model(
... "resnet34",
... pretrained=True,
... features_only=True)
>>> X = torch.zeros((8, 3, 128, 128))
>>> out = backbone(X)[-1]   # 最後の畳み込み層の出力のみ取り出す
>>> out.size()
torch.Size([8, 512, 4, 4])
```

　本書では既製特徴表現の抽出におけるプーリングは実装例として cirtorch パッケージ[216]を用います。一般化プーリングによって大域特徴量を抽出するモジュールを以下のように書くことができます。

```
import timm
import torch
import torch.nn as nn
from cirtorch.layers.pooling import GeM


class ResNetOfftheShelfGeM(nn.Module):
    def __init__(self, backbone="resnet34", pretrained=False):
        super(ResNetOfftheShelfGeM, self).__init__()
        self.backbone = timm.create_model(
            backbone,
            pretrained=pretrained,
            features_only=True,
        )
        self.pooling = GeM()

    def forward(self, x):
        bs = x.size(0)
        x = self.backbone(x)[-1]
        x = self.pooling(x).view(bs, -1)
        return x


if __name__ == "__main__":
    model = ResNetOfftheShelfGeM(pretrained=True)
    x = torch.rand(4, 3, 244, 244)
    out = model(x)
```

注1　このキーワード引数はモデルによっては使用できないことがあります。

```
print(out.size())
# torch.Size([4, 512])
```

cirtorch には ROxford5k、RParis6k ベンチマークデータセットで評価するための関数が提供されています。さきほど作成した ResNetOfftheShelfGeM からベンチマークデータセットの画像の特徴表現を抽出してモデルを評価してみましょう。ベンチマークデータセットのクエリ画像リストやラベルデータを管理する dict オブジェクトを関数 configdataset() で作成します。サポートしているベンチマークデータセットの名前とデータセットのディレクトリ roxford5k および rparis6k が配置されている親ディレクトリ（ここではカレントディレクトリ "./"）を指定することでオブジェクトを作成します。

4

```
import cv2
import numpy as np
import timm
import torch
import torch.nn as nn
from cirtorch.datasets.genericdataset import ImagesFromList
from cirtorch.datasets.testdataset import configdataset
from cirtorch.layers.pooling import GeM
from cirtorch.utils.evaluate import compute_map_and_print
from torchvision import transforms


class ResNetOfftheShelfGeM(nn.Module):
    def __init__(self, backbone="resnet34", pretrained=False):
        super().__init__()
        self.backbone = timm.create_model(
            backbone,
            pretrained=pretrained,
            features_only=True,
        )
        self.pooling = GeM()

    def forward(self, x):
        bs = x.size(0)
        x = self.backbone(x)[-1]
        x = self.pooling(x).view(bs, -1)
        return x


def extract_vectors(
    model,
    image_files,
    input_size,
    out_dim,
    transform,
    bbxs=None,
    device="cuda"
```

```
    ):
        dataloader = torch.utils.data.DataLoader(
            ImagesFromList(root="", images=image_files, imsize=input_size,
                            transform=transform, bbxs=bbxs),
            batch_size=1, shuffle=False, num_workers=2, pin_memory=True
        )

        with torch.no_grad():
            vecs = torch.zeros(out_dim, len(image_files))
            for i, X in enumerate(dataloader):
                X = X.to(device)
                vecs[:, i] = model(X).squeeze()
        return vecs


def get_query_index_images(cfg):
    index_images = [cfg["im_fname"](cfg, i) for i in range(cfg["n"])]
    query_images = [cfg["qim_fname"](cfg, i) for i in range(cfg["nq"])]

    try:
        bbxs = [tuple(cfg["gnd"][i]["bbx"]) for i in range(cfg["nq"])]
    except KeyError:
        bbxs = None

    return index_images, query_images, bbxs


def main(input_size=224, out_dim=512):
    device = "cuda"

    datasets = {
        "roxford5k": configdataset("roxford5k", "./"),
        "rparis6k": configdataset("rparis6k", "./")
    }

    model = ResNetOfftheShelfGeM(pretrained=True)
    model.to(device)
    model.eval()

    transform = transforms.Compose([
        transforms.Resize(input_size),
        transforms.ToTensor(),
        transforms.Normalize([0.485, 0.456, 0.406], [0.229, 0.224, 0.225]),
    ])

    for dataset_name, config in datasets.items():
        index_images, query_images, bbxs = get_query_index_images(config)
        index_vectors = extract_vectors(
            model, index_images, input_size, out_dim, transform,
            device=device)
        query_vectors = extract_vectors(
            model, query_images, input_size, out_dim, transform,
            bbxs=bbxs, device=device)
```

```
            index_vectors = index_vectors.numpy()
            query_vectors = query_vectors.numpy()

            scores = np.dot(index_vectors.T, query_vectors)
            ranks = np.argsort(-scores, axis=0)
            compute_map_and_print(dataset_name, ranks, config["gnd"])


    if __name__ == "__main__":
        main()
```

ファイルリストから特徴表現を抽出する関数を extract_features() と定義し、mAP@k によって検索結果を評価する関数 compute_map_and_print() を用いています。このプログラムを実行すると、次のようにベンチマークデータセットにおける評価結果を得ることができます。

```
>> roxford5k: mAP E: 3.87, M: 4.84, H: 1.92
>> roxford5k: mP@k[1, 5, 10] E: [5.88 3.24 5.74], M: [5.71 8.29 8.43],
H: [5.71 6.57 4.57]
>> rparis6k: mAP E: 17.97, M: 19.41, H: 9.49
>> rparis6k: mP@k[1, 5, 10] E: [31.43 32.57 30.86], M: [42.86 41.14 40.57],
H: [27.14 25.14 23.]
```

ROxford5k、RParis6k は Easy、Medium、Hard とインデックス画像の検索の難しさ別に評価を得ることができる仕様となっています。ROxford5k データセットでは Easy の mAP が 3.87%、Medium の mAP が 4.84%、Hard の mAP が 1.92% と表示されています。mAP の列は検索結果のすべてに対する評価です。次の列には検索上位 k 件に対する評価 mAP@k が $k = 1, 5, 10$ それぞれに対して表示されています。たとえば ROxford5k における Medium 難易度の mAP@10 は 8.43% と評価されています。

ランダムな検索結果と比較してみましょう。

```
import numpy as np
from cirtorch.datasets.testdataset import configdataset
from cirtorch.utils.evaluate import compute_map_and_print

np.random.seed(1)


def main():
    datasets = {
        "roxford5k": configdataset("roxford5k", "./"),
        "rparis6k": configdataset("rparis6k", "./")
    }

    for dataset_name, dataset_config in datasets.items():
        n_images = dataset_config["n"]
```

```
        n_queries = dataset_config["nq"]
        scores = np.random.rand(n_images, n_queries)
        ranks = np.argsort(-scores, axis=0)
        compute_map_and_print(dataset_name, ranks, dataset_config["gnd"])


if __name__ == "__main__":
    main()
```

実行結果は以下のようになります。

```
>> roxford5k: mAP E: 1.08, M: 1.79, H: 0.98
>> roxford5k: mP@k[1, 5, 10] E: [0.    0.29 0.44], M: [2.86 1.43 1.29],
H: [2.86 1.14 1.  ]
>> rparis6k: mAP E: 1.7, M: 4.07, H: 2.52
>> rparis6k: mP@k[1, 5, 10] E: [0.    1.71 1.43], M: [0.    5.71 5.14],
H: [0.    4.    3.71]
```

　わかりやすくするため、ここでは ROxford5k、RPairs6k の Mediam 難易度の mAP@10 を比較することにしましょう。結果をまとめると以下の通りとなります。ランダムな検索より優れた検索ができていると確認できます。

code	ROxford5k/mAP@10/Medium	RParis6k/mAP@10/Medium
Random	0.0129	0.0514
Baseline	0.0843	0.4057

極意　実装に不安があれば、まずベースラインで実験しましょう。

4.4　距離学習を学ぶ

　ベースラインでは分類モデルのネットワークから画像を表現するベクトルを抽出しました。このベクトル間の距離を計算することで画像間の距離を計算し、近傍探索によってクエリと関連する画像を探しました。

　距離学習では、この画像表現（ベクトル）がよりよくなるように訓練セットを用いて学習します。すなわち、関連するデータ同士は距離が近くなるように、関連しないデータ同士は距離が遠くなるようにデータ間の距離が計算される画像表現を獲得します。距離学習は近傍法をベースとしたコンテンツベース画像検索タスクのみならず、固有物体認識や詳細画像分類などさまざまなタスクで応用されています。

4.4.1 triplet loss: 3つ組を使った学習

triplet loss は元々画像検索における順序関係を学習するために提案され[217]、後に画像検索以外でも用いられる距離学習の手法として一般化されました[218]。クエリ画像xに対し、類似する画像x^+と類似しない画像x^-を合わせた3つ組の事例(x, x^+, x^-)を用います。クエリ画像と類似する画像は距離を近づけ、類似しない画像は距離を遠ざけるように設計した損失関数を使いモデルを学習します。

損失関数L_{triplet}は、距離を近づけたい事例間の距離を$d(f(x), f(x^+))$、遠ざけたい事例間の距離$d(f(x), f(x^-))$を用いて以下のように定義します。

$$L_{\mathrm{triplet}} = \max(d(f(x), f(x^+)) - d(f(x), f(x^-)) + \alpha, 0)$$

距離関数dはユークリッド距離などの距離関数を、特徴表現$f(x)$はxを入力としてCNNから抽出した特徴表現を用います。triplet lossの計算時には、パラメータを共有したCNNからx, x^+, x^-の3つ組（triplet）の特徴表現を取り出して損失関数を計算します。αは距離の差を正則化するためのハイパーパラメータです。αによって、近づけたい事例間の距離と遠ざけたい事例間の距離がα以上になるまでは学習を進めるという程度を調整します。3つ組の事例とtriplet lossの関係を図示したものが図 4.8 となります。

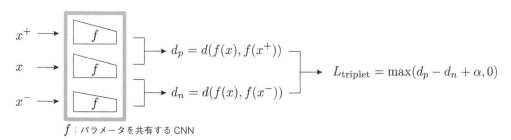

図 4.8　3つ組の事例と triplet loss

最終的に画像検索ではクエリ画像とインデックス画像を特徴ベクトルとして取り出し、近傍探索によりユークリッド距離の近い順に並べて検索結果とします。

4.4.2 hard-negative mining

triplet lossでは3つ組の画像(x, x^+, x^-)をデータセットから選択する必要があります。ランダムに3つ組をサンプリングした場合、すでに距離を学習できている入力をサンプリングすることがあり、学習効率が悪くなります。そのため距離が近い間違えやすい負例x^-を探して、間違えないように学習事例を探す戦略がよく用いられます。この間違えやすいペアを

探す工程を **hard-negative mining** あるいは **triplet mining** と呼びます。この計算はラベル付きの画像間の距離の計算を必要とするため、データセットが大きくなるにつれて計算コストが大きくなります。データセットが大規模である場合、ポジティブ事例の一部をサンプリングすることで計算の簡略化をすることも有効であると、Kaggle のフォーラムにて議論されています[219]。また間違いやすいペアはモデルの学習の過程で常に変化するため、たとえば `cirtorch` パッケージの `TuplesDataset` では 1 エポックごとにモデルから特徴量を抽出して距離を計算しつつサンプリングするなどして実装します。

ArcFace：角度にマージンを付ける

　距離学習の中で、triplet loss とは異なるタイプの定式化として **ArcFace**[283] を紹介します。ArcFace は顔認識システムなどの個体識別タスクに用いる手法として提案され、さまざまな分野で応用されています。2 章で紹介したように、分類問題などに一般的に用いられるソフトマックス関数を拡張して同一クラス間の分散を小さくする工夫を追加することで、同一クラス間の距離が近くなる特徴表現ベクトルを獲得します。

　ArcFace を紹介するうえで、まずは三角関数と確率の基礎知識についておさらいします。

✏️note

ベクトル空間となす角

　正規化された n 次ベクトル $a, b \in \mathcal{R}^n$ について考えます。正規化された 2 つのベクトルの内積は、2 つのベクトル間の角度を入力とする三角関数で表現できます。すなわち $a \cdot b = \cos\theta$ と表現できます。$n = 2$ として幾何的に解釈すると、a, b は原点座標から長さ 1 の円周上に延びるベクトルであり、その 2 つのベクトルのなす角が θ となります。なす角 $\theta = 0$ のとき、2 つのベクトルが完全に一致しており $a \cdot b = \cos\theta = 1$ となります。また、なす角 $\theta = \frac{\pi}{2}$（度数で表すと 90 度）のとき、2 つのベクトルは直角を作り $a \cdot b = \cos\theta = 0$ となります。

✏️note

ロジット（logit）

　確率は 0 から 1 の値で表現されます。ある確率 p に対してオッズの対数をとる値を**ロジット**と呼びます。すなわち、

$$\mathrm{logit}(p) = \log\left(\frac{p}{1-p}\right)$$

となります。ロジットは確率 p を 0 を中心とした値域へと変換した値と言えます。この逆変換は 0 を中心とした値から確率値を求めるために利用されます。

ArcFace はソフトマックス損失を拡張した損失関数として表現されます。ソフトマックス損失はソフトマックス関数の演算をしたうえでクロスエントロピー損失を適用した損失関数です。CNN の最後の全結合層の出力に対して適用した場合を考えると以下のように定義できます。

$$L = -\frac{1}{N}\sum_{i=1}^{N}\log\frac{e^{W_{y_i}^\top x_i + b_{y_i}}}{\sum_{j=1}^{n}e^{W_j^\top x_i + b_j}}$$

4

ここで W, b はそれぞれ CNN の最後の全結合層の重みとバイアス、n は分類モデルのクラス数、N はバッチサイズ、x_i はバッチにおける i 番目の学習事例に対応するベクトルであり、CNN から抽出され最後の全結合層へ入力するものです。y_i は i 番目の学習事例に対応する正解ラベルです。重み W の列ベクトル $W_{y_i}^\top$ は正解ラベル y_i の代表ベクトルとみなします。

ソフトマックス関数は出力ベクトルの各要素が 0～1 の間をとり、全要素の合計が 1 となるように正規化する性質を持ちます。そのため x_i が $W_{y_i}^\top$ に近づくということは、そのぶん他のクラスの代表ベクトルとの内積 $W_j^\top x_i$ は小さくなります。

ArcFace では x を L2 正規化して扱います。W も列ごとに L2 正規化を行います。さきにおさらいしたように 2 つの正規化されたベクトルの内積は三角関数として表現できます。ArcFace ではバイアス項を $b_j = 0$ として、指数を s 倍します。そうすると以下のような式になります。

$$L = -\frac{1}{N}\sum_{i=1}^{N}\log\frac{e^{s\cos\theta_{y_i}}}{e^{s\cos\theta_{y_i}} + \sum_{j=1,j\neq y_i}^{n}e^{s\cos\theta_j}}$$

この s はソフトマックス関数に与えるロジットの値を適切なスケールにするためのハイパーパラメータです。三角関数の値域は $-1 \leq \cos\theta_{y_i} \leq 1$ であり絶対値が大きくありません。これを大きくすることでソフトマックス関数によって得られるクラスごとの予測確率の差を大きくします。これは温度付きソフトマックス関数のハイパーパラメータと同じ役割を担います。

最後に、これに対して角度についてマージンを加えることで ArcFace loss を定義します。

$$L = -\frac{1}{N}\sum_{i=1}^{N}\log\frac{e^{s\cos(\theta_{y_i}+m)}}{e^{s(\cos(\theta_{y_i}+m))} + \sum_{j=1,j\neq y_i}^{n}e^{s\cos\theta_j}}$$

こうすると θ_{y_i} をさらにマージンの分だけ余計に大きくしないと損失関数が減らせないよう

なハンデを与えていることになります。結果として、マージンを導入することで同一クラス間の事例はより近くなり、別クラス間の事例は遠ざけるように働きます。

人工的に作成したデータセットで Softmax と ArcFace を比較した図が 図 4.9 となります。人工データセットは 8 クラスに分割できる 2 次元データです。中心から延びている線が各クラスの代表ベクトル（$W_{y_i}^{\top}$）で、円周に分布している点それぞれが事例のベクトル（x_i）です。Softmax と比較して、ArcFace では同一クラスの事例が代表ベクトルに集中していることが確認できます。

(a) Softmax   (b) ArcFace

図 4.9　人工データセットにおける Softmax と ArcFace の比較

（文献[283] より引用）

Arcface の大きなメリットの 1 つはクラス分類問題とほぼ同様の方法で学習や推論ができる点にあります。そのためクラス分類問題で扱う実装を共通化したり使いまわすことができます。triplet loss では画像の 3 つ組を入力として学習をする方法をとりますが、hard-negative mining によって上手に 3 つ組をサンプリングしないといけなかったり、そのサンプリングによって学習が不安定であったりという欠点があります。

4.4.4　ArcFace のハイパーパラメータを決める

さきに紹介したように ArcFace には複数のハイパーパラメータが存在します。具体的には以下があります。

- s: クラスごとの予測確率の差を大きくするためにロジットを定数倍する
- m: 角度に対して定数のマージンを与える
- d: 特徴ベクトルの次元数

これらのハイパーパラメータは精度に大きく影響を与えることが知られています。そのためグリッドサーチなどにより実験設定に対しての適切なハイパーパラメータを探索することが必要になります。

式を考えると探索空間を狭めることができます。スケール s はロジットを定数倍することで絶対値を大きくするハイパーパラメータです。そのため 1 より大きいことが期待されます。

Arcface の提案論文 [283] では 64 が使われています。適切なハイパーパラメータはクラス数にもよりますが、筆者の経験としては 20, 32, 40, 48, 64 あたりを二分探索して決定すれば十分であると考えます。マージン m は角度に加算するパラメータです。そのため 0 以上 π 未満の数字が想定されています。0.2, 0.4, 0.6, 0.8, 1.0 あたりを探索すれば十分であると考えます。d は理論的に 512 で十分であると論文で示されています。筆者の経験的にも 512 で十分な場合がほとんどですが、余力があれば 1024, 1792 と増やした場合も探索します。これらのハイパーパラメータはタスクに適した妥当な値であれば別のバックボーンモデルに変えても同様に有効なことが多いため、小さめのバックボーンモデルで簡易的にチューニングするとよいでしょう。

　参考までに、Kaggle の「Shopee Price Match Guarantee」コンテストの優勝者は ArcFace のチューニング方法として、訓練の最中に徐々にマージンを上げる工夫をしています。画像モデルに対して、$m = 0.2$ から開始して $m = 1.0$ まで大きくしています。d は大きく 1792 を使っています [284]。

4.4.5 距離学習を実践する

　それでは実際に訓練セットを使って距離学習を実践し、ベンチマークデータセットで検索性能を評価してみましょう。訓練セットとして Google Landmark Dataset v2（GLDv2）[285] を用います。ただし、これは全体で 500GB を超える大規模なデータセットであるため、本書では 2GB ほどの部分データセット GLDv2 micro [286] を用いてプログラムの動作を確認します。データセットは Kaggle にアップロードされているため、以下のように Kaggle CLI からダウンロードできます [284]。

```
kaggle datasets download -d confirm/google-landmark-dataset-v2-micro
```

● 検証セットの設計

　学習したモデルを評価するため、データセットを訓練セットと検証セットの 2 つに分割します。検証セットの設計は重要なステップです。与えられたタスクとデータセットの特性に合わせて適切な方法を選択する必要があります。データセットの性質を調べるためクラスラベルの出現頻度を確認してみましょう。

```
In []: import pandas as pd
In []: import matplotlib.pyplot as plt
   ..: %matplotlib inline
   ..:
   ..: df = pd.read_csv("gldv2_micro/gldv2_micro.csv")
   ..: label_counts = df["landmark_id"].value_counts()
```

```
..: plt.hist(label_counts, bins=range(label_counts.max() + 1))
..: plt.xlim(xmin=0)
..: plt.xlabel("The number of occurences")
..: plt.ylabel("The number of classes")
```

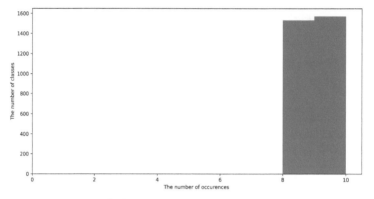

図 4.10　GLDv2 micro データセットにおけるクラスラベルの出現頻度とクラスラベル数

　出現頻度を可視化して確認した結果、だいたいクラスの出現頻度が均衡しているデータセットであることがわかります（図 4.10）。今回なるべく多くのクラスラベルに対して認識性能を評価するため、「各ランドマークからランダムに 1 事例だけ抽出する」ことにより検証セットの分割を作成します。この検証セットの分割方法はクラスの出現頻度の分布が不均衡であっても、多くのクラスラベルに対して有効性を評価するために使えます。

```
In []: df["landmark_id"] = df["landmark_id"].factorize()[0]
In []: df_val = df.groupby("landmark_id").sample(n=1, random_state=1)
In []: df_trn = df[~df["filename"].isin(df_val["filename"])]
In []: df_trn.to_csv("gldv2_micro/train.csv", index=False)
In []: df_val.to_csv("gldv2_micro/val.csv", index=False)
```

　検証セットの設計は非常に重要です。データセットの特性に注意を向けて検証セットを設計してください。特に不均衡データセットである場合には注意が必要です。たとえば以下のような点に注意をしてください。

- 訓練セット内で極端に出現頻度の大きいクラスが妥当なクラスであるかを確認しましょう。同一のクラスとして学習してほしくないクラスがある場合、そのようなクラスは検証セットから取り除くほうが望ましいでしょう。
- 同一クラスの画像集合の中に、撮影したカメラや撮影日などの付加情報に偏りがないかを可能であれば確認してください。訓練セットとテストセットでは往々にして写真の撮影日や撮影者が異なります。この差異を訓練セットと検証セットの分割に反映できているかを確認してくだ

さい。たとえば同じ撮影日・同じカメラで数秒違いの写真が訓練セットと検証セットに分割されしまった場合、画像全体のピクセル値の一致だけを見るようなモデルであっても正解できます。そのため検証セットでの定量評価とテストセットでの定量評価の乖離を招きます。

- テストセットのデータを見ることができ検証セットとテストセットのデータセットの性質が異なっていないか確認できる場合は、これを確認してなるべく特性を合わせましょう。
- アノテーションのミスやラベルノイズなどが多いかを確認しましょう。人手によってアノテーションされず半自動的な処理によって作成されたデータセットを用いる場合、クラスラベルのエラーが大きいことがあります。出現頻度が極端に少ないクラスのラベル情報に間違いが含まれている場合、そのクラスを適切に認識することが難しくなります。

今回は計算資源の節約のため交差検証を行わず、単一の検証セットと訓練セットの分割のみ作成しました。検証セットとテストセットの評価結果の間によい相関が見られる場合は問題ありません。しかしそうでない場合は原因を考察し、場合によってはよりよい相関を得るために交差検証を検討しましょう。

● ArcFace によるファインチューニング

さきに紹介した ArcFace により GLDv2 micro データセットを使って画像表現を学習してみましょう。triplet loss と異なり、クラス分類とほぼ同様の実装で学習できます。

具体的な実装を紹介します。ここですべてのコードを紙面に掲載することは難しいため、完全なコードを読みたい場合は https://github.com/smly/kaggle-book-gokui/tree/main/chapter4 の GitHub リポジトリで公開されている付録コードを参照してください。以下、本章で出てくる Python ファイル名は付録の GitHub リポジトリにあるものを指します。モデルは以下のように定義しました。

```python
# model.py より抜粋
class AngularModel(nn.Module):

    def __init__(self, n_classes=3103, model_name="resnet34", pooling="GeM",
                 margin=0.3, scale=30, fc_dim=512,
                 pretrained=None, loss_kwargs=None):
        super(AngularModel, self).__init__()

        self.backbone = timm.create_model(
            model_name,
            pretrained=pretrained,
        )
        final_in_features = self.backbone.fc.in_features

        self.backbone = nn.Sequential(*list(self.backbone.children())[:-2])
```

```python
        loss_kwargs = loss_kwargs or {
            "s": scale,
            "m": margin,
            "easy_margin": False,
            "ls_eps": 0.0,
        }

        self.pooling = GeM()
        self.dropout = nn.Dropout(p=0.0)
        self.fc = nn.Linear(final_in_features, fc_dim)
        self.bn = nn.BatchNorm1d(fc_dim)
        self._init_params()

        self.final = ArcMarginProduct(fc_dim,
                                      n_classes,
                                      **loss_kwargs)

    def _init_params(self):
        nn.init.xavier_normal_(self.fc.weight)
        nn.init.constant_(self.fc.bias, 0)
        nn.init.constant_(self.bn.weight, 1)
        nn.init.constant_(self.bn.bias, 0)

    def forward(self, x, label):
        feature = self.extract_features(x)
        logits = self.final(feature, label)
        return logits

    def extract_features(self, x):
        batch_size = x.shape[0]
        x = self.backbone(x)
        x = self.pooling(x).view(batch_size, -1)

        # 全結合層
        x = self.dropout(x)
        x = self.fc(x)
        x = self.bn(x)

        return x
```

　バックボーンモデルの最後の畳み込み層の出力を取り出し、その結果に対して一般化平均プーリングと正規化を適用しています。重み W との内積計算によるマージン計算は ArcMarginProduct クラスに分けて定義しています。学習時はマージンの計算とソフトマックスクロスエントロピー損失の計算を必要としますが、特徴量抽出だけを行う場合は不要です。extract_features() メソッドは特徴量抽出だけを行います。バックボーンモデルの出力にプーリングと正規化を適用して結果を返します。

　学習全体と評価を合わせたコードは 07_gldv2_arcface_finetuning.py にて実装しています。このスクリプトでは GLDv2 micro データセットにより ArcFace を用いてモデルのファ

インチューニングを行います。そのうえでベンチマークデータセットである ROxford5k と RParis6k を用いて評価を行います。スクリプトによる評価結果をまとめると、各ベンチマークデータセットにおける mAP@10 は以下のようになりました。

code	ROxford5k/mAP@10/Medium	RParis6k/mAP@10/Medium
Random	0.0129	0.0514
Baseline	0.0843	0.4057
ArcFace	**0.2371**	**0.7771**

triplet loss と ArcFace には向き不向きがあり、どちらが優れているかはデータセットの性質によって変わります。経験則として、ArcFace は訓練セットによって既知なクラスがテストセットやインデックスセットに用いられている場合に優れた性能を発揮する傾向があります。一方で未知のクラスが用いられている場合、訓練集合に過学習してしまうためか triplet loss のほうが優れた結果を出すことがあります。

> ArcFace のハイパーパラメータは複数ありますが、
> 式から探索すべき値域に目途をつけられるので恐れることはありません。
> 式に立ち戻って探索方法を考えましょう。

4.5 画像マッチングによる検証

ここまでは画像データのベクトル表現（距離空間）を end-to-end なモデルによって学習するアプローチを紹介しました。画像検索タスクにおいて、性能を改善するための技術がまだたくさんあります。その中でも本節では局所特徴量のマッチングにより 2 画像の類似性を検査する技術について紹介します。

4.5.1 局所特徴量のマッチング

カメラを使って同じランドマークを撮影した 2 つの写真画像であれば、写真内の局所的な特徴量の位置関係は撮影角度が変化しても保存されます。同じ対象物を撮影した 2 画像は「局所的なパターンの幾何的な位置関係が一致する」という性質を使い、認識の確信度を高めることができます。これは次の 2 つの手順に分割できます。

1. **【局所特徴量の抽出】** 画像から局所的な特徴パターンを検出し、位置座標と特徴ベクトルのペアとして抽出する
2. **【マッチング】** 2 画像の局所的な特徴ベクトルのマッチングを行い、マッチした座標の位置関係がアフィン変換などの幾何的変換として説明できるかを検証し、その一致によって確信度を得る

　画像から局所的なパターンを取り出す手法はコンピュータビジョン分野において古くから研究されてきました。ここでは局所的なパターンを画像内の位置座標と座標を表現するベクトルの組み合わせ集合と定義して、**局所特徴量** (local descriptor) と呼びます。この局所特徴量を用いることで、1 つのある物体を別々の角度から撮影した 2 画像のピクセル座標のマッチングを行ったり、マッチング結果から撮影したカメラの角度を推定したりするなどのさまざまな応用ができます。これまでに特定の畳み込みフィルタを適応したときの反応を用いる SIFT 特徴量をはじめとした古典的な手法から、attention 機構を用いて学習する最近の手法までさまざまな手法が提案されてきました。

　ここでは学習済みの **DELG** (DEep Local and Global features) モデル[220] から局所特徴量を抽出して用いる例を紹介します。DELG は局所特徴量と大域特徴量の両方をモデル内部で統一的に扱い、両方とも抽出できるモデルです。論文著者によって提供される実装と学習済みモデルを用いるため、手順に従ってライブラリのセットアップを行ったうえで実行する必要があります。セットアップ方法は付録コードの Docker を参考にしてください。手始めに学習済みの DELG モデルによって局所特徴量を抽出して可視化してみましょう。

```python
import matplotlib.pyplot as plt
import numpy as np
import pandas as pd
import tensorflow as tf
from delf import delf_config_pb2, extractor, utils
from google.protobuf import text_format


DELG_CONFIG = (
    "/opt/models/research/delf/delf/python/delg/"
    "r101delg_gldv2clean_config.pbtxt")

def main():
    config = delf_config_pb2.DelfConfig()
    with tf.io.gfile.GFile(DELG_CONFIG, 'r') as f:
        text_format.Parse(f.read(), config)

    extractor_fn = extractor.MakeExtractor(config)

    filepath_list = [
        "gldv2_micro/images/457cb65ba4a1ee3d.jpg",
        "gldv2_micro/images/1382256e230d5696.jpg",
```

```
        ]
        results = {}
        for filepath in filepath_list:
            resize_factor = 1.0
            im = np.array(utils.RgbLoader(filepath))

            extracted_features = extractor_fn(im, resize_factor)

            # 大域特徴量
            global_descriptor = extracted_features['global_descriptor']

            # 局所特徴量
            locations = extracted_features['local_features']['locations']
            descriptors = extracted_features['local_features']['descriptors']
            feature_scales = extracted_features['local_features']['scales']
            attention = extracted_features['local_features']['attention']

            results[filepath] = {
                "locations": locations.astype(np.int16), "im": im
            }

    fig, axes = plt.subplots(2, 2, figsize=(12, 8))
    for idx, path in enumerate(filepath_list):
        locations = results[path]["locations"]
        axes[idx][0].imshow(results[path]["im"])
        axes[idx][1].imshow(results[path]["im"])
        axes[idx][1].plot(
            locations[:, 1],
            locations[:, 0],
            'rx',
            markersize=4
        )

    plt.savefig("plot_local_features.png")


if __name__ == '__main__':
    main()
```

4

図 4.11　DELG によって抽出した局所特徴量の座標を可視化した例。左がオリジナルの画像。
右が局所特徴量の座標にマークを付けた画像。

　ランドマークの識別のために注目されやすい位置で局所特徴量として抽出されていること
が確認できます（図 4.11）。完全ではありませんが、局所特徴量の座標は建物に集中しており、
空や地面ではほとんど検出されていません。

4.5.2　RANSAC アルゴリズムによる検証

　4.5.1 項にて「局所的なパターンの幾何的な位置関係が一致する」という性質を使い、認識
の確信度を高める方法は 2 つの手順に分割できることを紹介しました。このうち 2 つ目の【マッ
チング】の手続きでは、2 画像の局所的な特徴ベクトルのマッチングと幾何的変換との整合性
を評価します。具体的には 2 画像の座標の幾何的変換のパラメータを局所特徴量のマッチン
グ結果に基づいて推定し、幾何的変換の整合性がとれる局所特徴量の数（inlier counts）によっ
て 2 画像の幾何的な位置関係の一致の度合いを数値化します。画像検索の文脈では、このス
コアを使うことでクエリに対応するヒット画像を並び替えるリランキングがしばしば使われ
ます。

　2 画像間の局所特徴量のマッチングでは望ましくない特徴量ペアを生み出すことがありま
す。そのため幾何的変換のパラメータを推定する場合には、こういったノイズに対してロバ
ストな方法によって推定する必要があります。**RANSAC**（RANdom SAmple Consensus）**アル
ゴリズム**は外れ値を含むデータに対して頑健な数理モデルのパラメータ推定手法です。このア

ルゴリズムの歴史は古く、コンピュータビジョン以外のさまざまな数理モデルのパラメータ推定法として用いられます。観測値からランダムにサンプリングをした中でパラメータを推定する処理を繰り返し行い、その中から最良の推定結果を出力します。サンプリングされたデータから推定することで外れ値に対してロバストな推定を出力することを可能としています。アルゴリズムの詳細についての解説は文献[287]に譲りますが、RANSAC の効率化や改良アルゴリズムもまた多種存在します。利用例として実行時間とマッチング性能のトレードオフがよい改良アルゴリズム **DEGENSAC** を実装した pydegensac パッケージを使い、幾何的変換の整合性を評価する方法を紹介します。

比較対象の 2 画像に対して DELG によって抽出した局所特徴量とその位置座標が以下のように得られているとします。

```
In []: locations1.shape, descriptors1.shape
Out[]: ((1000, 2), (1000, 128))
In []: locations2.shape, descriptors2.shape
Out[]: ((1000, 2), (1000, 128))
```

局所特徴量の最近傍を探索して局所特徴量間のマッチングを行います。局所特徴量は低次のベクトルが用いられます。そのため KD-tree アルゴリズムによって効率的に探すことができます。

```
In []: import numpy as np
In []: from scipy import spatial
In []: d1_tree = spatial.cKDTree(descriptors1)
In []: _, indices = d1_tree.query(descriptors2, distance_upper_bound=0.8)
In []: indices.shape
Out[]: (1000,)
```

最後に 2 画像間の画像平面上で対応する順番に位置座標のベクトルを並び替え、DEGENSAC により幾何的変換のパラメータを推定します。

```
In []: pts2 = np.array([locations2[i,] for i in range(locations2.shape[0])
   ..:               if indices[i] != locations1.shape[0]])
In []: pts1 = np.array([locations1[indices[i],] for i in range(locations1.shape[0])
   ..:               if indices[i] != locations1.shape[0]])
In []: pts1.shape, pts2.shape
Out[]: ((519, 2), (519, 2))

In []: import pydegensac
In []: _, mask = pydegensac.findFundamentalMatrix(
   ..:     pts1, pts2, threshold, conf, n_iters)
In []: inlier_count = int(mask.sum())
```

　局所特徴量の位置座標と幾何的変換に従ったマッチングの対応を可視化した結果は以下の通りとなります（図 4.12）。

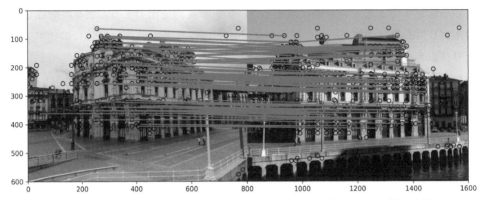

図 4.12　DELG によって抽出した局所特徴量を使い DEGENSAC によるマッチングをした例。

赤い線は幾何変換による整合性がとれている局所特徴量のペア。

　2 つの画像それぞれは別々の角度から撮影されていますが、共通して写真に収められている建物のドーム部分や側面が上手にマッチングしていることが確認できます。

4.5.3　画像マッチングを使用したリランキング

　大域特徴量による画像検索結果に対して、幾何的変換の整合性がとれる局所特徴量の数（inlier counts）によって**リランキング**をすることで検索結果を改善できる場合があります。前述した DEGENSAC を用いた実装によりベンチマークデータセットで評価した場合、次のようにスコアを改善できました。実装は付録コードの 10_reranking_with_matching.py にて用意しています。

code	ROxford5k/mAP@10/Medium	RParis6k/mAP@10/Medium
Random	0.0129	0.0514
Baseline	0.0843	0.4057
ArcFace	0.2371	0.7771
ArcFace + reranking	**0.2929**	**0.8429**

　大幅にスコアが上げることを確認できました。リランキングのアプローチは、クエリとすべての検索結果の候補との組み合わせに対して幾何的変換のパラメータ推定をそのつど実行する必要があります。そのためすばやくレスポンスを返す必要があるオンラインシステムとは相性がよくありません。すぐにレスポンスを返す必要がないオフラインシステムに有効な

手段と言えます。Kaggle コンテストでは実行時間や計算資源に制限が設けられている場合があり、このアプローチが適用できないことがあります。

　RANSAC アルゴリズムによる幾何的変換の整合性の評価は強い道具
となります。ただし計算コストが高いため応用シーンは限られます。

4.6　クエリ拡張を学ぶ

4

4.6.1　クエリ拡張

　クエリ画像は対象となる固有物体の一部しか表現できておらず、すべてのインデックス画像を網羅的に探すことができない場合があります。たとえば、建築物や観光地のインスタンスレベル画像検索の場面を考えてみましょう。クエリ画像はある固有の建築物の一部を拡大して撮影したものである一方で、インデックス画像は撮影範囲が被らない同一の建築物を写したものである場合もありえます。こういった場面では共通したパターンが画像中に存在せず、検索結果から漏れてしまう可能性があります。そのためインデックス画像を用いてクエリ画像を拡張し、同一の建築物を表現するより一般的な表現を獲得する処理を**クエリ拡張**と呼びます。

　たとえば文献[214]では、クエリ画像のベクトル表現を別の画像のベクトル表現と混ぜ合わせ、新しいベクトル表現を獲得する方法を提案しています。以下の式のように、クエリ画像のベクトル表現 x とユークリッド距離の近いインデックス画像のベクトル x_i を重み付き線形結合して L2 正規化を行うことで、新しいクエリ画像表現を計算するα**クエリ拡張**（α weighted query expansion）です。

$$x' = \mathrm{normalize}[x + \sum_i x_i * (x \cdot x_i)^\alpha]$$

　αクエリ拡張は、クエリのベクトル表現だけでなくインデックス画像に対しても適用できます。すなわち、インデックス画像のそれぞれのベクトル表現を距離的に近いベクトル表現を用いて更新します。インデックス画像のことをデータベースと呼ぶこともあるため、この方法は **database augmentation**（DBA）と呼ばれています。

4.6.2　faiss を用いたクエリ拡張を実装する

　例として類似検索ライブラリ faiss を用いた実装例を紹介します。faiss はベクトル表現のデー

タを大規模かつ高速に類似検索する手段を提供しているライブラリです。以下のようにコサイン類似度の上位 10 件を使った α クエリ拡張を実装できます。

```
def dbaug_and_qe(feats_test, feats_index):
    feats_concat = np.concatenate([[feats_test, feats_index], axis=0)

    n_dim = feats_concat.shape[1]
    # ① faiss インデックスを作成
    index = faiss.IndexFlatIP(n_dim)
    # ② インデックスに行列 ( ベクトルの集合 ) を追加
    index.add(feats_concat)
    # ③ インデックスに対して検索を行い、top k の類似度と位置を得る
    sims, topk_idx = index.search(x=feats_concat, k=10)
    # ④ 類似度に対して alpha 乗する。近いほど大きな重みとなる
    weights = sims ** alpha

    feats_tmp = np.zeros(feats_concat.shape)
    for i in range(feats_concat.shape[0]):
        feats_tmp[i, :] = weights[i].dot(feats_concat[topk_idx[i]])

    feats_concat = l2norm(feats_tmp)
    split_at = [len(feats_test)]
    feats_test, feats_index = np.split(feats_concat, split_at, axis=0)
    return feats_test, feats_index
```

faiss.IndexFlatIP() オブジェクトは内積演算を行うためのインデックスとして作成し、このオブジェクトの search() メソッドにクエリ行列を渡すことで行列演算による検索を実行します。

GLDv2 micro で評価したところ、一度クエリ拡張を行うよりも複数回クエリ拡張を行うほうがより高いスコアを得られることがわかりました。クエリ拡張と DBA を行った結果は以下の通りです。ROxford5k では改善した一方、RParis6k では悪化してしまいました。DBA の有無やハイパーパラメータによる検索性能の良し悪しはデータやタスクによって変化するため、調整や考察が必要です。たとえばインデックス集合に同じインスタンスがほとんど現れない場合、α クエリ拡張によってたくさんの類似したベクトルを取り出して重み付き和によって足し合わせることは明らかに検索性能を悪化させてしまいます。検索における正解となるインスタンスの出現頻度などを参考に、データセットに合わせてハイパーパラメータを調整するとよいでしょう。

faiss は大量の画像を検索したいときに便利です。
クエリ拡張を大量に適用したいときにも役立ちます。

code	ROxford5k/mAP@10/Medium	RParis6k/mAP@10/Medium
Random	0.0129	0.0514
Baseline	0.0843	0.4057
ArcFace	0.2371	0.7771
ArcFace + reranking	0.2929	**0.8429**
ArcFace + QE + DBA + reranking	**0.3143**	0.8229

4.7 Kaggle コンテストでの実践

　実際のコンテストデータを用いて実践してみましょう。本節では過去に開催された Kaggle コンテストである「Google Landmark Retrieval Challenge 2021（GLD21）」を題材として、実際にコードを用いながら解説します。このコンテストでは観光地のランドマークとなる有名な建物、たとえばエッフェル塔や富士山、ナイアガラの滝といった「固有のランドマーク」によって構成されるインデックス写真集合に対して検索をかけ、クエリと同一のランドマークの写真を探すタスクです。クエリセット、インデックスセットに加えて訓練セットの3つの画像集合が与えられ、クエリ画像に対して同じランドマーク（代表的な観光名所・建築物など）を写した画像をインデックスデータから探すインスタンス検索タスクを解く問題設定となっています。

　このタスクの難しい点としては同じ固有物体であっても撮影条件によって見え方が変化するところにあります。たとえば画像のスケール、写真の撮影位置の違い、車や人などの障害物によって一部が隠れる、昼夜の違いによる照明の変化、季節の違いによる植生の変化や雪の有無、装飾の有無、撮影日時の違いによる周辺の建築物の変化などなど。数えるときりがありません。これら難しい点に対して頑健な画像検索システムを開発することがコンテスト参加者に求められます。

　データセットはコンテストページに記述されている手続きに従ってスクリプトを使って、(1) からダウンロードする必要があります。訓練セットは (2) からダウンロードできます。

- (1) https://www.kaggle.com/c/landmark-retrieval-2021/data
- (2) https://github.com/cvdfoundation/google-landmark

4.7.1 効率的に実験する

　Kaggle コンテストではスコア改善のためにさまざまなアイディアの検証を繰り返すことになります。特に大規模なデータセットを扱うコンテストでは1回の実験に必要となる計算資源や実行時間が膨大となるため、効率的に実験することが重要となります。コンテストの期

間は有限です。1つ1つの検証に時間をかけすぎていると多くの仮説を検証することができません。

● 中間成果物を作成する

GLD21 コンテストでは投稿ファイルを作成するまでに時間のかかるステップが複数あります。途中にバグが生じたり部分的な改善を行ったりする際、過去の実行結果を再利用できるようにするなど実装上の工夫をすることが効率化につながります。

GLD21 コンテストのような画像検索タスクの場合、たとえば以下のパーツに実行フローを分離するとよいでしょう。

- ArcFace や DELG などの特徴量抽出モデルを学習する
- 特徴量抽出モデルを使って特徴量抽出を行い保存する
- 保存された特徴量を用いてアンサンブル、DBA、リランキングを行い提出ファイルを作成する

特徴量抽出モデルの学習と得られた特徴量を使うコードはそれぞれ独立して改善の検討が可能です。またチームを組んでコンテストに挑む場合にも分担して改善の検討ができるようになります。

● 小さなモデルから検証する

最初は小さなバックボーンモデルと小さな画像サイズを用いてアルゴリズムのハイパーパラメータ、損失関数の選択、データ拡張の組み合わせを検証することをおすすめします。これは最適な ArcFace のスケールパラメータ s やデータ拡張の組み合わせが、データセットやタスクに依存して決まることが多く、バックボーンモデルや画像サイズとは独立して選択・検証できると考えられるためです。またバックボーンモデルや画像サイズの大きさは計算資源や実行時間に大きく影響を与えます。ResNet-34 などの軽量なバックボーンモデル、128x128 といった小さな画像サイズで実験した後で効率的に改善案の検証を行い、最後にバックボーンモデルや画像サイズを大きくすることで最終的なスコアの改善を狙いましょう。

```
# 実装の詳細については付録を参照
> run_experiment(backbone="resnet34",
                 input_size=128,
                 augmentation=aug_scalerotate)
> run_experiment(backbone="resnet34",
                 input_size=128,
                 augmentation=aug_scalerotate_colorjit)
> run_experiment(backbone="resnet34",
                 input_size=128,
```

```
                 augmentation=aug_scalerotate_colorjit_cutoff)
> run_experiment(backbone="resnet34",
                 input_size=128,
                 augmentation=aug_scalerotate_colorjit_cutoff_blur)
```

　実験によりデータ拡張として回転や変形、色の変更、カットオフが有効であり、ぼかし処理による拡張は改善しないことを確認しました。最後に大きなバックボーン、大きな入力サイズを用いて実験して結果を Kaggle に投稿します。

```
# 実装の詳細については付録を参照
run_experiment(backbone="resnext101e",
               input_size=384,
               augmentation=aug_scalerotate_colorjit_cutoff)
make_submission(backbone="resnext101e",
                input_size=384,
                augmentation=aug_scalerotate_colorjit_cutoff)
```

● 最後にアンサンブルを検証する

　画像分類タスクと同様、画像検索タスクのコンテストにおいてもアンサンブルは強力な手段となります。画像分類ではモデルの出力を averaging することでアンサンブルする手法を紹介しました。近傍探索ベースの画像検索における出力はクエリ画像に対するインデックス画像の順番であるため、averaging を素直に適用できません。近傍探索ベースの画像検索においては、各モデルの画像表現を averaging ではなく連結するといった方法がよく用いられます。

　検索性能の異なるモデルを連結する場合は、検索性能の悪いモデルに類似度計算の結果が引っ張られないように重み付けを行ったうえでベクトルを連結し、最後に L2 正規化を行うことで特徴表現を作るとよいでしょう。Python で以下のように実装できます。

```
# 計算済みの大域特徴量をロード
feat_test1 = np.load("feats/test_resnext101e_384.npy")
feat_test2 = np.load("feats/test_resnet50_384.npy")
feat_index1 = np.load("feats/index_resnext101e_384.npy")
feat_index2 = np.load("feats/index_resnet50_384.npy")

# 連結
feat_test = np.hstack([feat_test1, feat_test2])
feat_index = np.hstack([feat_index1, feat_index2])

# 正規化
feat_test = l2norm_numpy(feat_test)
feat_index = l2norm_numpy(feat_index)
```

4.7.2 さらにスコアを伸ばすために

ここまで画像検索タスクに対する基本的なアプローチについて紹介しましたが、スコアを改善する余地はまだたくさんあります。たとえば以下のような案が考えられます。

- **データセットの特性に合わせた対処** --- データセット特有のノイズが多い場合、そのノイズに対処するための工夫をすることでスコアを改善できる場合があります。たとえば 90, 180, 270 度の回転が多く混ざっている写真がテストセットにある場合、回転を修正するモデルを別途作成することで改善できるかもしれません。

- **データセットのクリーニング** --- データセットが機械的な方法で用意されている場合、ノイズが多く訓練セットとして適切ではない場合があります。クラスタリングや画像マッチングなどの方法を使いテストセットのデータに近づけることで、そのデータによって訓練されたモデルがテストセットに適合するように改善できるかもしれません。

- **バックボーンモデル** --- データセットが十分に大きい場合はパラメータ数の多い、大きなバックボーンモデルでも試してみましょう。必ずしも改善するとは限りませんが、モデルの表現力がデータセットやタスク設計に対して不足している**アンダーフィッティング**（under fitting）が起きている可能性を考えましょう。その場合はバックボーンモデルを大きくすることで改善することが期待できます。Transformer モデルなどの新しいバックボーンモデルも積極的に検証してみましょう。

- **入力サイズの変更** --- 大きな入力サイズでモデルを学習することで改善できるかもしれません。448, 640 など大きな入力サイズを検証してみましょう。

- **損失関数の選択** --- ArcFace のほか、circle loss や triplet loss など損失関数によって異なるベクトル表現が得られるかもしれません。

- **アンサンブル** --- test time augmentation（TTA）によって同じモデルから得られた画像表現を averaging することで、入力の変化に対して頑健な画像表現を得ることができるかもしれません。

スコアを伸ばすためにはハイパーパラメータの探索をはじめ、
さまざまなアイディアを比較検証する必要があります。
再現性を確保しつつ、検証結果を記録することも大切です。

第5章
テキスト分類入門

　Kaggle では、自然言語処理（natural language processing、以下 NLP）を題材としたコンテストも開催されます。テキストデータだけが与えられることもあれば、他の形式のデータ（画像やテーブル）とともにテキストデータが与えられることもあります。たとえば、実名制質問プラットフォームを運営している Quora 社が開催したコンテスト「Quora Insincere Questions Classification」[221] では、ユーザによって投稿された質問文が入力として渡されて、それが有害なものであるかを判定することが要求されました。一方、フリーマーケットアプリケーションのサービスを運営しているメルカリ社が開催したコンテスト「Mercari Price Suggestion Challenge」[84] では、プラットフォーム上での商品の販売価格を予測するための入力の1つとして商品の説明文が与えられていました。多くのコンテストでは英語のテキストデータを扱いますが、「Avito Demand Prediction Challenge」[85] のようにロシア語のテキストデータが与えられるコンテストや、「Shopee - Price Match Guarantee」[58] のようにインドネシア語のテキストデータが与えられるコンテストもあります。

　本章では、「Quora Question Pairs」[222] という、2つの質問文が与えられたときに、それらが同じ内容であるかを判定するコンテストを題材として扱います。最初に、特徴量エンジニアリングと LightGBM を用いて、このコンテストに取り組み、テキスト処理におけるさまざまな基本要素に触れつつスコアの改善を行っていきます。「Quora Question Pairs」では、データセット作成過程で生じるバイアスがデータセット中に存在しており、それを利用することでスコアを飛躍的に上昇できます。その後、ニューラルネットワークを用いて、このタスクに挑戦していきます。リカレントニューラルネットワークを用いてテキストデータを扱う方法について触れた後で、最近のコンテストで主流になっているトランスフォーマーに基づく巨大なニューラルネットワークを用いることで、スコアをさらに改善します。最後に、アンサンブルによって各モデルの予測を組み合わせることで、最終的なスコアを押し上げる方法を見ていきます。

5.1　Quora Question Pairs

　最初にコンテストの概要について説明し、データセットの中身や性質について簡単な確認を行います。

5.1.1　コンテストの概要

　Quora は月間 1 億人（コンテスト開始時点）を超えるユーザが利用する質問プラットフォームです。そのため、複数のユーザが同じ意図の質問をするということは少なくありません。重複する質問を検出し 1 つにまとめることは、質問者と回答者の両方に対してよりよい体験を提供するうえで有益だと考えられています。今回のコンテストでは、質問のペア（表記を簡単にするため、以降は質問対と呼ぶことにします）が与えられたときに、それらが重複しているか否かを高精度で予測できる機械学習モデルを作成することが目標です。ちなみに、当時の Quora 社ではランダムフォレストを用いて予測を行っていたそうです。

　訓練セットとテストセットは train.csv と test.csv という CSV ファイルとしてそれぞれ与えられます。本章で使用するコードでは、これらの CSV ファイルのダウンロード先のパスにそれぞれ TRAIN_CSV_PATH、TEST_CSV_PATH という名前を付けて使い回します。

　訓練セットとテストセットをそれぞれ読み込み、先頭の数行を表示すると以下のようになります。訓練セットには id、qid1、qid2、question1、question2、is_duplicate という 6 つの列が存在しており、テストセットには test_id、question1、question2 という 3 つの列のみが存在しています。質問対が重複しているか否かを is_duplicate が 1（重複）か 0（非重複）で表しています。

```
In []: import pandas as pd
In []: from common.constants import TRAIN_CSV_PATH, TEST_CSV_PATH
In []: # pandas が空文字列を NaN として読み込むことを防ぐために na_filter=False としている
  ...: trn_df = pd.read_csv(TRAIN_CSV_PATH, na_filter=False)
In []: pd.set_option("display.max_colwidth", 25)
In []: trn_df.head()
Out[]:
   id  qid1  qid2                 question1                   question2  is_duplicate
0   0     1     2  What is the step by s...  What is the step by s...             0
1   1     3     4  What is the story of ...  What would happen if ...             0
2   2     5     6  How can I increase th...  How can Internet spee...             0
3   3     7     8  Why am I mentally ver...  Find the remainder wh...             0
4   4     9    10  Which one dissolve in...  Which fish would surv...             0
In []: tst_df = pd.read_csv(TEST_CSV_PATH, na_filter=False)
In []: pd.set_option("display.max_colwidth", 35)
In []: tst_df.head()
Out[]:
   test_id                            question1                            question2
0        0  How does the Surface Pro himsel...  Why did Microsoft choose core m...
1        1  Should I have a hair transplant...  How much cost does hair transpl...
2        2  What but is the best way to sen...          What you send money to China?
3        3           Which food not emulsifiers?                     What foods fibre?
4        4         How "aberystwyth" start reading?  How their can I start reading?
```

　参加者の目標はテストセットに対して正解ラベル is_duplicate の値を正確に予測すること

です。テストセットの各質問対の ID に対する予測結果を、以下の形式の CSV ファイルに保存し、Kaggle に提出することで評価が行われます。

```
    test_id  is_duplicate
0        0           0.8
1        1           0.2
2        2           0.3
...
```

テストセットを注意して見てみると、"Which food not emulsifiers?" や "How their can I start reading?" のように英語として破綻している質問が見つかります。実は今回のコンテストでは、評価指標の計算に使用されないダミーの質問対がテストセットに大量に追加されていることが主催者から説明されています。そのため、英語として破綻した質問を含む質問対は、機械的に作られたダミーの質問対ではないかと推測できます。このようなダミーの質問対をテストセットに大量に紛れ込ませている理由は、参加者が手動でテストセットに対する予測を作成することを防ぐためです[注1]。参加者が手動でテストセットまたは訓練セットにラベルを付与する行為は**ハンドラベリング**と呼ばれ、テストセットへのハンドラベリングは基本的に禁止されています。訓練セットへのハンドラベリングの可否はコンテストごとに異なるので、コンテストごとにルールを読んだり主催者に確認したりする必要があります。

評価指標には対数損失が用いられます。予測値の大小関係だけが評価指標に影響を与える AUC などと異なり、予測値そのものが評価指標に影響を与えます。そのため、学習時に各データ点の重みを調節したり予測時に後処理を加えたりすることで、テストセットにおける予測値の分布を実際の is_duplicate の分布に近づけることが、スコアの改善に大きな影響を持つ可能性があります。

5.1.2 データの確認

● 正解ラベル（is_duplicate）の分布を調べる

まず is_duplicate の分布を確認します。データセット内の各変数の分布を確認することは最初にやるべきことの 1 つです。特に正解ラベルの分布を把握しておくことは重要です。たとえば、分類問題において各クラスの出現回数が大きく異なる場合、出現回数が少ないクラスに対して特別な処理をすることがスコアを向上させるうえで必要になることがあります[注2]。

注1 より効果的にハンドラベリングを防ぐ方法は、そもそもテストセットの全部または一部を参加者に見せないことです。たとえば、「Jigsaw Unintended Bias in Toxicity Classification」[223] は code competitions 形式で開催された NLP 系のコンテストでしたが、通常の code competition とは異なり、コンテスト終了後にまったく新しいテストセットを用いて推論・評価を行うことで、最終評価に用いるテストセットを参加者から完全に隠していました。
注2 そのような処理が必要になったコンテストの例として、「Human Protein Atlas Image Classification」[224] があります。

125

各コンテストの序盤では変数の分布の可視化を含むノートブックが公開されることが多いので、それらを参考にしながら各変数の性質をつかんでいくとよいでしょう。

　訓練セット内における is_duplicate の平均（重複している質問対の割合）を確認してみると、約 36.9% になっていることがわかります。

```
In []: trn_df["is_duplicate"].mean()
Out[]: 0.369197853026293
```

　この程度の正例（is_duplicate が 1 になっている質問対）・負例（is_duplicate が 0 になっている質問対）の偏りであれば、学習が大きな悪影響を受けることはないでしょう。一方で、2 つの質問を Quora 上の全質問から無作為に抽出して質問対を作っているのならば、これほど正例の割合が多くなるとは考えにくいです。そのため、これらのデータはなんらかの方法で正例が多くなるように作成されたと想像できます。

● 質問文の重複を確認する

　今度は各質問がデータセット内に複数回出現するかを確認してみます。以下のようなコマンドを試してみると、全体の 2 割程度の質問は訓練セットの中に複数回出現していることがわかります。

```
In []: trn_qs = pd.Series(trn_df["question1"].tolist() + trn_df["question2"].tolist())
In []: trn_qs.nunique()
Out[]: 537361
In []: (trn_qs.value_counts() > 1).sum()
Out[]: 111873
```

　訓練セットの中の各質問の出現回数の分布を次のコードで可視化すると図 5.1 のようになります。一度しか出現しない質問の個数と、何度も出現するような質問の個数には大きな差があるため、y 軸は対数スケールにしてプロットしています。各出現頻度の質問の個数は、出現頻度が増えるにつれて減少しています。この図自体からは特段注意しなければいけない点は見つかりません。

```
In []: import matplotlib.pyplot as plt
   ..: %matplotlib inline
   ..:
   ..: trn_qs_counts = trn_qs.value_counts()
   ..: plt.hist(trn_qs_counts, bins=range(trn_qs_counts.max() + 1))
   ..: plt.xlim(xmin=0)
   ..: plt.xlabel("The number of occurrences")
   ..: plt.ylabel("The number of questions")
   ..: plt.yscale("log")
```

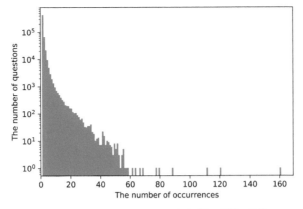

図 5.1 訓練セットにおける出現頻度ごとの質問の個数

訓練セットとテストセットのそれぞれについて、以下のように最頻出の質問を確認してみます。テストセットで最頻出の質問は、いずれも英文として成立しておらず、同じダミーの質問が何度も出現しているようです。

```
In []: trn_qs_counts.head()
Out[]:
What are the best ways to lose weight?                                        161
How can you look at someone's private Instagram account without following them? 120
How can I lose weight quickly?                                                 111
What's the easiest way to make money online?                                   88
Can you see who views your Instagram?                                          79
dtype: int64
In []: tst_qs = pd.Series(tst_df["question1"].tolist() + tst_df["question2"].tolist())
   ..: tst_qs_counts = tst_qs.value_counts()
   ..: tst_qs_counts.head()
Out []:
What        2686
How         1848
What is     1212
What are     803
How do       773
dtype: int64
```

質問対についても同様に、複数回出現しているものが存在しているかを確認します。もしまったく同じ質問対がデータセットに複数個含まれるのならば、訓練セットからその質問対を削除するなどして、交差検証時のリークを防ぐことが必要になります。以下のコマンドの実行結果からわかるように、複数回出現する質問対は訓練セットに存在しないようです。

```
In []: trn_df.duplicated(subset=["question1", "question2"]).sum()
Out[]: 0
```

極意　どのコンテストでも評価指標やデータを最初に確認しましょう。

5.2 特徴量ベースのモデル

　本節では、特徴量エンジニアリングによって質問対に関するさまざまな性質を抽出し、LightGBM のモデルを用いて精度の改善を行っていきます。最近の NLP 系のコンテストでは、ニューラルネットワークベースのモデルの発展に伴い、LightGBM をメインのモデルとして使用することは少なくなりましたが、「Quora Question Pairs」においては、特徴量エンジニアリングによって作成した特徴量を、後述するニューラルネットワークと組み合わせることで、より高い精度を実現することができます。

> ✎ note
>
> ### トランスフォーマー以前の技術
>
> 　「Quora Question Pairs」は 2017 年に開催されたコンテストであり、当時はトランスフォーマーによるブレークスルーはまだ起きていませんでした。そのため、コンテストの参加者は特徴量エンジニアリングとリカレントニューラルネットワークを組み合わせて、このコンテストに取り組んでいました。しかし、トランスフォーマーに基づくモデルが Kaggle で広く用いられるようになった 2019 年以降の NLP 系のコンテストにおいて、それらのモデルによるアンサンブルが解法の中心となっており、リカレントニューラルネットワークや特徴量エンジニアリングは特別な理由がなければ使用されなくなっています。もしいま「Quora Question Pairs」が開催されたならば、後述する「魔法の特徴量」を作成する部分を除くと、上位を狙う参加者はトランスフォーマーに基づくモデルに注力することになるでしょう。筆者はトランスフォーマー以外の古典的な手法も有用な知識だと考えているため、本章の序盤ではそれらを使用しながら当時の「Quora Question Pairs」の参加者と似た順序でモデルの改善を行っていきます。しかし、最低限の知識を速習して NLP 系のコンテストに飛び込んでいきたい場合は、5.3.3 項の「BERT の基礎知識」以降の部分とその部分に対応するコードを中心に目を通すのが早道になるはずです。

5.2.1 最初のモデル

　本項では、テキスト間の類似度に基づく特徴量を用いて最初のモデルを構築し、予測結果を Kaggle に提出します。次に、特徴量を追加することでスコアの改善を試みます。そして、LB probing を用いた probability calibration によって LB 上でのスコアを大幅に向上させます。

● テキスト処理の基礎知識

実際に特徴量を作成する前に、テキスト処理の基礎知識や用語をざっくりと解説します。

トークン化

テキスト処理を行うときは、多くの場合、テキストをトークン（単語、数字列、句読点など）の列に分割します。この処理のことを**トークン化**（tokenization）と呼びます。トークンは必ずしも単語に対応しているわけではありませんが、英語のテキストをトークン化した場合、各トークンが英単語に対応することが多いため、本書ではトークン化で得られたトークンを指して単語と呼ぶこともあります。英語などのように空白文字によって単語が分かれる言語に対する一番簡単なトークン化の方法は空白文字でテキストを分割することです。しかし、英語の場合でも実際には空白文字で分割するだけでは不十分な場合も多く、NLTK[225] やspaCy[226] などの有名なライブラリはもう少し賢いトークン化の方法を実装しており、次の例のように句読点や括弧も適切に分割してくれます。

```
In []: from nltk import word_tokenize
  ...: print(" 元のテキスト :", trn_df["question1"].iloc[1])
  ...: print(" トークン（空白文字で分割）:", trn_df["question1"].iloc[1].split())
  ...: print(" トークン（NLTK による分割）:", word_tokenize(trn_df["question1"].iloc[1]))
元のテキスト : What is the story of Kohinoor (Koh-i-Noor) Diamond?
トークン（空白文字で分割）: ['What', 'is', 'the', 'story', 'of', 'Kohinoor', '(Koh-i-
Noor)', 'Diamond?']
トークン（NLTK による分割）: ['What', 'is', 'the', 'story', 'of', 'Kohinoor', '(', 'Koh-
i-Noor', ')', 'Diamond', '?']
```

また、本書では触れませんが、日本語のように単語が空白によって区切られていない言語では、より複雑な処理が必要になります。

ステミングと見出し語化

テキスト処理において、"do"、"did"、"done" などの時制のみが異なる動詞や、"dog"、"dogs" などの同じ名詞の単数形や複数形といった、同じ単語の変化系を同じものとして扱いたいことがあります。**ステミング**（stemming）と**見出し語化**（lemmatization）は、単語の変化系から基本形を抽出することで、各変化形を同様に扱えるようにする処理です。ステミングは、複数のルールに基づき単語の末尾を削除し、その基本形を抽出します。一方で、見出し語化は各単語の文脈や、あらかじめ用意されている辞書を使うことで、言語学的な知識を利用して抽出を行います。

5

ストップワードの除去

　冠詞（"a" や "the" など）や前置詞（"to" や "for" など）などの単語は、どのテキストにも出現し、テキスト処理に役立つ情報を持っていることが少ないため、後続の処理を行う前に削除してしまうことが多いです。このような単語を**ストップワード**と呼び、それらを除去することによって後続の処理の効率化や過学習の回避などが期待できます。Kaggle でストップワード除去をする場合は、たいていの場合は NLTK などが提供している辞書を使用します。たとえば、NLTK のストップワードのリストは以下のように確認できます。

```
In []: from nltk.corpus import stopwords
   ...: print(stopwords.words("english"))
['i', 'me', 'my', 'myself', 'we', 'our', 'ours', 'ourselves',
'you', "you're", "you've", "you'll", "you'd", 'your', 'yours',  ...（以下省略）
```

　特徴量エンジニアリングを行う場合は、ストップワードを除去することが役立つ場合が多いです。しかし、後述する RNN や BERT のような、単語列全体を入力とするニューラルネットワークを扱う場合、ストップワードを除去するとモデルの精度が下がってしまいます。

bag-of-words（BoW）と TF-IDF

　テキストをベクトルとして表現する単純な方法は、データセット内の単語の種類数に等しいサイズのベクトルで、i 番目の要素が i 番目の単語のテキスト内での出現回数（あるいは出現したか否かを表す 0 か 1）となるものを考えることです。このようなテキストの表現は **bag-of-words**（BoW）と呼ばれます。scikit-learn の `CountVectorizer` を用いて BoW を計算する例は、以下のようになります。

```
In []: from sklearn.feature_extraction.text import CountVectorizer
   ...: vectorizer = CountVectorizer()
   ...: bow = vectorizer.fit_transform([
   ...:     "I like Kaggle",
   ...:     "Do you like Kaggle"
   ...: ])
   ...: print(bow.toarray()) # 各テキストの BoW ベクトル
   ...: print(vectorizer.vocabulary_) # 各単語が何番目の要素に対応しているか
[[0 1 1 0]
 [1 1 1 1]]
{'like': 2, 'kaggle': 1, 'do': 0, 'you': 3}
```

　BoW の弱点の 1 つとして、単語の順序を完全に無視してしまう点があります。この問題に対する対処法の 1 つとして、bag-of-n-grams という BoW の拡張を扱うことがあります。n-gram は n 個の連続するトークンのつながりで、たとえば、"I like Kaggle" というテキスト

は "I like" と "like Kaggle" を 2-gram として含みます。bag-of-n-grams では、単語の代わりに n-gram の出現回数を数えることで、単語の順序を考慮に入れたベクトル表現を得ることができます。ちなみに、$n = 1, 2, 3$ のときの n-gram は、特別に unigram、bigram、trigram とそれぞれ呼ばれます。

TF-IDF（term frequency-inverse document frequency）は BoW の改良版とも言えるもので、データセット全体での出現回数が少なく特定のテキストだけで現れる単語に対して大きな値を割り当てることで、単語間の重要度の違いを捉えたベクトル表現を実現しようとします。簡単なタスクであれば、TF-IDF と線形モデルを組み合わせることで、十分に高い精度を出すことができます。TF-IDF の計算にはさまざまな方法がありますが、scikit-learn の `TfidfTransformer` をデフォルトの設定で用いる場合は、以下の式でベクトルを計算した後、L2 正規化によりベクトルの長さが 1 になるよう調整します。

$$\text{tf-idf}_{d,w} = \text{tf}_{d,w} \times \text{idf}_w$$
$$\text{tf}_{d,w} = (\text{単語 } w \text{ がテキスト } d \text{ 内で出現した回数})$$
$$\text{idf}_w = \log \frac{1 + (\text{データセット内の全テキストの個数})}{1 + (\text{単語 } w \text{ が出現したテキストの個数})} + 1$$

`TfidfTransformer` を用いて、BoW から TF-IDF を計算する例は以下のようになります。また、`TfidfTransformer` の代わりに `TfidfVectorizer` を用いて、テキストから直接 TF-IDF を計算することもできます。

```
In []: from sklearn.feature_extraction.text import TfidfTransformer
  ...: transformer = TfidfTransformer()
  ...: tfidf = transformer.fit_transform(bow)
  ...: print(tfidf.toarray())
[[0.         0.70710678 0.70710678 0.        ]
 [0.57615236 0.40993715 0.40993715 0.57615236]]
```

実際に BoW ベクトルや TF-IDF ベクトルを作成するときは、出現頻度が極端に多かったり少なかったりする単語を捨てることが多いです。それにより、タイプミスによる単語などを削除でき、ノイズの削減や後続の処理の高速化などが期待できます。`CountVectorizer` や `TfidfTransformer` の場合は、`min_df=5` や `max_df=0.7` のような引数を与えることで、出現するテキストの個数が 5 回未満の単語や、70% より多くのテキストに出現する単語のような、後続の処理で役に立たないであろう単語を捨てることができます。

● 単語の重複に基づく特徴量を作成する
さきほどは訓練セットの先頭にある負例しか確認していなかったので、今度は正例を表示

して重複している質問対を眺めてみます。

```
In []: trn_df[trn_df.is_duplicate == 1][["question1", "question2"]].head()
Out[]:
                         question1                       question2
5     Astrology: I am a Capricorn Sun...  I'm a triple Capricorn (Sun, Mo...
7          How can I be a good geologist?  What should I do to be a great ...
11   How do I read and find my YouTu...  How can I see all my Youtube co...
12   What can make Physics easy to l...  How can you make physics easy t...
13   What was your first sexual expe...  What was your first sexual expe...
```

　上記の質問対を見ると、重複している質問対は共通の単語を多く含んでいるように見えます。この観察に基づき最初の特徴量を作っていきましょう。「共通の単語を多く含む」ということを表現するために、質問 1 と質問 2 に含まれる単語の集合 S_1 と S_2 をそれぞれ抽出し、集合同士の類似度に関する指標を特徴量として計算します。具体的には、以下の 3 つの指標からそれぞれ特徴量を作成します。

- **Jaccard 係数**：$\dfrac{|S_1 \cap S_2|}{|S_1 \cup S_2|}$
- **Dice 係数**：$\dfrac{2|S_1 \cap S_2|}{|S_1| + |S_2|}$
- **コサイン類似度**：$\dfrac{v_1 \cdot v_2}{||v_1|| \cdot ||v_2||}$　（ただし、v_1 と v_2 は S_1 と S_2 に対応する BoW ベクトル）

　実際にコードを書いていく前に、少しだけ異なる特徴量についても考えてみましょう。上記の特徴量ではすべての単語を同等に扱っています。たとえば、質問対が両方とも "How" を含むことと "geologist" を含むことは、特徴量を計算するうえで区別されません。そのため、"geologist" のような珍しい単語が質問対の両方に現れることを、"How" のような頻出単語が現れることより重視する特徴量を作成することで、異なる情報を抽出することができそうです。以下のような、重み付きに拡張された類似度に関する指標と、TF-IDF ベクトルを組み合わせて、そのような特徴量を作成します。以下の数式はさきほどとはかなり異なるように見えるかもしれませんが、単語集合同士の和集合・共通集合の計算を BoW ベクトル同士や TF-IDF ベクトル同士の要素ごとの最大値・最小値の計算と捉えてみると、元々の Jaccard 係数や Dice 係数も以下の式で TF-IDF ベクトルの代わりに BoW ベクトルを使用したものと考えられます。

- 重み付き Jaccard 係数：$\dfrac{\sum_{w \in S_1 \cap S_2} \min(\text{tf-idf}_{q_1,w}, \text{tf-idf}_{q_2,w})}{\sum_{w \in S_1 \cup S_2} \max(\text{tf-idf}_{q_1,w}, \text{tf-idf}_{q_2,w})}$

- 重み付き Dice 係数：$\dfrac{2 \sum_{w \in S_1 \cap S_2} \min(\text{tf-idf}_{q_1,w}, \text{tf-idf}_{q_2,w})}{\sum_{w \in S_1} \text{tf-idf}_{q_1,w} + \sum_{w \in S_2} \text{tf-idf}_{q_2,w}}$

- コサイン類似度：$\frac{v_1 \cdot v_2}{||v_1|| \cdot ||v_2||}$ （ただし、v_1 と v_2 は S_1 と S_2 に対応する TF-IDF ベクトル）

　ここまで説明した処理を Python のコードとして書いていきます。すべてのコードを紙面に載せることは難しいので、完全なコードを読みたい場合は https://github.com/smly/kaggle-book-gokui/tree/main/chapter5 で公開されている付録コードを参照してください。また、本章では説明の中で付録コードの Python ファイルを参照することがあり、その場合は https://github.com/smly/kaggle-book-gokui/tree/main/chapter5 からの相対パスでファイル名を表記します。

　以下の features/match.py（すなわち付録コードの https://github.com/smly/kaggle-book-gokui/tree/main/chapter5/features/match.py）内の match_features が上記の特徴量を計算する関数です。match_features では、scikit-learn の CountVectorizer と TfidfTransformer を組み合わせて、各質問の BoW ベクトルと TF-IDF ベクトルに対応する行列を求め、下記の jaccard、dice、cosine のような行列演算を用いて、各指標を高速に計算しています。match_features の引数 suffix は、どのような前処理を行い、どのように count_vectorizer と tfidf_transformer が作成したかを示す文字列で、作成した特徴量の名前の最後に suffix を付け加えることで、前処理などを変えて同様の特徴量を作成したときに、特徴量の名前が衝突しないようにしています。

```python
import pandas as pd
from common.constants import EPS, FEATURE_MEMORY
from sklearn.feature_extraction.text import CountVectorizer, TfidfTransformer
from sklearn.preprocessing import normalize
from texts.preprocessing import get_dataset, get_stopwords


def jaccard(q1_vectors, q2_vectors):
    num = q1_vectors.minimum(q2_vectors).sum(axis=1)
    den = q1_vectors.maximum(q2_vectors).sum(axis=1)
    return num / (den + EPS)  # ゼロ除算を避けるために分母に小さい数 EPS（1e-10）を足している


def dice(q1_vectors, q2_vectors):
    num = 2 * q1_vectors.minimum(q2_vectors).sum(axis=1)
    den = q1_vectors.sum(axis=1) + q2_vectors.sum(axis=1)
    return num / (den + EPS)  # ゼロ除算を避けるために分母に小さい数 EPS（1e-10）を足している


def cosine(q1_vectors, q2_vectors):
    q1_vectors = normalize(q1_vectors)
    q2_vectors = normalize(q2_vectors)
    return q1_vectors.multiply(q2_vectors).sum(axis=1)
```

```python
def match_features(df, count_vectorizer, tfidf_transformer, suffix):
    qs_counts = count_vectorizer.fit_transform(
        df["question1"].to_list() + df["question2"].to_list()
    )
    qs_tfidfs = tfidf_transformer.fit_transform(qs_counts)
    q1_counts, q2_counts = qs_counts[: len(df)], qs_counts[len(df) :]
    q1_tfidfs, q2_tfidfs = qs_tfidfs[: len(df)], qs_tfidfs[len(df) :]

    features = pd.DataFrame(index=df.index)
    features[f"jaccard_count_{suffix}"] = jaccard(q1_counts, q2_counts)
    features[f"dice_count_{suffix}"] = dice(q1_counts, q2_counts)
    features[f"cosine_count_{suffix}"] = cosine(q1_counts, q2_counts)
    features[f"jaccard_tfidf_{suffix}"] = jaccard(q1_tfidfs, q2_tfidfs)
    features[f"dice_tfidf_{suffix}"] = dice(q1_tfidfs, q2_tfidfs)
    features[f"cosine_tfidf_{suffix}"] = cosine(q1_tfidfs, q2_tfidfs)
    return features
```

　「Quora Question Pairs」はデータのサイズが比較的大きく、特徴量の計算に多くの時間がかかるコンテストです。そのため、モデルを学習するたびにすべての特徴量を再計算すると、毎回の実験に数時間以上必要になってしまいます。特徴量の計算に時間がかかるコンテストでは、計算した特徴量をバイナリファイルに保存して、特徴量の再計算を避けることが一般的です。本章では、以下の build_match_features のように、与えられたパラメータに対応する特徴量をはじめて計算する場合のみ、match_features を呼び出して特徴量を計算して保存し、二度目以降は保存済みのファイルを読み込んでそのまま特徴量を返すようにします。一度計算した結果を再利用する処理には joblib というライブラリのキャッシュ機能を使用しています。

```python
@FEATURE_MEMORY.cache  # FEATURE_MEMORY は joblib.Memory のオブジェクトです
def build_match_features(preprocessing_key, stopwords_key, n=1):
    df = get_dataset(preprocessing_key)
    stopwords = get_stopwords(stopwords_key)

    count_vectorizer = CountVectorizer(
        tokenizer=lambda s: s.split(),
        stop_words=stopwords,
        ngram_range=(n, n),
        binary=True,
    )
    tfidf_transformer = TfidfTransformer(norm=None)

    suffix = f"{preprocessing_key.name}_{stopwords_key.name}_{n}gram"
    return match_features(df, count_vectorizer, tfidf_transformer, suffix)
```

　build_match_features では、トークン化やステミングなどの前処理を指定する preprocessing_key、使用するストップワードを指定する stopwords_key、抽出する n-gram を指定する n を受け取ります。これらの引数に対応する保存済み特徴量がない場合、まず、

指定された preprocessing_key で、以下のような get_dataset を呼び出して、前処理済みの質問対を含む DataFrame を用意します。その後、指定された stopwords_key と n から、対応する CountVectorizer と TfidfTransformer のインスタンスを作成し、match_features を呼び出して、単語（n-gram）の重複に関する特徴量を作成します。

```python
import re
from enum import Enum
from multiprocessing import Pool

import nltk
import pandas as pd
from common.constants import (
    INPUT_DIR,
    NUM_PROCESSES,
    TEST_CSV_PATH,
    TRAIN_CSV_PATH,
)
from nltk import SnowballStemmer, word_tokenize
from tqdm import tqdm

NLTK_STEMMER = SnowballStemmer("english")
NLTK_STOPWORDS = set(nltk.corpus.stopwords.words('english'))
NLTK_STEMMED_STOPWORDS = set(NLTK_STEMMER.stem(w) for w in NLTK_STOPWORDS)


class PreprocessingKey(Enum):
    SPACE_TOKENIZATION = 0
    NLTK_TOKENIZATION = 1
    NLTK_STEMMING = 2


def space_tokenize(s):
    return re.sub(r"\s+", " ", s).strip()


def nltk_tokenize(s):
    return " ".join(word_tokenize(space_tokenize(s)))


def nltk_stemming(s):
    return " ".join(map(NLTK_STEMMER.stem, word_tokenize(space_tokenize(s))))


def tokenize_df(df, func, processes=1, chunksize=1000):
    new_df = df.copy()
    # トークン化は結構時間がかかる処理なので並列化
    with Pool(processes=processes) as pool:
        new_df["question1"] = list(
            tqdm(
                pool.imap(func, df["question1"], chunksize=chunksize),
```

```
                total=len(df),
                desc="Tokenizing",
            )
        )
        new_df["question2"] = list(
            tqdm(
                pool.imap(func, df["question2"], chunksize=chunksize),
                total=len(df),
                desc="Tokenizing",
            )
        )
    return new_df
```

　本書の実装では、CountVectorizer と TfidfTransformer を訓練セットとテストセットを合わせたデータ全体から構築しています。「Quora Question Pairs」では、テストセットの質問対自体はあらかじめ与えられており、実装が簡単になる点と、テストセットまで考慮した構築による精度向上が望める点から、このような実装を選択しています。しかし、現実世界の多くの課題では予測対象のデータがあらかじめ与えられないので、CountVectorizer と TfidfTransformer は訓練セットのみを用いてフィッティングする必要があります。

● 最初のモデルを学習する

　いよいよ最初のモデルを作成するときがきました。ここまで作成した特徴量を用いて LightGBM のモデルを学習し、テストセットに対する予測を行っていきます。ここでは以下のコードにある run_kfold を用いて学習を行います。run_kfold の中で、k-fold 交差検証を行い、k 回の学習から得られたモデルによるテストセットへの予測の平均を CSV ファイルに保存し、各 fold における検証セットへの予測も同様に保存します。

```
def train_kfold(features, targets, n_splits, model_params, weights=None):
    if weights is None:
        weights = np.ones(len(features))

    skf = StratifiedKFold(
        n_splits=n_splits, shuffle=True, random_state=SPLIT_RANDOM_SEED
    )
    boosters = []
    val_losses = []
    oof_preds = np.zeros(len(features))

    for trn_idx, val_idx in skf.split(features, targets):
        trn_data = lgb.Dataset(
            data=features.iloc[trn_idx],
            label=targets.iloc[trn_idx],
            weight=weights[trn_idx],
        )
```

```
        val_data = lgb.Dataset(
            data=features.iloc[val_idx],
            label=targets.iloc[val_idx],
            weight=weights[val_idx],
            reference=trn_data,
        )
        eval_result = {}
        callbacks = [
            lgb.early_stopping(STOPPING_ROUNDS),
            lgb.log_evaluation(VERBOSE_EVAL),
            lgb.record_evaluation(eval_result),
        ]
        booster = lgb.train(
            model_params,
            trn_data,
            valid_sets=[trn_data, val_data],
            valid_names=["trn", "val"],
            num_boost_round=NUM_BOOST_ROUND,
            callbacks=callbacks,
        )
        boosters.append(booster)
        val_losses.append(
            eval_result["val"]["binary_logloss"][booster.best_iteration - 1]
        )
        oof_preds[val_idx] = booster.predict(features.iloc[val_idx])

    print(f"Avg. validation loss: {np.mean(val_losses):.4f}")
    return boosters, val_losses, oof_preds


def run_kfold(
    features, trn_targets, n_splits, model_params, save_dir, weights=None
):
    trn_features = features.iloc[: len(trn_targets)]
    tst_features = features.iloc[len(trn_targets) :]
    boosters, losses, oof_preds = train_kfold(
        trn_features, trn_targets, n_splits, model_params, weights
    )
    tst_preds = np.zeros(len(tst_features))
    for i, booster in enumerate(boosters):
        tst_preds += booster.predict(tst_features) / n_splits
        booster.save_model(str(save_dir / f"booster.{i}.txt"))
    tst_preds = pd.DataFrame(
        data={"test_id": np.arange(len(tst_preds)), "is_duplicate": tst_preds}
    )
    tst_preds.to_csv(save_dir / "tst_prediction.csv", index=False)
    oof_preds = pd.DataFrame(
        data={"id": np.arange(len(oof_preds)), "is_duplicate": oof_preds}
    )
    oof_preds.to_csv(save_dir / "oof_prediction.csv", index=False)
    (save_dir / "score.txt").write_text(str(np.mean(losses)))
```

5

　以下のように run_kfold を実行することで、単語の重複の特徴量を利用したモデルを学習します。ここでは、単純な空白文字でのトークン化と、NLTK によるステミングを用いたトークン化の、それぞれに対して unigram と bigram に関する特徴量を作成して利用します。関数 run_kfold() を実行すると、<OUTPUT_DIR>/< 実験スクリプト名 >/（今回の場合は data/output/000_gbm_match/）以下に、各 fold での検証セットに対する予測とテストセットに対する予測が、それぞれ oof_prediction.csv と tst_prediction.csv に保存されます。

```python
# experiments/000_gbm_match.py
from pathlib import Path

import pandas as pd
from common.constants import NUM_PROCESSES, OUTPUT_DIR, TRAIN_CSV_PATH
from features.match import build_match_features
from texts.preprocessing import PreprocessingKey, StopwordsKey

from experiments.gbm_common import run_kfold

model_params = {
    "objective": "binary",
    "metric": "binary_logloss",
    "boosting": "gbdt",
    "num_leaves": 64,
    "bagging_fraction": 0.8,
    "bagging_freq": 1,
    "feature_fraction": 0.8,
    "learning_rate": 0.1,
    "seed": 1,
    "num_threads": NUM_PROCESSES,
}

trn_df = pd.read_csv(TRAIN_CSV_PATH, na_filter=False)
features = pd.concat(
    [
        build_match_features(
            PreprocessingKey.NLTK_STEMMING, StopwordsKey.NLTK_STEMMED, 1
        ),
        build_match_features(
            PreprocessingKey.NLTK_STEMMING, StopwordsKey.NLTK_STEMMED, 2
        ),
        build_match_features(
            PreprocessingKey.SPACE_TOKENIZATION, StopwordsKey.NLTK, 1
        ),
        build_match_features(
            PreprocessingKey.SPACE_TOKENIZATION, StopwordsKey.NLTK, 2
        ),
    ],
    axis=1,
)
save_dir = OUTPUT_DIR / Path(__file__).stem
```

```
save_dir.mkdir(exist_ok=True, parents=True)
run_kfold(
    features=features,
    trn_targets=trn_df.is_duplicate,
    n_splits=5,
    save_dir=save_dir,
    model_params=model_params,
    weights=None,
)
```

　得られた予測結果を実際に提出してみましょう。Kaggle に CSV ファイルを提出すると、以下のようなスコアを得ることができました（図 5.2）。このスコアをスタート地点として、改善を積み重ねていきましょう。

tst_prediction.csv
Complete (after deadline) · flowlight · 1s ago   0.4004   0.40019

図 5.2　最初のモデルのスコア

● 特徴量を追加してモデルを改善する

　質問対に関する他の直観として、2 つの質問の長さに大きな違いがある場合は、質問対が重複している可能性が低いと言えそうです。以下のような特徴量を作成することで、2 つの質問に関する情報をモデルに組み込んでみましょう。

- max(質問 1 の単語数 , 質問 2 の単語数)
- min(質問 1 の単語数 , 質問 2 の単語数)
- 質問 1 と質問 2 の単語数の絶対差
- 質問 1 と質問 2 の単語数の相対差

　また、単語の重複を考えたときと同様に、TF-IDF の重みを用いたバージョンも特徴量として加えてしまうことにします。features/length.py にある、以下のような関数 length_features() の中でこれらの特徴量を計算しています。

```
def length_features(df, vectorizer, transformer, suffix):
    qs_counts = vectorizer.fit_transform(
        df["question1"].to_list() + df["question2"].to_list()
    )
    qs_tfidfs = transformer.fit_transform(qs_counts)
    q1_counts, q2_counts = qs_counts[: len(df)], qs_counts[len(df) :]
    q1_tfidfs, q2_tfidfs = qs_tfidfs[: len(df)], qs_tfidfs[len(df) :]
    features = pd.DataFrame(index=df.index)
```

```
    vector_pairs = [
        ("tfidf", q1_tfidfs, q2_tfidfs),
        ("count", q1_counts, q2_counts),
    ]
    for name, q1_vectors, q2_vectors in vector_pairs:
        features[f"length_min_{name}_{suffix}"] = np.minimum(
            q1_vectors.sum(axis=1), q2_vectors.sum(axis=1)
        ).A1
        features[f"length_max_{name}_{suffix}"] = np.maximum(
            q1_vectors.sum(axis=1), q2_vectors.sum(axis=1)
        ).A1
        features[f"length_abs_diff_{name}_{suffix}"] = (
            features[f"length_max_{name}_{suffix}"]
            - features[f"length_min_{name}_{suffix}"]
        )
        features[f"length_rel_diff_{name}_{suffix}"] = (
            features[f"length_abs_diff_{name}_{suffix}"]
            / features[f"length_max_{name}_{suffix}"]
        )
    return features
```

編集距離を用いた特徴量も作成してみましょう。編集距離とはテキスト同士の類似度を測る基本的な指標です。おおざっぱに言うと、片方のテキストをもう片方のテキストに変換するために、文字の挿入、文字の削除、他の文字への変換、という操作を最小で何回繰り返す必要があるかを表します。ここでは、fuzzywuzzy[227]というライブラリを用いて、通常の編集距離に加え、トークン単位での編集距離などの複数の亜種についても計算して、特徴量として利用します。編集距離は文字間の前後関係も捉えることができるので、単語の重複とはまた異なる情報を抽出できるでしょう。features/edit_distance.py の関数 edit_distance_features() で、編集距離の特徴量の計算を行っています。

```
from fuzzywuzzy import fuzz

def edit_distance_features(df, stopwords, suffix):
    methods = [
        fuzz.WRatio,
        fuzz.QRatio,
        fuzz.partial_ratio,
        fuzz.partial_token_set_ratio,
        fuzz.partial_token_sort_ratio,
        fuzz.token_set_ratio,
        fuzz.token_sort_ratio,
    ]
    features = pd.DataFrame(index=df.index)
    question_pairs = list(zip(df.question1, df.question2))
    with Pool(processes=NUM_PROCESSES) as pool:
        for method in methods:
            distance_name = method.__name__.lower()
```

```
                desc = f"Computing edit distance '{distance_name}' ({suffix})"
                func = functools.partial(
                    compute_edit_distance, method=method, stopwords=stopwords
                )
                distances = list(
                    tqdm(
                        pool.imap(func, question_pairs, chunksize=100),
                        desc=desc,
                        total=len(df),
                    )
                )
                features[f"{distance_name}_{suffix}"] = distances
        return features
```

　ここまで作成した、質問の長さに関する特徴量と、質問対の編集距離の特徴量を用いて、再びモデルの学習と予測を行います。今回の実験に使用するコード（experiments/002_gbm_edit_distance.py）の、直前の実験に使用したコード（experiments/000_gbm_match.py）からの差分は以下のようになります。build_length_features と build_edit_distance_features は、さきほどの build_match_features と同様に、前処理などに関する引数を受け取り、作成した特徴量を保存してから返す関数です。

```diff
--- experiments/000_gbm_match.py
+++ experiments/002_gbm_edit_distance.py
@@ -4,6 +4,8 @@

 from common.constants import NUM_PROCESSES, OUTPUT_DIR, TRAIN_CSV_PATH
 from experiments.gbm_common import import run_kfold
+from features.edit_distance import build_edit_distance_features
+from features.length import build_length_features
 from features.match import build_match_features
 from texts.preprocessing import PreprocessingKey, StopwordsKey

@@ -35,6 +37,24 @@
         build_match_features(
             PreprocessingKey.SPACE_TOKENIZATION, StopwordsKey.NLTK, 2
         ),
+        build_length_features(
+            PreprocessingKey.NLTK_STEMMING, StopwordsKey.NLTK_STEMMED, 1
+        ),
+        build_length_features(
+            PreprocessingKey.NLTK_STEMMING, StopwordsKey.NLTK_STEMMED, 2
+        ),
+        build_length_features(
+            PreprocessingKey.SPACE_TOKENIZATION, StopwordsKey.NLTK, 1
+        ),
+        build_length_features(
+            PreprocessingKey.SPACE_TOKENIZATION, StopwordsKey.NLTK, 2
+        ),
```

```
    +           build_edit_distance_features(
    +               PreprocessingKey.NLTK_STEMMING, StopwordsKey.NONE
    +           ),
    +           build_edit_distance_features(
    +               PreprocessingKey.SPACE_TOKENIZATION, StopwordsKey.NONE
    +           ),
        ],
        axis=1,
    )
```

　テストセットに対する予測を提出することで、スコアを大幅に改善できていることがわかります。各特徴量を追加した後のスコアは、以下のようになります。

特徴量	CV	Public LB	Private LB
単語の重複	0.41656	0.40019	0.40040
＋ 質問の長さ	0.38395	0.36353	0.36467
＋ 編集距離	0.36772	0.35222	0.35307

● LB probing を用いた probability calibration

　評価指標が対数損失なので、前節でも述べたように、予測値の大小関係だけではなく値自体がスコアの計算に用いられます。そのため、モデルの予測値の分布をテストセットの is_duplicate の分布に近づけることで、スコアを改善できるはずです。モデルの予測値の分布をより望ましい形に変換する処理は **probability calibration**[228] と言われ、**Platt スケーリング**[229] などの手法が知られています注3。

　しかし、今回の「Quora Question Pairs」においては、後述する LB probing によりテストセットと訓練セットの is_duplicate の分布に大きな違いがあることがわかります。したがって、今回は検証セットは使用せず、LB probing から得られたテストセットの情報を元に、モデルの予測値の分布をテストセットの is_duplicate の分布に近づけることを試みます。

　LB probing はコンテスト特有の技術であり、実用的にはほとんど意味がありません。しかし、「Quora Question Pairs」のように、テストセットの正解ラベルの分布が訓練セットと大きく異なる場合、コンテストの上位に食い込むためには LB probing のような技術を使用せざるをえないこともあります。

LB probing による正例の割合の特定

　今回のコンテストでは、すべての質問対に対する予測を同じ値にして提出した場合の public leaderboard（public LB）の結果を確認することで、テストセットにおける正例の割合を推定できます。このように、public LB でのスコアを確認することで、テストセットに関する情報

注3　Platt スケーリングでは、元々のモデルの予測値を入力とするロジスティック回帰を用いることで、probability calibration を行います。

を集めることは **LB probing** と呼ばれています。

　LB probing を試してみましょう。すべての予測値を c（$0 < c < 1, c \neq 0.5$）として提出したとき、テストセットに含まれる正例の割合を p と仮定すると、対数損失 x は $x = -p * \log(c) - (1-p) * \log(1-c)$ と表すことができます。したがって、public LB から x の値を知ることができれば、正例の割合 p を逆算できます。実際に $c = 0.3$ として作成した以下のようなファイルを提出してみると、0.50432 という public LB のスコアが得られます（図 5.3）。

```
In []: probing_df = pd.DataFrame({"test_id": tst_df["test_id"], "is_duplicate": 0.3})
In []: probing_df.to_csv("probing_submission.csv", index=False)
```

✓ submission.csv		0.50614	0.50432
Complete (after deadline) · flowlight · 1s ago			

図 5.3　すべての予測値を 0.3 にしたときのスコア

　$c = 0.3$ と $x = 0.50432$ をそれぞれさきほどの式に代入すると $0.50432 = -p * \log(0.3) - (1-p) * \log(0.7)$ となり、これを整理すると $p \approx 0.174$ が得られます。これは訓練セットの正例の割合である 0.369 とは大きく異なっています。スコアの計算にはテストセットのダミーの質問対は用いられないので、計算された正例の割合の差はダミーの質問対の影響によって生じたわけではありません。

　LB probing によって確認できるものは、public LB で使用されているテストセットに関する情報だけなので、private LB で使用されるデータに関しても有用な情報とは限らないという点は留意する必要があります。

正例と負例の重みを調節し出力確率を調整する

　LB probing によって訓練セットとテストセットの is_duplicate の分布に大きな差があることがわかりました。ここでは、LightGBM の学習を行うときの正例と負例の重みを調節し、訓練セットの正例の重みの割合をテストセットの正例の割合 0.174 に近づけることで、モデルの予測値の平均をテストセットの正例の割合に近づけます。以下の compute_weights では、訓練セットの正解ラベルと目標とする正例の割合が与えられたときに、正例の重みの割合が目標の値（target_positive_ratio）になり各サンプルの重みの平均が 1 になるような各サンプルの重みを計算します。

```
def compute_weights(y, target_positive_ratio):
    positive_ratio = y.mean()
    positive_weight = target_positive_ratio / positive_ratio
```

```
    negative_weight = (1 - target_positive_ratio) / (1 - positive_ratio)
    weights = np.full(len(y), negative_weight)
    weights[y == 1] = positive_weight
    return weights
```

　計算された重みを用いて再度学習と予測を行います。今回の実験に使用するコード（experiments/003_gbm_calibration.py）の、直前の実験に使用したコード（experiments/002_gbm_edit_distance.py）からの差分は以下のようになります。

```
--- experiments/002_gbm_edit_distance.py
+++ experiments/003_gbm_calibration.py
@@ -3,6 +3,7 @@
 import pandas as pd

 from common.constants import NUM_PROCESSES, OUTPUT_DIR, TRAIN_CSV_PATH
+from common.utils import compute_weights
 from experiments.gbm_common import run_kfold
 from features.edit_distance import build_edit_distance_features
 from features.length import build_length_features
@@ -60,11 +61,12 @@
 )
 save_dir = OUTPUT_DIR / Path(__file__).stem
 save_dir.mkdir(exist_ok=True, parents=True)
+weights = compute_weights(trn_df.is_duplicate, 0.174)
 run_kfold(
     features=features,
     trn_targets=trn_df.is_duplicate,
     n_splits=5,
     save_dir=save_dir,
     model_params=model_params,
-    weights=None,
+    weights=weights,
 )
```

　得られた予測結果を提出してみると、public LB のスコアが大幅に向上しています（図 5.4）。ここからは、さまざまな特徴量を追加していくことで、さらに高いスコアを獲得することを試みます。

tst_prediction.csv
Complete (after deadline) · flowlight · 1s ago
0.28077　　　0.27917

図 5.4　出力確率を調整した後のスコア

極意
コンテストの Notebook を参考にするのが
ベースライン作成の近道です。

5.2.2 単語とテキストの密ベクトル表現を活用する

● 単語のベクトル表現

　最初に単語同士の一致に基づく特徴量を作りましたが、単語の完全一致だけではなく、単語同士の類似度をうまく表すことができれば特徴量の作成に役立ちそうです。このようなときによく用いられる方法は単語ごとに対応するベクトルを求め、単語のベクトル同士の距離を計算するというものです。そのようなベクトルは**単語ベクトル**（word vector）や**単語埋め込み**（word embedding）などと呼ばれます。単語ベクトルを求める方法としては、**CBOW**（continuous bag-of-words）[230]、**skip-gram**[230]、**GloVe**[231] などがよく知られています。これらの手法では、各単語に 50〜300 次元の学習可能なベクトルを割り当て、テキスト内の各単語の周辺にどのような単語が出現するかを予測するモデルの学習を行うことで、各単語のベクトルを学習します。そして、大量のテキストを用いてこのようなタスクを解くことで、各単語に対応するベクトルを獲得します。モデルや学習方法の詳細に関しては、原論文などを参照してください。

　Kaggle で単語ベクトルを利用するときは、公開された学習済み単語ベクトルを使用することがほとんどです。学習済み単語ベクトルは、学習に用いたテキストの量が多ければ多いほど性能がよくなる傾向があり、GloVe の場合は http://nlp.stanford.edu/data/glove.840B.300d.zip で公開されているものがよく使用されます。また、fastText[232] を用いて訓練され、https://dl.fbaipublicfiles.com/fasttext/vectors-english/crawl-300d-2M.vec.zip で公開されている学習済み単語ベクトルも利用されます。本書では、GloVe の学習済みベクトルが GLOVE_PATH で表される場所に保存されているものとして解説していきます。

　学習済み単語ベクトルは Gensim[233] というライブラリを用いることで、以下のように簡単に読み込んで試してみることができます。

```
In []: from common.constants import GLOVE_PATH
In []: from gensim.models import KeyedVectors
In []: # バイナリ形式で保存された GloVe の学習済みベクトルを読み込む
In []: model = KeyedVectors.load_word2vec_format(GLOVE_PATH, binary=True)
In []: model["Quora"] # "Quora" に対応する単語ベクトル
Out[]:
array([ 4.2622e-01,  4.2179e-01, -4.4785e-01,  6.9073e-02, -5.5553e-01,
        3.0607e-01,  1.0754e-01, -7.7887e-02,  8.9382e-02, -4.5212e-01,
     （以下省略）
In []: model.most_similar("Quora", topn=3) # "Quora" に最も似ている単語の検索
Out[]:
[('Klout', 0.6216617226600647),
 ('StackOverflow', 0.6151835322380066),
 ('LinkedIn', 0.6063987016677856)]
```

ここからは、単語ベクトルを利用して「Quora Question Pairs」に役立ちそうな特徴量を作

成していきます。よくある方法は、**Word Mover's Distance（WMD）**[234]という、2 つのテキストの各単語同士の距離からテキスト全体の類似度を用いることです。WMD の詳細を知りたい方は原論文を参照してください。Gensim の KeyedVectors の関数 wmdistance() を使うことで、WMD を簡単に計算できます。関数 compute_wmd() は、学習済み単語ベクトルに対応する vectors、質問対に対応する q1 と q2、そしてストップワード集合 stop_words を受け取ります。そして、q1 と q2 をトークン化してストップワード除去を行った後、wmdistance を呼び出して、q1 と q2 の WMD を計算します。

```python
def wmd_features(df, model, stopwords, normalize):
    values = []
    for _, (q1, q2) in tqdm(
        enumerate(zip(df.question1, df.question2)),
        total=len(df),
        desc=f"Computing WMD",
    ):
        q1_tokens = list(set(remove_stopwords(q1.split(), stopwords)))
        q2_tokens = list(set(remove_stopwords(q2.split(), stopwords)))
        values.append(model.wmdistance(q1_tokens, q2_tokens, norm=normalize))
    return values
```

WMD の他にも特徴量を考えてみます。質問 1 の単語の中に、質問 2 のどの単語からも距離が遠い単語があると、2 つの質問は違う内容を含んでいる可能性が高そうです。この直観を実際の数式とコードとして表現していきます。質問 1 内のある単語 w_1 の質問 2 中の一番近い単語への距離は $\min_{w_2 \in S_2} \mathrm{dist}(v_{w_1}, v_{w_2})$ になります。この最大値、すなわち $\max_{w_1 \in S_1} \min_{w_2 \in S_2} \mathrm{dist}(v_{w_1}, v_{w_2})$ を計算することで、質問 1 の中で最も質問 2 から遠い単語が、質問 2 からどれくらい離れているのかを表す特徴量を計算できます。また、質問 1 と質問 2 を入れ替えて計算することで、質問 2 の中で最も質問 1 から遠い単語に関する特徴量も作成できます。

```python
def farthest_word_distance_features(
    df, model, stopwords, metric, normalize, suffix
):
    distance_q1 = np.full(len(df), np.inf)
    distance_q2 = np.full(len(df), np.inf)
    desc = f"Computing farthest word distance ({metric})"
    for i, (q1, q2) in enumerate(
        tqdm(zip(df.question1, df.question2), total=len(df), desc=desc)
    ):
        q1_words = set(remove_stopwords(q1.split(), stopwords))
        q1_vecs = np.array(
            [
                model.get_vector(word, norm=normalize)
                for word in q1_words
```

```
                if word in model
            ]
        )
        q2_words = set(remove_stopwords(q2.split(), stopwords))
        q2_vecs = np.array(
            [
                model.get_vector(word, norm=normalize)
                for word in q2_words
                if word in model
            ]
        )
        if len(q1_vecs) > 0 and len(q2_vecs) > 0:
            distance_matrix = cdist(q1_vecs, q2_vecs, metric)
            distance_q1[i] = distance_matrix.min(axis=1).max()
            distance_q2[i] = distance_matrix.min(axis=0).max()
    features = pd.DataFrame(index=df.index)
    features[f"fwd_min_{suffix}"] = np.minimum(distance_q1, distance_q2)
    features[f"fwd_max_{suffix}"] = np.maximum(distance_q1, distance_q2)
    return features
```

5

上記の特徴量を作成してモデルに追加したうえで、再度学習と評価を行いましょう。今回の実験に使用するコード（experiments/005_gbm_fwd.py）の、直前の実験に使用したコード（experiments/003_gbm_calibration.py）からの差分は以下のようになります。

```
--- experiments/003_gbm_calibration.py
+++ experiments/005_gbm_fwd.py
@@ -8,7 +8,11 @@
 from features.edit_distance import build_edit_distance_features
 from features.length import build_length_features
 from features.match import build_match_features
-from texts.preprocessing import PreprocessingKey, StopwordsKey
+from features.word_vector import (
+    build_farthest_word_distance_features,
+    build_wmd_features,
+)
+from texts.preprocessing import EmbeddingKey, PreprocessingKey, StopwordsKey

 model_params = {
     "objective": "binary",
@@ -56,6 +60,39 @@
         build_edit_distance_features(
             PreprocessingKey.SPACE_TOKENIZATION, StopwordsKey.NONE
         ),
+        build_wmd_features(
+            PreprocessingKey.NLTK_TOKENIZATION,
+            StopwordsKey.NLTK,
+            EmbeddingKey.GLOVE,
+            normalize=True,
+        ),
+        build_wmd_features(
```

```
    +            PreprocessingKey.NLTK_TOKENIZATION,
    +            StopwordsKey.NLTK,
    +            EmbeddingKey.GLOVE,
    +            normalize=False,
    +        ),
    +        build_farthest_word_distance_features(
    +            PreprocessingKey.NLTK_TOKENIZATION,
    +            StopwordsKey.NLTK,
    +            EmbeddingKey.GLOVE,
    +            metric="cosine",
    +            normalize=True,
    +        ),
    +        build_farthest_word_distance_features(
    +            PreprocessingKey.NLTK_TOKENIZATION,
    +            StopwordsKey.NLTK,
    +            EmbeddingKey.GLOVE,
    +            metric="euclidean",
    +            normalize=True,
    +        ),
    +        build_farthest_word_distance_features(
    +            PreprocessingKey.NLTK_TOKENIZATION,
    +            StopwordsKey.NLTK,
    +            EmbeddingKey.GLOVE,
    +            metric="euclidean",
    +            normalize=False,
    +        ),
    ],
    axis=1,
 )
```

学習と提出を行うと、スコアは以下のようになります。

特徴量	CV	Public LB	Private LB
+ WMD	0.28019	0.27701	0.27880
+ 単語ベクトル同士の最大距離	0.27533	0.27252	0.27465

● テキスト全体のベクトル表現

今度は、テキスト全体を表すベクトルを獲得し、特徴量を作成することを考えます。

質問内の単語のベクトル表現を利用

最初に、各単語のベクトルからテキスト全体のベクトルを計算する方法があります。そのような手法はさまざまなものがありますが、シンプルなものとしては、以下のような方法が挙げられます[注4]。

注4　文献[235]では、複数のシンプルな手法の比較検討が行われています。また、文献[236]や文献[237]では、より高度な手法が提案されています。

1. テキスト内の単語ベクトルの平均を求める
2. テキスト内の単語ベクトルの各単語の TF-IDF を重みとする重み付き平均を求める
3. テキスト内の単語ベクトルの要素ごとに最大値を使う

　上記の方法から、質問対の質問それぞれに対するベクトルを得ることができます。それらのベクトル同士の距離を計算することで、質問対の類似度に関する特徴量を作成できます。さまざまな方法で質問対のベクトル同士の距離を計算するコード[238]がコンテスト中に公開され、多くの参加者が参考にしていました。

　また、質問1と質問2のベクトル自体をそのまま特徴量として使ってしまうこともできます。LightGBM はデータセットが十分に大きければ、特徴量の個数が数千になってもうまく扱うことができることが多く、数百次元のベクトルであっても、そのまま特徴量として追加してしまっても問題ありません。ただ、数百次元のベクトルをモデルに追加すると、使用メモリ量が大幅に増えるため、メモリを使い果たさないように注意が必要です。

次元削減に基づく古典的な手法

　BoW ベクトルや TF-IDF ベクトルも、テキスト全体を表すベクトルと言えます。これらの疎（ほとんどの要素が 0）で高次元なベクトルを、低次元の密ベクトルに変換してモデルの入力にすることは、Kaggle のコンテストに限らずよく行われてきました。このような場面で頻繁に用いられる手法は、singular value decomposition（SVD）、negative matrix factorization（NMF）、latent dirichlet allocation（LDA）です。これらの手法は、各行が各テキストの BoW ベクトルまたは TF-IDF ベクトルになっている行列(document-term matrix) X を入力とし、X をより少ないパラメータで近似することを試みる過程で、各テキストのより低次元な表現を獲得します。各手法の詳細に関しては scikit-learn のドキュメント[239]などを参照してください。いずれの手法も scikit-learn で実装されているため、簡単に試すことができます[注5]。

```python
def decomposition_features(df, vectorizer, decomposition, suffix):
    all_questions = df["question1"].to_list() + df["question2"].to_list()
    pipeline = make_pipeline(vectorizer, decomposition)
    vectors = pipeline.fit_transform(all_questions).astype(np.float32)
    q1_vectors = vectors[: len(df)]
    q2_vectors = vectors[len(df) :]

    features = pd.DataFrame()
    n_components = q1_vectors.shape[1]
    for i in range(n_components):
```

注5　テーブルデータなどの次元削減手法で最もよく使われる手法は principle component analysis（PCA）ですが、少なくとも scikit-learn の実装では疎行列を密に変換してしまいます。そのため「Quora Question Pairs」のようなコンテストでは、メモリ使用量の観点から使用を避けたほうが無難です。

```
        features[f"decomp_q1_{i}_{suffix}"] = q1_vectors[:, i]
        features[f"decomp_q2_{i}_{suffix}"] = q2_vectors[:, i]
    return features
```

> ✎ note
>
> ### Kaggle における次元削減手法の用途
>
> 　ニューラルネットワークベースのモデルの高精度化に伴い、次元削減に基づく手法は現在の NLP 系のコンテストではほぼ使用されません。一方で、テーブルデータのコンテストにおいては、カテゴリ変数に対する密ベクトル表現を次元削減に基づく手法によって獲得し、特徴量として利用するということがときどき行われます。たとえば、通販サイトで各ユーザがどの商品を購入しそうかを、過去の購買履歴から予測したい場合、各ユーザと各商品をそれぞれテキストと単語に対応させて考えることで、テキストデータの場合と同様に document-term matrix を作ることができ、SVD などの手法を用いることで各ユーザと各商品の密ベクトル表現を獲得できます。この手法は、「TalkingData AdTracking Fraud Detection Challenge」の 1 位解法[240]や「PetFinder.my Adoption Prediction」の 1 位解法[241]、「Riiid Answer Correctness Prediction」の 9 位解法[242]などで利用されていました。

直接求める

　テキスト全体のベクトルを直接求める手法は他にも多く提案されており、Paragraph Vector[243]、skip-thoughts[244]、universal sentence encoder（USE）[245]などが過去のコンテストで使用されてきました。これらの手法の多くはニューラルネットワークに基づいており、ニューラルネットワークを用いる場合は、end-to-end で学習してしまったほうが精度が高くなる傾向が強いので、本書ではこれらの手法は扱わないことにします。

　ここまで紹介してきた特徴量を組み込んで、LightGBM のモデルを学習してみましょう。ここでは比較的計算が高速な SVD による次元削減から得られた特徴量のみを追加しています。今回の実験に使用するコード（experiments/006_gbm_decomposition.py）の、直前の実験に使用したコード（experiments/005_gbm_fwd.py）からの差分は以下のようになります。

```
--- experiments/005_gbm_fwd.py
+++ experiments/006_gbm_decomposition.py
@@ -5,6 +5,11 @@
 from common.constants import NUM_PROCESSES, OUTPUT_DIR, TRAIN_CSV_PATH
 from common.utils import compute_weights
 from experiments.gbm_common import run_kfold
+from features.decomposition import (
+    DecompositionType,
+    VectorizerType,
```

```
+    build_decomposition_features,
+)
 from features.edit_distance import build_edit_distance_features
 from features.length import build_length_features
 from features.match import build_match_features
@@ -93,6 +98,22 @@
             metric="euclidean",
             normalize=False,
         ),
+        build_decomposition_features(
+            PreprocessingKey.NLTK_STEMMING,
+            StopwordsKey.NLTK_STEMMED,
+            VectorizerType.COUNT,
+            DecompositionType.SVD,
+            n_components=30,
+            ngram_range=(1, 2),
+        ),
+        build_decomposition_features(
+            PreprocessingKey.NLTK_STEMMING,
+            StopwordsKey.NLTK_STEMMED,
+            VectorizerType.TFIDF_NONE,
+            DecompositionType.SVD,
+            n_components=30,
+            ngram_range=(1, 2),
+        ),
    ],
    axis=1,
 )
```

学習と提出を行うと、スコアは以下のようになります。

特徴量	CV	Public LB	Private LB
+ SVD によって得られたベクトル	0.24753	0.25486	0.25749

5.2.3 魔法の特徴量

　残念ながら、ここまで説明してきたすべての特徴量とモデルを組み合わせても、銀メダルのスコアには遠く届きません。前節で到達した private LB のスコアが 0.25749 である一方、銀メダルに相当するスコアは 0.14674 であり、その差はあまりにも大きいです。実はこのコンテストでは、データセットの作成過程で生じてしまったバイアスがデータセットに存在し、それらを利用した特徴量を組み込むことがスコアを改善するうえで不可欠でした。Kaggle ではときどき、飛躍的にスコアが上がる特徴量のことを**魔法の特徴量**（magic feature）と呼ぶことがあります。「Quora Question Pairs」のペアにおける魔法の特徴量は何だったのかを、これから見ていきましょう。

● データセットの作成過程に生じるバイアスを悪用

実は今回のコンテストでは、各質問がデータセット内に出現した回数が非常に強い特徴量になっていました[246]。図 5.5 は、質問 1 の出現回数に対する is_duplicate の値の平均を表示したものです。質問 1 の出現回数が多ければ多くなるほど、質問対が重複したものである傾向が強くなっていることがわかります。質問 2 に関しても同様です。そして、データセット内で質問 1 と質問 2 のそれぞれと対になって出現した質問の集合を N_{q_1} と N_{q_2} としたときの共通集合 $N_{q_1} \cap N_{q_2}$ の大きさも、非常に重要な特徴量であるということがコンテスト中に公開されました[247]。図 5.6 は $N_{q_1} \cap N_{q_2}$ が大きくなるほど is_duplicate が 1 である割合が多くなることを示しています。これらの傾向は、Quora 社がデータセットを作成する過程で発生してしまったと考えられており、「Quora Question Pairs」の参加者を含む研究者チームによってより詳細な分析が行われています[248]。各質問のデータセット内における出現回数などは、質問同士の重複を判定するうえでは本来無意味なはずの情報であり、本来のタスクを解く役には立ちません。しかし、Kaggle などの精度を追求するコンテストでは、このような情報を利用することがときどきあります。

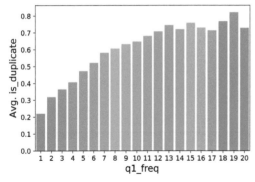

図 5.5　質問 1 の出現回数と is_duplicate の平均

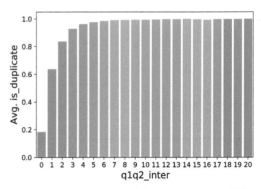

図 5.6　$N_{q_1} \cap N_{q_2}$ の大きさと is_duplicate の平均

魔法の特徴量を以下のようなコードで実際に計算します。

```python
def magic_features(df):
    question_count = (
        pd.Series(df.question1.to_list() + df.question2.to_list())
        .value_counts()
        .to_dict()
    )
    features = pd.DataFrame(index=df.index)
    features["q1_freq"] = df.question1.map(question_count)
    features["q2_freq"] = df.question2.map(question_count)
    adj = defaultdict(set)
```

```
    for q1, q2 in zip(df.question1, df.question2):
        adj[q1].add(q2)
        adj[q2].add(q1)
    features["q1q2_inter"] = [
        len(adj[q1].intersection(adj[q2]))
        for q1, q2 in zip(df.question1, df.question2)
    ]
    return features
```

　計算した特徴量を加え、再び学習と予測を行ってみましょう。今回の実験に使用するコード（experiments/007_gbm_magic.py）の、直前の実験に使用したコード（experiments/006_gbm_decomposition.py）からの差分は以下のようになります。

```
--- experiments/006_gbm_decomposition.py
+++ experiments/007_gbm_magic.py
@@ -12,6 +12,7 @@
 )
 from features.edit_distance import build_edit_distance_features
 from features.length import build_length_features
+from features.magic import build_magic_features
 from features.match import build_match_features
 from features.word_vector import (
     build_farthest_word_distance_features,
@@ -114,6 +115,7 @@
            n_components=30,
            ngram_range=(1, 2),
        ),
+       build_magic_features(),
    ],
    axis=1,
 )
```

　提出するとスコアは劇的に改善し、本コンテストで高スコアを達成するうえで、魔法の特徴量が欠かせない要素になっていることがわかります。

特徴量	CV	Public LB	Private LB
+ 魔法の特徴量	0.16857	0.15038	0.15397

● 背景にある構造を考え、質問のグラフに関する特徴量として一般化する

　さきほどの魔法の特徴量は、質問のグラフ構造に関する特徴量としてみなすことができます。グラフは物事（ノード）同士の結びつき方の数学的表現で、関係のあるノードの間にはリンクが張られます。魔法の特徴量を質問のグラフに関する特徴量として一般化して考えることで、グラフ構造を解析するための既知の手法を特徴量作成に活かすことができ、より多様な特徴量を作成することができるようになります。

　図 5.7 のように、各質問対の質問同士の間にリンクを張ったグラフを考えます。そうすることで、各質問の出現回数はグラフ上で各質問に直接つながっている質問の個数とみなすことができます。また、質問対の両方の質問と同じ質問対に含まれたことのある質問の個数も、質問 1 と質問 2 にそれぞれ隣接するノード集合の共通部分のサイズであると言えます。このような言い換えができることから、今まで計算した魔法の特徴量は、質問のグラフ上において、各質問の周辺のグラフ構造を表す特徴量とみなすことができます。

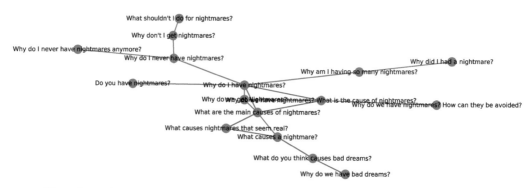

図 5.7　質問のグラフ。青、赤、灰の 3 色のリンクは、それぞれ is_duplicate が 1 の訓練セットの質問対、is_duplicate が 0 の訓練セットの質問対、テストセットの質問対をそれぞれ表している。

　Python でグラフ構造を処理するライブラリとしては、NetworkX[249] がよく知られています。ここでは、NetworkX で実装されているアルゴリズムを用いて、複数の特徴量を作成します。たとえば、質問 1 と質問 2 の間のリンクに関するグラフマイニングの指標を用いることで、以下のような特徴量を作成できます。

```python
def build_graph(df):
    g = nx.Graph()
    for q1, q2, is_duplicate in zip(
        df["question1"], df["question2"], df["is_duplicate"]
    ):
        g.add_edge(q1, q2, is_test=np.isnan(is_duplicate))
    g.remove_edges_from(nx.selfloop_edges(g))
    return g


def graph_link_prediction_features(df):
    link_prediction_scorer = [
        nx.resource_allocation_index,
        nx.jaccard_coefficient,
        nx.preferential_attachment,
        nx.adamic_adar_index,
```

```
    ]

    g = build_graph(df)
    edges = [(q1, q2) for q1, q2 in zip(df.question1, df.question2)]
    edges_wo_self_loops = [(q1, q2) for q1, q2 in edges if q1 != q2]
    features = pd.DataFrame()
    for link_prediction_scorer in link_prediction_scorer:
        score_map = {
            (q1, q2): score
            for q1, q2, score in link_prediction_scorer(g, edges_wo_self_loops)
        }
        features[link_prediction_scorer.__name__] = [
            score_map.get((q1, q2), 0) for q1, q2 in edges
        ]
    return features
```

同様の要領で、グラフ上の各ノードに関するグラフマイニングの指標や、各質問が属する連結成分（リンクをたどっていくことで互いに到達できるノードの集合）に関する指標を、今まで作成した特徴量に追加します。これらの特徴量に関する詳細に関しては、features/graph.py の中を確認してください。

グラフベースの特徴量を加えて学習・評価を行います。今回の実験に使用するコード（experiments/008_gbm_graph.py）の、直前の実験に使用したコード（experiments/007_gbm_magic.py）からの差分は以下のようになります。

```
--- experiments/007_gbm_magic.py
+++ experiments/008_gbm_graph.py
@@ -11,6 +11,11 @@
     build_decomposition_features,
 )
 from features.edit_distance import build_edit_distance_features
+from features.graph import (
+    build_graph_connected_component_features,
+    build_graph_link_prediction_features,
+    build_graph_node_features,
+)
 from features.length import build_length_features
 from features.magic import build_magic_features
 from features.match import build_match_features
@@ -116,6 +121,9 @@
             ngram_range=(1, 2),
         ),
         build_magic_features(),
+        build_graph_link_prediction_features(),
+        build_graph_node_features(),
+        build_graph_connected_component_features(),
     ],
     axis=1,
 )
```

今までの実験ではイテレーションを高速に回すために、大きめの学習率（0.1）でモデルの学習を行ってきましたが、より高いスコアを獲得するために、より小さい学習率（0.03）についても同様の手順で学習・評価を試してみます。対応するコードは experiments/009_gbm_graph_lr-3e-2.py です。予測を提出した結果は以下のようになり、学習率を 0.03 に変更したバージョンのスコアは銀メダル（143 位）に相当します。

特徴量	学習率	CV	Public LB	Private LB
+ グラフベースの特徴量	0.1	0.16263	0.14311	0.14685
+ グラフベースの特徴量	0.03	0.15740	0.14168	0.14532

本章での特徴量エンジニアリングはここで終了となりますが、以降はニューラルネットワークと組み合わせていくことで、さらなる高精度を目指していきます。

極意　　データセットの作成手順に思いを馳せましょう。

5.2.4　その他の特徴量

本書で取り扱った特徴量エンジニアリングは、上位チームの試行錯誤の一部に過ぎません。ここでは、上位陣の解法を参考にしながら、本書では触れることができなかった要素の一部について簡単に触れていきます。

- **異なる前処理** --- 「Quora Question Pairs」で高いスコアを達成するにあたって、さまざまな前処理から特徴量を作成することが重要な要素になっていました。たとえば 2 位のチームは、テキストの小文字化の有無、句読点の扱い方、ストップワード除去の有無、ステミングの有無などを変えながら、さまざまな方法で前処理を行うことで、微妙に異なる特徴量を作成し、高い精度を実現していたそうです [250]。
- **品詞タグ付け**（part-of-speech tagging）--- 品詞タグ付けは、与えられたテキストの各単語に対して品詞の種類（名詞や動詞）を割り当てていく、NLP における基本的なタスクです。「Quora Question Pairs」においては、質問対に対して品詞タグ付けを行った後、名詞のみの単語集合同士や動詞のみの単語集合同士の重複に関する特徴量を作成でき、本書で作成したテキスト同士の重複に関する特徴量とは若干異なる角度の情報をモデルに与えることができます。品詞タグ付けは、NLTK や spaCy を用いることで簡単に利用できます。
- **固有表現認識**（named entity recognition）--- 固有表現認識は、与えられたテキストの中から、場所、組織、人物などの固有表現を見つけ出す、NLP における基本的なタスクです。「Quora Question Pairs」においては、質問対に対して各種類の固有表現を抽出した後、品詞タグ付け

の場合と同じ要領で追加の特徴量を作成できます。固有表現認識も、NLTK や spaCy を用いることで簡単に利用できます。

- **生の BoW** --- LightGBM は高次元のデータも扱うことができるため、BoW のような疎な高次元データをそのままモデルの特徴量として利用することで精度が改善する場合もあります。質問 1 と質問 2 の最頻出の 2000 個の unigram と bigram に対応する疎なベクトルをモデルの入力にすることが有効だったと、2 位のチームが言及しています [252]。

- **質問のグラフに関する特徴量** --- 本章で作成した質問のグラフに関する特徴量は、質問 1 と質問 2 の間に向きのないリンクを張ったグラフから計算したものですが、質問 1 から質問 2 への向きがあるリンクを張ることで、若干異なる特徴量を作成できます。また、質問対の類似度をリンクの重みとして付与することで、「質問 A と質問 B が似ていて、質問 B と質問 C が似ているならば、質問 A と質問 C も似ているだろう」という推移的関係を捉えた特徴量も作成できます。

5

5.3　ニューラルネットワークベースのモデル

　前節までは、特徴量エンジニアリングと LightGBM を活用して、テーブルデータを扱うように「Quora Question Pairs」のタスクに取り組んできました。ここからは、ニューラルネットワークを用いて精度の改善に取り組んでいきます。

　まず、**リカレントニューラルネットワーク**（recurrent neural network、以下 **RNN**）という、系列データを扱うことに長けたニューラルネットワークの一種を扱います。RNN は Kaggle 上の多くのコンテストで使用されており、NLP 系のコンテストの他にも、ウェブページの閲覧数の時系列変化の予測 [251] や、電圧の計測データから電線の故障の有無を予測するタスク [252] などで使用されてきました。本書では、まず RNN の基本となるアイディアについて説明し、RNN の中でも最もよく使われている**長短期記憶**（long short term memory、**LSTM**）について簡単に解説します。次に LSTM を利用したモデルを「Quora Question Pairs」のタスクに対して活用し、前節で作成した特徴量と組み合わせながら、実際に学習と予測を行います。

　その後、現在の NLP 系のコンテストで最もよく使用されている、**bidirectional encoder representations from transformers**（**BERT**）をはじめとする、トランスフォーマーというモジュールを構成要素とするモデルについて解説していきます。BERT 登場以降のすべての NLP 系のコンテストで、最高精度を実現するうえで、これらのモデルは欠かせないものになっています。本節では、まず BERT やトランスフォーマーに関する基礎知識を説明し、BERT を用いたベースラインを構築します。BERT は学習・予測に必要な計算時間が非常に大きくなるため、効率よく実験を回していくために有用な学習・推論の高速化方法についても紹介します。さらに、過去のコンテストで高い精度を実現するために行われた工夫を紹介していきながら、「Quora Question Pairs」でより高い精度を実現できるような BERT の使い方を模索していきます。

5.3.1　リカレントニューラルネットワークの基礎知識

　RNN は系列データを扱うことが得意なニューラルネットワークのアーキテクチャです。テキストデータは単語あるいは文字の系列と考えることができ、単語や文字それぞれに対応するベクトル表現の系列を RNN の入力とします。「Quora Question Pairs」では質問 1 と質問 2 の単語列という 2 つの系列を同時に扱いたいのですが、基礎知識の説明を簡単にするために、1 つの系列が与えられる場合をいったん考えることにします。

　RNN は入力の系列 $x^{(1)}, x^{(2)}, \dots, x^{(n)}$ $(x^{(t)} \in \mathbb{R}^{d_x})$ を順番に読み込んで計算を行います。RNN は**隠れ状態**（hidden state）を内部に保持し、t 番目の入力 $x^{(t)}$ を扱うときに、隠れ状態のベクトル $h^{(t)} \in \mathbb{R}^{d_h}$ を入力 $x^{(t)}$ と直前の状態ベクトル $h^{(t-1)}$ から計算します。その後、次の入力を読み込むときに、今度は $h^{(t)}$ が次の隠れ状態のベクトル $h^{(t+1)}$ を計算するために利用されます。この計算の方法は、データの流れにループがある図でよく表現されます（図 5.8）。$h^{(t)}$ は時刻 t までのすべての入力が反映されたものになるため、$h^{(t)}$ は時刻 t でのネットワークの記憶とみなすことができます。そして、系列の各時刻の出力 $y^{(t)}$ を $h^{(t)}$ から計算します。$y^{(t)}$ 自体を系列の各要素に対する予測として用いたり、$y^{(1)}, y^{(2)}, \dots, y^{(n)}$ をネットワークの後続のモジュールの入力として使い RNN によって系列から抽出した情報を利用したりします。後続のモジュールで RNN の出力を利用する場合は、隠れ状態 $h^{(t)}$ をそのまま利用することが多いです（$y^{(t)} = h^{(t)}$）。後続のモジュールで RNN の出力をどう扱うかについては後で説明します。

　RNN の学習をするにあたっては、図 5.9 のように図 5.8 のループを系列の方向に展開したものを考えます。それにより、学習を行うときに通常のフィードフォワードネットワークや畳み込みネットワークと同様に誤差逆伝播法を用いた学習を行うことができます。

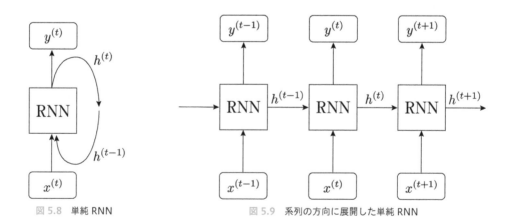

図 5.8　単純 RNN　　　　　図 5.9　系列の方向に展開した単純 RNN

　具体例として、Elman RNN（単純 RNN）という一番シンプルな RNN の式を見てみましょう。

$$h^{(t)} = \sigma(W_h h^{(t-1)} + W_x x^{(t)} + b_h)$$
$$y^{(t)} = \sigma(W_y h^{(t)} + b_y)$$
$$W_h \in \mathbb{R}^{d_h \times d_h}, W_x \in \mathbb{R}^{d_h \times d_x}, W_y \in \mathbb{R}^{d_h \times d_y}, b_h \in \mathbb{R}^{d_h}, b_y \in \mathbb{R}^{d_y}$$

上式では、$x^{(t)}$ と $h^{(t-1)}$ をそれぞれ線形変換して足し合わせ、さらにバイアス項を加えたものに対して活性化関数 σ（tanh や ReLU など）を適用した結果を $h^{(t)}$ としています。そして、$h^{(t)}$ を線形変換しバイアス項を加えて活性化関数を適用することで出力 $y^{(t)}$ を得ています。ここで $h^{(t)}$ の計算式に注目してみると、t に依存しない共通のパラメータ W_h, W_x, b_h を利用しています。単純 RNN に限らず、RNN では各時刻での計算に同じネットワークとパラメータを使うことで、可変長の系列でも扱うことが可能になっています。

● 長短期記憶（LSTM）

単純 RNN によって得られる隠れ状態ベクトル $h^{(t)}$ は、理屈上 $x^{(1)}, x^{(2)}, \ldots, x^{(t)}$ のすべての値を反映しています。しかし、実際には学習の過程で発生する勾配消失[注6]・勾配爆発[注7] などにより、離れた位置にある要素同士の関係性をうまく捉えることが難しいと言われています。たとえば単語の系列を処理する場合、文の後ろのほうにある単語の扱いによって生じた誤差の勾配が、文のはじめのほうにある単語を扱っている部分までうまく届かず、離れた単語同士の関係性を上手に捉えにくくなります。

このような問題を解決するために、LSTM では、単純 RNN で用いた隠れ状態ベクトル $h^{(t)}$ に加えて、メモリーセルと呼ばれるもう 1 つの隠れ状態ベクトル $c^{(t)}$ を保持します[注8]。メモリーセル $c^{(t)}$ の目的は、$h^{(t)}$ よりも長期的な情報を保持することです。どのように $c^{(t)}$ が計算されるかを、数式を見ながら確認していきます（図 5.10）。

$$i = \sigma(W^{hi} h^{(t-1)} + W^{xi} x^{(t)} + b_i)$$
$$f = \sigma(W^{hf} h^{(t-1)} + W^{xf} x^{(t)} + b_f)$$
$$c^{(t)} = f \odot c^{(t-1)} + i \odot \tanh(W^{hz} h^{(t-1)} + W^{xz} x^{(t)} + b_z)$$

まず、入力ゲート i と忘却ゲート f をそれぞれ入力 $x^{(t)}$ と 1 つ前の時刻の隠れ状態ベクトル $h^{(t-1)}$ から計算します。入力ゲート i は、メモリーセルの各要素が入力から計算される値 g によってどれくらい更新されるかを制御します。入力ゲートの計算にシグモイド関数が用いられていることから、入力ゲートの各要素は 0 から 1 までの値をとります。そして、$\odot$ は要素ごとの積を表しており、入力ゲートのある要素が 0 に近ければ入力から計算される値は

注6　勾配が非常に小さくなってしまうこと。
注7　勾配が非常に大きくなり発散してしまうこと。
注8　オリジナルの LSTM は Hochreiter と Schmidhuber によって 1997 年に提案されましたが[253]、その後多くの変更が提案され取り入れられています。ここで示しているのは PyTorch に採用されている定義です。

メモリーセルをほとんど更新せず、1 に近ければ入力から計算される値はメモリーセルにほぼ
そのまま反映されます。忘却ゲート f は前の時刻のメモリーセルの値 $c^{(t-1)}$ をどれくらい保持
するかを制御します。f の各要素の値が大きければ大きいほど、対応する $c^{(t-1)}$ の値はより強
く $c^{(t)}$ に反映されます。$c^{(t)}$ を $c^{(t-1)}$ に行列をかけずに計算するようにすることで、単純 RNN
よりも勾配消失・勾配爆発が起こりにくくしています。

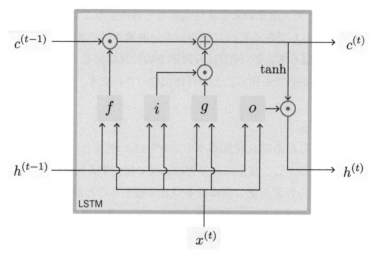

図 5.10　LSTM の計算の流れ

　最後に、出力ゲート o を入力ゲートや忘却ゲートのときと同じように計算し、メモリーセル
に tanh 関数を適用したものと出力ゲートの要素ごとの積をとったものが LSTM の状態ベクト
ル $h^{(t)}$ になります。

$$o = \sigma(W^{ho}h^{(t-1)} + W^{xo}x^{(t)} + b_o)$$
$$h^{(t)} = o \odot \tanh(c^{(t)})$$

LSTM はさきほどの単純 RNN と比べてだいぶ複雑ではありますが、多くの NLP タスクで
優れた精度を実現しており、最もよく使用されている RNN のアーキテクチャです。
　LSTM の他によく用いられる RNN のアーキテクチャとして**ゲート付き再帰ユニット（GRU）**
がありますが、LSTM のほうが精度がよいことが多いので、Kaggle では LSTM を使うことが
多いです。特に、後ほど説明する BERT が使用されるようになってからは、Kaggle の NLP 系
のコンテストで GRU は見かけなくなりました。

● その他の発展型

　RNN を利用する場合によく用いられる発展型として**双方向 RNN**（bidirectional RNN）があります（図 5.11）。双方向 RNN では、入力 $x^{(1)}, x^{(2)}, \ldots, x^{(n)}$ に対して、それらを前向きに処理するネットワーク RNN_f と、入力を後ろ向き（$x^{(n)}, x^{(n-1)}, \ldots, x^{(1)}$ の順）に処理するネットワーク RNN_b を利用します。2 つの RNN モジュール RNN_f と RNN_b から 2 つの隠れ状態の系列 $h_f^{(1)}, h_f^{(2)}, \ldots, h_f^{(n)}$ と $h_b^{(n)}, h_b^{(n-1)}, \ldots, h_b^{(1)}$ をそれぞれ獲得し、$[h_f^{(t)}; h_b^{(t)}]$ を t 番目の入力に対応する隠れ状態として後続のモジュールで利用します。このように前向き・後ろ向きの 2 つの RNN を利用して、各時刻に対する隠れ状態を計算することで、各時刻の隠れ状態に系列全体を反映した情報を持たせることができます。双方向 RNN は単方向 RNN と比べて多くの場合で高精度であり、Kaggle で系列全体があらかじめ与えられるようなタスクに取り組むときは、常に双方向 RNN が選択されます。

　他のよく使われる発展系としては**多層 RNN**（stacked RNN）があります（図 5.12）。多層 RNN では、複数のネットワーク $\mathrm{RNN}_1, \mathrm{RNN}_2, \ldots \mathrm{RNN}_L$ を層状に重ねて利用します。最初のネットワーク RNN_1 の入力は、今までと同様に $x^{(1)}, x^{(2)}, \ldots, x^{(n)}$ です。一方で、i 番目 $(i \geq 2)$ のネットワークの入力は、$i-1$ 番目のネットワーク RNN_{i-1} で得られた隠れ状態の系列となります。図 5.12 では $L=2$ の場合の例を図示しています。最後のネットワーク RNN_L から得られた隠れ状態を後続のモジュールで用いるというのが一番基本的な方法ですが、$\mathrm{RNN}_1, \mathrm{RNN}_2, \ldots, \mathrm{RNN}_L$ からそれぞれ得られた隠れ状態をつなげて利用することもあります。何層の RNN を重ねて各層から得られた表現をどう使うべきかはタスクごとに異なります。Kaggle の NLP 系のコンテストでは $1 \leq L \leq 3$ となることが多いです。

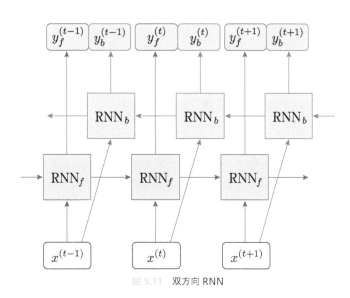

図 5.11　双方向 RNN

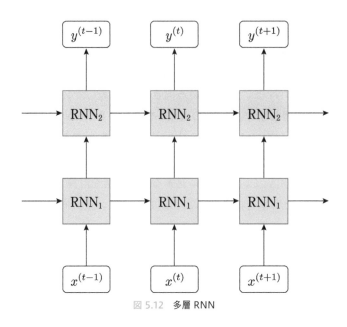

図 5.12　多層 RNN

● 系列全体に対する予測

　RNN によって得られた隠れ状態ベクトルの系列 $h^{(1)}, h^{(2)}, \ldots, h^{(n)}$ の系列から解きたいタスクに対する予測値を計算するにはどうすればよいでしょうか。系列の要素ごとに予測がしたいのならば、前述した単純 RNN の例と同様に各 $h^{(t)}$ から予測値を直接計算すれば十分です（図 5.13）。一方で、系列全体の予測を行いたい場合は、可変長の系列 $h^{(1)}, h^{(2)}, \ldots, h^{(n)}$ から系列全体を表現する固定長ベクトル $\overline{h}$ を計算し、最終的な予測の計算に利用します（図 5.14）。$\overline{h}$ の計算方法としては以下のような方法が用いられています。

1. 最後の単語に対応する隠れ状態 $h^{(n)}$ をそのまま計算する。
2. **平均プーリング**（average-pooling）：$h^{(1)}, h^{(2)}, \ldots, h^{(n)}$ の平均を計算する。
3. **最大プーリング**（max-pooling）：要素ごとに $h^{(1)}, h^{(2)}, \ldots, h^{(n)}$ の最大値を求める。すなわち、$\overline{h}_i = \max_{(1 \leq t \leq n)} h_i^{(t)}$ とする。
4. **attention 機構**：上記の方法の他に、attention 機構を用いて系列全体のベクトルを計算する方法もあります。attention 機構は、ベクトルの系列が与えられたときに、各要素にどれくらい注意を払うべきかを表す重みを計算し、その重みを用いたベクトルの重み付き平均を系列全体の表現とする方法一般を指します。たとえば、一番簡単な attention 機構の例は以下のようになります[注9]。

注 9　5.3.3 項で扱う、BERT などのトランスフォーマーに基づくモデルでは、より複雑な attention 機構に基づいたモジュールが非常に重要な役割を果たしています。その attention 機構の中身に関しては 5.3.3 項で解説します。

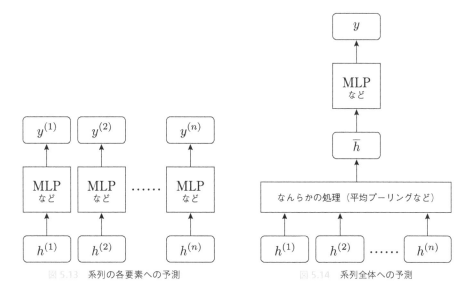

図 5.13 系列の各要素への予測　　　　　　図 5.14 系列全体への予測

1. 学習可能なベクトル $s \in \mathbb{R}^{d_h}$ を用いて、各 t に対して注意スコア $e^{(t)} = s^\top h^{(t)}$ を計算する。
2. ソフトマックス関数を用いて正規化された注意スコア $a^{(t)} = \exp(e^{(t)})/ \sum_{1 \le t' \le n} \exp(e^{(t')})$ を得る。
3. $h^{(1)}, h^{(2)}, \ldots, h^{(n)}$ の重み付き平均 $\sum_{1 \le t \le n} a^{(t)} h^{(t)}$ を系列を表現するベクトル $\overline{h}$ とする。

　最終的に、ここで得られた表現 $\overline{h}$ を MLP などの予測器に渡して系列全体に対する予測を計算します。Kaggle で RNN を用いて分類を行うときは、平均プーリング・最大プーリング・attention 機構のいずれかを利用することが多いです。また、複数の方法を別々に適用して得られたベクトルをつなげて利用することもあります。たとえば、平均プーリングから得たベクトル表現 $\overline{h}_{\mathrm{mean}}$ と最大プーリングから得たベクトル表現 $\overline{h}_{\mathrm{max}}$ をつなげたベクトル $[\overline{h}_{\mathrm{max}}; \overline{h}_{\mathrm{mean}}]$ を予測器に渡すことで、$\overline{h}_{\mathrm{mean}}$ か $\overline{h}_{\mathrm{max}}$ の片方だけを渡した場合よりも精度を改善できることは少なくありません。

5.3.2 LSTM で「Quora Question Pairs」に挑戦

　ここまでで、Kaggle で使用される RNN に関する基礎知識について説明してきました。ここからは、実際に LSTM を用いたモデルを構築して、「Quora Question Pairs」に取り組んでいきます。

● 最初のモデル

さきほども述べたように、質問対に関する予測を行うためには 2 つのテキスト（単語の系列）を処理する必要があります。このタスクへの取り組み方をつかむために、Quora 社のエンジニアリングブログ[254]を参考にしながら、ベースラインモデルを構築していきましょう。図 5.15 に記されたモデルでは、まず質問 1 と質問 2 を学習済み単語ベクトルの系列に変換した後、共通の RNN とプーリングを用いてそれぞれの質問を表すベクトルを獲得します。「共通の RNN」は、単にアーキテクチャが同じというだけではなく、パラメータも同じものを共有していることを意味します。2 つの質問のベクトル表現同士の、距離と角度の違いを表現する特徴量を獲得します。そして、得られた特徴量から 2 層の MLP によって最終的な予測値を計算します。このように、同一のネットワークを用いて獲得した表現同士を用いて 2 つの入力を比較するようなネットワークは **Siamese ネットワーク**と呼ばれます。以降は、実際のコードを見ながら詳細を確認していきます。

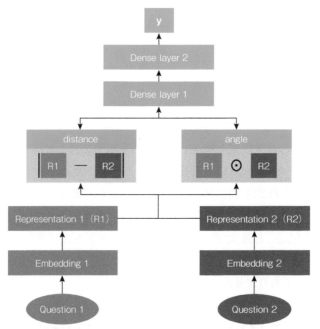

図 5.15　Quora 社によるアプローチ。質問 1 と質問 2 の表現の距離と角度を利用する。
（文献[254]から引用）

前処理

PyTorch で RNN を使用するためには、与えられたテキストをトークン化し、各トークンにベクトル表現を対応させる必要があります。実際には、後述する`torch.nn.Embedding`モジュー

ルを使用するために、テキストのトークン番号のテンソルと、i行目が番号iのトークンの単語ベクトルに対応する行列を構築し、予測時に torch.nn.Embedding モジュールを用いてトークン番号からトークンのベクトル表現に変換します。下記の create_embedding_matrix が前処理の実装例になります。create_embedding_matrix では以下の手順で前処理を行います。

1. 各質問をトークン化し、トークンの出現順にトークン番号を割り当てていく。学習済み単語ベクトルの語彙に含まれない（out-of-vocabulary、以下 OOV）トークンには共通の番号 UNKNOWN_TOKEN_ID を割り当てる。

2. i行目が番号iのトークンの単語ベクトルに対応する行列を構築する。UNKNOWN_TOKEN_ID にはゼロベクトルを対応させる。

3. 質問 1 と質問 2 に対応するトークンのリストのリストを、それぞれトークン番号のリストのリストに変換した後、トークン番号のテンソルに変換する。

5

```python
PADDING_TOKEN_ID = 0   # パディング用のトークンの ID は 0 として扱う
UNKNOWN_TOKEN_ID = 1   # 学習済みベクトルに含まれていないトークンの ID は 1 として扱う
FIRST_TOKEN_ID = 2

def create_embedding_matrix(df, model, max_length):
    print("Start creating embedding matrix")

    # 1. 各質問をトークン化し、トークンの出現順にトークン番号を割り当てていく
    q1_tokenized = df["question1"].map(lambda q: q.split())
    q2_tokenized = df["question2"].map(lambda q: q.split())
    token_id = FIRST_TOKEN_ID
    token_id_map = {}
    for token in itertools.chain.from_iterable(q1_tokenized + q2_tokenized):
        if token in model and token not in token_id_map:
            token_id_map[token] = token_id
            token_id += 1

    # 2. i 行目が番号 i のトークンの単語ベクトルに対応する行列を構築する
    #     UNKNOWN_TOKEN_ID と PADDING_TOKEN_ID にはゼロベクトルを割り当てる
    embedding_matrix = np.zeros((token_id, model.vector_size))
    for token, i in token_id_map.items():
        embedding_matrix[i, :] = model[token]

    # 3. 質問 1 と質問 2 に対応するトークンのリストのリストを、
    #     それぞれトークンの番号のリストのリストに変換する
    #     その後、トークン番号のリストのリストをトークン番号のテンソルに変換する
    def convert_token_to_id(tokenized_texts):
        def ids_to_tensor(ids):
            return torch.tensor(ids[:max_length], dtype=torch.long)

        return [
            ids_to_tensor([token_id_map.get(t, UNKNOWN_TOKEN_ID) for t in q])
            for q in tokenized_texts
        ]
```

```
    q1_tensor = pad_sequence(
        convert_token_to_id(q1_tokenized),
        batch_first=True,
        padding_value=PADDING_TOKEN_ID,
    )
    q2_tensor = pad_sequence(
        convert_token_to_id(q2_tokenized),
        batch_first=True,
        padding_value=PADDING_TOKEN_ID,
    )
    return embedding_matrix, q1_tensor, q2_tensor



@FEATURE_MEMORY.cache
def build_rnn_inputs(dataset_key, embedding_key, max_length):
    df = get_dataset(dataset_key)
    model = get_embeddings(embedding_key)
    embedding_matrix, q1_tensor, q2_tensor = create_embedding_matrix(
        df, model, max_length
    )
    return embedding_matrix, q1_tensor, q2_tensor
```

　トークン番号のリストのリストを番号のテンソルに変換する部分についてもう少し説明します。各質問の長さは異なるので、各質問に対応するトークン番号のリストの長さも異なります。一方で、テンソルにするときは、各質問に対するトークン番号のリストの長さは一定にする必要があります。そのため、指定した長さ max_length に各リストの長さを合わせるように、max_length よりも短いリストの末尾にダミーのトークン番号 PADDING_TOKEN_ID を追加し、max_length よりも長いリストの末尾からいくつかの番号を取り除く必要があります。この処理は torch.nn.utils.rnn の関数 pad_sequence で実装されています。max_length の値が大きすぎると学習時間が長くなってしまう一方で、小さすぎると精度が悪化してしまいます。max_length の値としては、トークンのリストの長さの分布の 99 パーセンタイルや 99.5 パーセンタイルが用いられることが多いようです。今回は、max_length の値を 55 に設定して進めていきます。これは以下の結果からわかるように、99.5 パーセンタイルと 99.9 パーセンタイルの間の値です。

```
In []: from texts.preprocessing import get_dataset, PreprocessingKey
In []: df = get_dataset(PreprocessingKey.NLTK_TOKENIZATION)
In []: lengths = [len(q.split()) for q in df["question1"].tolist() + df["question2"].
tolist()]
In []: np.percentile(lengths, [90, 95, 99, 99.5, 99.9, 100])
Out[]: array([ 21.,  26.,  35.,  40.,  57., 275.])
```

　本書では、GloVe の学習済み単語ベクトルを採用し、NLTK のトークン化器を使用し、上記のコードを以下のように呼び出すことで、質問 1、2 に対応するトークン番号のテンソル q1_tensor、q2_tensor と単語ベクトルの行列 embedding_matrix を作成します。

```
embedding_matrix, q1_tensor, q2_tensor = build_rnn_inputs(
    dataset_key=PreprocessingKey.NLTK_TOKENIZATION,
    embedding_key=EmbeddingKey.GLOVE,
    max_length=params["max_length"],
)
```

　学習済み単語ベクトルの恩恵を十分に受けるためには、大部分のトークンが学習済み単語ベクトルの語彙に含まれている必要があります。本書では、説明用のコードを単純にするために処理を省きましたが、RNN で学習済み単語ベクトルを使用する場合、OOV トークンの割合や頻出の OOV トークンを確認することをおすすめします。

5

データセット

　質問のトークン番号のテンソル q1_tensor、q2_tensor と、正解ラベル is_duplicate の値、そして各サンプルの重みを合わせて、PyTorch の Dataset を作成します。今回は TensorDataset を使用することで、簡単に Dataset を作成できます。次のコードは、学習用の Dataset を作成するコードの例です。embedding_matrix は Dataset の作成には使いませんでしたが、モデルを作成する部分で利用することになります。

```
dataset = TensorDataset(
    q1_tensor[:len(trn_df)],
    q2_tensor[:len(trn_df)],
    torch.tensor(trn_df.is_duplicate).view(-1, 1).float(),
    torch.tensor(trn_df.weight).view(-1, 1)
)
```

モデル

　PyTorch を用いて図 5.15 のアーキテクチャを実装していきます。今回のアーキテクチャの実装は、2 つのモジュールから成り立っています。1 つ目のモジュールである LSTMExtractor は、各質問に対応するトークン番号の列から、質問全体のベクトル表現を以下の手順で抽出します。

1. PyTorch の nn.Embedding モジュールを使用して、トークン番号の列を各番号に対応する単語ベクトルの列に変換する。以下のコード内では、nn.Embedding のインスタンス self.embeddings を作成した後に、その重みとして nn.Parameter(torch.tensor(embedding_

matrix, dtype=torch.float32), requires_grad=False) をセットすることで、さきほど計算して得られた学習済み単語ベクトル embedding_matrix の値が用いられるようにすると同時に、学習済み単語ベクトルの値を凍結し、学習中に学習済み単語ベクトルの値が更新されないようにしています。学習済み単語ベクトルの値を凍結して学習したほうが、高い精度を実現できることが多いようです。

2. nn.LSTM モジュールによって、単語ベクトルの列に対応する隠れ状態の列に変換します。nn.LSTM モジュールのインスタンスを作成するときに、引数 bidirectional の値を True にすることで、簡単に双方向 LSTM を利用できます。各引数の詳細に関しては PyTorch のドキュメントを参照してください。

3. 最後に、LSTM から出力された隠れ状態ベクトルの系列に対して、最大プーリングと平均プーリングを適用し、得られた結果をつなぎ合わせたものを、質問全体のベクトル表現として抽出します。

```python
class LSTMExtractor(nn.Module):
    def __init__(
        self, embedding_matrix, hidden_units, num_layers=2, dropout=0.2
    ):
        super(LSTMExtractor, self).__init__()
        self.embeddings = nn.Embedding(
            embedding_matrix.shape[0], embedding_matrix.shape[1]
        )
        self.embeddings.weight = nn.Parameter(
            torch.tensor(embedding_matrix, dtype=torch.float32),
            requires_grad=False,
        )
        self.bilstm = nn.LSTM(
            hidden_size=hidden_units,
            input_size=embedding_matrix.shape[1],
            num_layers=num_layers,
            bidirectional=True,
            batch_first=True,
            dropout=dropout,
        )

    def forward(self, xs):
        hidden_units = self.bilstm(self.embeddings(xs))[0]
        return torch.cat(
            [torch.mean(hidden_units, 1), torch.max(hidden_units, 1)[0]], 1
        )
```

2 つ目のモジュールである LSTMSiameseModelV1 は、以下のコードのように LSTMExtractor を用いて質問 1 と質問 2 の表現をそれぞれ抽出し、それらの要素ごとの差と要素ごとの積をそれぞれ計算し、それらをつなぎ合わせたベクトルを 2 層の MLP の入力とすることで、最終的な出力を計算します。

```
class LSTMSiameseModelV1(nn.Module):
    def __init__(self, embeddings, hidden_units, dropout=0.2):
        super(LSTMSiameseModelV1, self).__init__()
        self.extractor = LSTMExtractor(embeddings, hidden_units)

        self.classifier = nn.Sequential(
            nn.Dropout(dropout),
            nn.Linear(8 * hidden_units, 2 * hidden_units),
            nn.BatchNorm1d(2 * hidden_units),
            nn.ReLU(inplace=True),
            nn.Dropout(dropout),
            nn.Linear(2 * hidden_units, 1),
        )

    def forward(self, q1_token_ids, q2_token_ids):
        q1_features = self.extractor(q1_token_ids)
        q2_features = self.extractor(q2_token_ids)
        features = torch.cat(
            [torch.abs(q1_features - q2_features), q1_features * q2_features],
            1,
        )
        return self.classifier(features)
```

学習と評価

学習のおおまかな実装は今までの章と同じです。今回実装したモデルとデータセットがどのように使われるかを示すために、1エポック分の学習部分と推論部分だけを抜粋して以下に示しています。

```
def train_1epoch(model, optimizer, data_loader, device):
    model.train()
    losses = []
    for batch in tqdm(data_loader, total=len(data_loader), desc="Training"):
        # batch の最後の要素が重みで、最後から2番目の要素がターゲット、
        # 残りの要素がモデルへの入力という仮定をしている
        *inputs, targets, weights = [b.to(device) for b in batch]
        optimizer.zero_grad()
        logits = model(*inputs)
        loss = F.binary_cross_entropy_with_logits(
            logits, targets, weight=weights
        )
        loss.backward()
        losses.append(loss.detach().cpu().item())
        optimizer.step()

    return np.mean(losses)


def predict_logits(model, data_loader, device):
```

```
model.eval()
with torch.no_grad():
    logits = []
    losses = []
    for batch in tqdm(
        data_loader, total=len(data_loader), desc="Predicting"
    ):
        # batch の最後の要素が重みで、最後から 2 番目の要素がターゲット、
        # 残りの要素がモデルへの入力という仮定をしている
        *inputs, targets, weights = [b.to(device) for b in batch]
        batch_logits = model(*inputs)
        loss = F.binary_cross_entropy_with_logits(
            batch_logits, targets, weight=weights, reduction="none"
        )
        logits.append(batch_logits.detach().cpu())
        losses.append(loss.detach().cpu())
    logits = torch.cat(logits, 0)
    losses = torch.cat(losses, 0)
    return logits, losses.mean().item()
```

　以下のハイパーパラメータで 5-fold 交差検証の学習・評価を行った結果、スコアは CV で 0.24805、public LB で 0.26924、private LB で 0.26988 となりました。

- 系列の長さ（max_length）：55
- LSTM の層数（num_layers）：2
- LSTM の隠れユニット数（hidden_units）：100
- ドロップアウト（dropout）：0.2
- 最適化方法：Adam（学習率は 0.001）

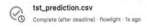

tst_prediction.csv
Complete (after deadline) · flowlight · 1s ago   0.26819   0.26376

図 5.16　最初の LTSM モデルのスコア

● 特徴量と組み合わせる

　より高い精度を実現するために、LightGBM でモデリングしたときに作成した特徴量をモデルに組み込んでいきます。特に、さきほどのモデル LSTMSiameseModelV1 では、質問のグラフ構造に基づく特徴量を取り出すことができないため、これらの特徴量を加えることにより精度の大幅な改善が期待できます。

　特徴量を組み込むために、新しいモデル LSTMSiameseModelV2 を以下のように定義します。LSTMSiameseModelV1 で元々 MLP に 2 つの質問の差と積をつなげて渡していた部分で、さらに質問対に対応する特徴量のベクトルもつなげて渡すように変更しています。

```
class LSTMSiameseModelV2(nn.Module):
    def __init__(self, embeddings, num_features, hidden_units, dropout=0.2):
        super(LSTMSiameseModelV2, self).__init__()
        self.extractor = LSTMExtractor(embeddings, hidden_units)

        self.classifier = nn.Sequential(
            nn.Dropout(dropout),
            nn.Linear(8 * hidden_units + num_features, 2 * hidden_units),
            nn.BatchNorm1d(2 * hidden_units),
            nn.ReLU(inplace=True),
            nn.Dropout(dropout),
            nn.Linear(2 * hidden_units, 1),
        )

    def forward(self, q1_token_ids, q2_token_ids, features):
        q1_features = self.extractor(q1_token_ids)
        q2_features = self.extractor(q2_token_ids)
        features = torch.cat(
            [
                torch.abs(q1_features - q2_features),
                q1_features * q2_features,
                features,
            ],
            1,
        )
        return self.classifier(features)
```

　特徴量自体は、LightGBM のモデルで使用した特徴量を使用するのですが、ニューラル
ネットワークの場合は LightGBM のような決定木ベースのモデルと異なり、特徴量の値の
順序関係ではなく値そのものがモデルの学習・予測に用いられるので、特徴量の値の分布を
モデルが扱いやすいものになるような変換を行う必要があります。よく行われる処理は、平
均と分散がそれぞれ 0 と 1 になるような変換を行うことです。この処理は、scikit-learn の
StandardScaler を用いることで、以下のように簡単に実現できます。

```
def get_graph_features():
    features = pd.concat(
        (
            build_magic_features(),
            build_graph_link_prediction_features(),
            build_graph_node_features(),
            build_graph_connected_component_features(),
        ),
        axis=1,
    )

    print(
        "Remove features: ",
        features.columns[
```

```
            ((features == np.inf).sum() > 0) | (features.isnull().sum() > 0)
        ],
    )
    features = features[
        features.columns[
            ((features == np.inf).sum() == 0) & (features.isnull().sum() == 0)
        ]
    ]
    scaler = StandardScaler()
    return scaler.fit_transform(features)
```

では実際に特徴量を加えて、モデルの学習と評価を行っていきましょう。ここではグラフ特徴量のみを加えた場合と、すべての特徴量を加えた場合についてそれぞれ試してみます。実験を行ってみると、以下のようなスコアを得ることができます。現状では、全特徴量を加えた場合でも LightGBM に比べると若干スコアが低くなってしまっていますが、少なくともアンサンブルの材料としては十分なスコアになっていると言えるでしょう。

	CV	Public LB	Private LB
LSTM のみ	0.24620	0.26376	0.26819
LSTM + グラフ特徴量	0.17680	0.15935	0.16164
LSTM + 全特徴量を追加	0.15680	0.14192	0.14435

5.3.3 BERT の基礎知識

大量のテキストデータから獲得した単語ベクトルは、NLP タスクに取り組むうえで強力な道具です。本章でも、GloVe の学習済み単語ベクトルを特徴量作成や双方向 LSTM の入力に利用してきました。一方で、このような学習済み単語ベクトルは、文脈（周りの単語）によって意味が異なるような単語に対して常に同じベクトルを割り当ててしまいます。たとえば、「right」という単語は「右」や「権利」などの複数の意味がある多義語ですが、どちらの意味でこの単語が使用されていても同じベクトルが割り当てられます。また、多義語でない単語においても文脈に応じた微妙な意味の変化がありますが、今まで使用してきた単語ベクトルではそれらを上手に捉えることができませんでした。

そのため近年では、単語ベクトルのアプローチをより一般化し、単語ごとのベクトル表現の代わりに、テキスト全体を入力として受け取り各単語のベクトル表現を出力するようなモデルを事前学習するアプローチが使われるようになりました。テキスト全体を入力としているため、各単語に対して周辺の単語を考慮したベクトルを得ることができます。GloVe や skip-gram のような単語ベクトルでは、各単語の周辺にどのような単語が出現するかを予測することで学習をしていました。より高度な事前学習では、1 単語のみから個別に周辺の予測をするのではなく、連続したテキストを入力にしてその後に続く次の単語を予測するような

モデルを学習します。このようなモデルやその予測タスクを**言語モデル**と呼びます。2018 年に発表された ELMo[255] という手法では、大量のテキストデータを用いて双方向 LSTM の言語モデルを事前学習しています。ELMo の学習済みモデルの各単語に対する出力を GloVe やskip-gram の単語ベクトルとつなぎ合わせ、実際に解きたい教師あり学習に利用することで、以前の手法の精度を大幅に向上させることが可能になりました。同年に発表された **BERT**[135]では、機械翻訳のタスクで高い性能を達成した**トランスフォーマー**[134] というモジュールを利用し、言語モデルの事前学習タスクをトランスフォーマーに基づくモデルに適したものに変更しています。BERT の出現以降、事前学習済みの巨大なモデルを各転移先タスクでファインチューニングすることが、各タスクで高精度を達成するうえでの基本的なアプローチになりました。

　BERT の場合でも、入力と出力のおおまかな構造は前節で説明した RNN と同じです。まず、テキストをトークン化してトークンごとのベクトルに変換します。そして、ニューラルネットワークを用いて、各トークンを表現するベクトルを計算します。

● トークン化・トークンのベクトル化

　BERT では WordPiece[256] という方法を使用してトークン化を行います。WordPiece は、テキストを単語よりも細かい単位のトークンに分割することで、少ない語彙数で多くの単語やフレーズを扱えるようにしています。WordPiece では何をトークンとするのかをデータセットから学習して決定するので、学習済みの BERT を利用する場合は、それと一緒に配布されている学習済みのトークン化器を使用する必要があります。

　BERT ではさまざまなタスクに対応するために、"[CLS]" と "[SEP]" という特殊なトークンを、トークン化の後に追加します。"[CLS]" は先頭に追加されるトークンで、テキスト全体を表現するベクトルが "[CLS]" に対応する位置に出力されるように学習を行います。"[SEP]" は入力のテキストを区切るためのトークンで、BERT で複数テキストを入力とするタスクを扱うために必要になります。

　たとえば、"What is Kaggle" というテキストに対して、トークン化と特殊なトークンの追加を行うと、['[CLS]', 'What', 'is', 'Ka', '##ggle', '[SEP]'] というトークン列になります。また、"What is Kaggle" と "What is Kaggler" という 2 つのテキストのペアに対して同じ処理をすると、['[CLS]', 'What', 'is', 'Ka', '##ggle', '[SEP]', 'What', 'is', 'Ka', '##ggle', '##r', '[SEP]'] というトークン列になります。"Kaggle" と "Kaggler" という単語自体はトークン化器の辞書には含まれていませんが、それぞれ ['Ka', '##ggle'] と ['Ka', '##ggle', '##r'] というより小さい単位のトークンに分割することによって、これら 2 つの単語を似ているが異なるものとして扱うことができています。

　テキストをトークンの列（実際にはトークン ID の列）に変換後、各トークンに対するベク

トルを計算します。RNN のときは各単語の学習済みベクトルをそのまま使用していましたが、BERT の場合は、各トークンのベクトルは図 5.17 のように、トークン、セグメント（複数ある入力テキストのどれに属しているか）、テキスト内におけるトークンの位置の 3 つの情報に対するベクトルの和によって計算されます。なぜこのような若干面倒くさい計算をしているかと言うと、BERT などのトランスフォーマーに基づいたモデルは入力の位置などを意識した計算を行わないため、モデルの入力とするベクトルにそれらの情報をあらかじめ追加しておく必要があるからです。詳細を知る必要を感じたら原論文[135]を参照してください。

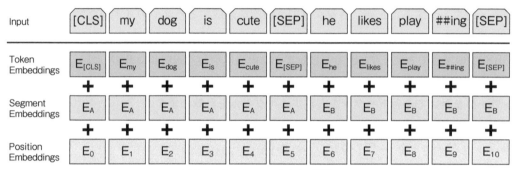

図 5.17　トークンのベクトルの計算

（文献[135] より引用）

● アーキテクチャ概要

　BERT のアーキテクチャは、2017 年に Vaswani らによって提案されたトランスフォーマーのエンコーダ部分とほぼ同じで、図 5.18 のように**トランスフォーマーブロック**というモジュールを複数重ねたシンプルなものです。最後のトランスフォーマーブロックの出力か、複数のトランスフォーマーブロックの出力を組み合わせて計算したベクトルを、各トークンやテキスト全体などの表現として、各タスクに特化したモジュールで利用します。ここでは、トランスフォーマーブロックがやっていることの概要だけ説明します。より詳細な情報を知りたい方は、原論文[134]やその解説記事[257]などを参照してください。

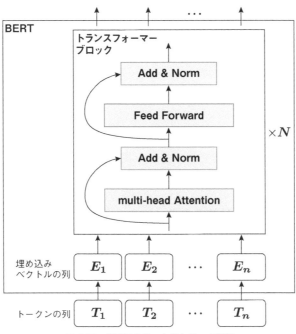

図 5.18　BERT のアーキテクチャの概要

トランスフォーマーブロック内では、まず **multi-head attention**（後述）によって入力の
ベクトル系列を同じサイズの系列に変換した後、shortcut connection で入力の値を multi-head
attention の出力に加え、layer normalization[258] というバッチ正規化とは少し異なる方法で正
規化します（図 5.18 の "Add & Norm" の部分）。そして、ベクトル系列の要素ごとに単純な全
結合型ニューラルネットワーク（図 5.18 の "Feed Forward" の部分）で変換し、再び shortcut
connection と layer normalization を用いて最終的な出力となるベクトルの系列を計算します。
トランスフォーマーブロックで入力のベクトル列 X から出力のベクトル列 O を計算するおお
まかな手順は以下のようになります。

$$X' = \mathrm{LayerNormalization}(X + \mathrm{MultiHeadAttention}(X))$$

$$O = \mathrm{LayerNormalization}(X' + \mathrm{FeedForward}(X'))$$

● BERT における attention 機構

トランスフォーマーや BERT で使用されている multi-head attention は、**scaled dot-
product attention** という attention 機構に基づくモジュールを複数並べて強化したもので
す。multi-head attention は scaled dot-proudct attention がわかれば簡単に理解できるので、こ
こでは scaled dot-product attention についてだけ説明します。scaled dot-product attention

は、クエリに対応するベクトル系列 $q_1, q_2, \ldots, q_n (q_i \in \mathbb{R}^{d_k})$、キーに対応するベクトル系列 $k_1, k_2, \ldots, k_m (k_i \in \mathbb{R}^{d_k})$、値に対応するベクトル系列 $v_1, v_2, \ldots, v_m (v_i \in \mathbb{R}^{d_v})$ という 3 つの系列を受け取り、次のような式に基づいて出力のベクトル系列 $o_1, o_2, \ldots, o_n (o_i \in \mathbb{R}^{d_v})$ を計算します。

$$s_{ij} = \frac{\exp\left(q_i^\top k_j / \sqrt{d_k}\right)}{\sum_{1 \leq j' \leq m} \exp\left(q_i^\top k_{j'} / \sqrt{d_k}\right)}$$

$$o_i = \sum_{1 \leq j' \leq m} s_{ij'} v_{j'}$$

各クエリ q_i に対応する出力 o_i は値の系列 $v_1, v_2, \ldots, v_m$ の重み付き平均であり、各値の重みはクエリ q_i と各キー $k_j (j = 1, \ldots, m)$ の内積を $1/\sqrt{d_k}$ でスケーリングしソフトマックス関数で変換することで計算されます。scaled dot-product attention は、Python などの辞書を連続化して学習可能にしたものとみなすことができます。キーと値のペアが複数格納されている辞書から、クエリと一致するキーに対応する 1 つの値だけを返す代わりに、クエリとキーの類似度（対応するベクトル同士の内積の大きさ）が大きい値を優先しながら、各キーに対応する値の重み付き平均を返すといった感じです[注10]。

BERT のトランスフォーマーブロックでは、入力ベクトルの系列 $x_1, x_2, \ldots, x_n$ を $q_i = W_Q x_i$、$k_j = W_K x_j$、$v_j = W_V x_j$ のように線形変換することで、scaled dot-production attention の入力となるクエリ、キー、値に対応する系列を用意します[注11]。このような計算を行うことによって、ある単語を表現するためにテキスト内のどの単語の情報が重要になるかを上手に学習できます。

● 事前学習とファインチューニング

BERT の事前学習では、以下の 2 つの問題を同時に解くモデルを、数十億単語からなるデータセットで学習します。

- **masked language modeling** (MLM)：入力テキストの一部のトークンを隠してモデルに与え、他のトークンから文脈を判断して隠されたトークンが元々何だったのかを予測する
- **next sentence prediction** (NSP)：2 つのテキスト A と B がモデルの入力として与えられる。テキスト B がテキスト A の直後に来るテキストか否かを予測する

注10　元論文などでは、クエリ、キー、値の系列の i 番目のベクトルが、i 行目に対応するような行列 $Q \in \mathbb{R}^{n \times d_k}$、$K \in \mathbb{R}^{m \times d_k}$、$V \in \mathbb{R}^{m \times d_v}$ を用いて、scaled dot-product attention の計算を以下のように表現しています。

$$\text{Attention}(Q, K, V) = \text{softmax}\left(\frac{QK^\top}{\sqrt{d_k}}\right)V$$

注11　クエリ、キー、値が同じ系列から計算されるような attention 機構は、特に **self-attention** 機構(self-attention mechanism) と呼ばれます。

　事前学習に関する詳細は原論文を確認してください。本節の最初のほうで説明した通り、BERT などを Kaggle で使用するときは、公開されている学習済みモデルを各タスクに対してファインチューニングすることがほとんどで、0 からモデルを学習するということはほぼありません。

　BERT の原論文では、以下のタスクに対するファインチューニング方法が紹介されています。

- 単一テキストに対するクラス分類
- テキスト対に対するクラス分類
- 質問応答
- 単一テキストの各トークンに対するクラス分類

　「Quora Question Pairs」のタスクは、上のリストの 2 つ目にあたります[注12]。実際のファインチューニング方法に関しては、次項でコードと一緒に紹介していきます。他のコンテストで上のリストに含まれるような NLP タスクに取り組む場合は、原論文やそれを紹介している記事を参照することで、ベースラインとなるモデルの作成を行うことができます[注13]。

● 関連モデル

　本書では BERT についてのみ解説しましたが、トランスフォーマーに基づくモデルは他にもいくつもあります。ここでは、現在の Kaggle でよく使われるモデルについて触れますが、次の NLP 系のコンテストではまた新しいモデルが主力になっているかもしれません。

- **RoBERTa**[137]: モデルのアーキテクチャは BERT と同じですが、事前学習やトークン化の方法を改善したり学習に使用するデータセットのサイズをより大きくすることで、GLUE ベンチマークにおいて BERT よりも高い精度を実現しています。Kaggle コンテストでも BERT よりもさきに RoBERTa が試されることが多くなっています。
- **ELECTRA**[259]: こちらもモデルのアーキテクチャは BERT と同じです。ELECTRA はモデルの事前学習において、MLM の代わりに敵対的学習に基づくタスクを利用し、より効率的な学習を行うことに成功しています。
- **DeBERTa**[138]: 各トークンの位置情報に関する取り扱いや事前学習時の MLM の解き方などに関する工夫を取り入れたモデルです。「CommonLit Readability Prize」[72] コンテストで使用されていました。

注 12　実は「Quora Question Pairs」のタスクも、BERT のベンチマークの中で利用されています。
注 13　これは自力でベースラインを作るときの話で、他の参加者が公開しているベースラインをフォークしてはじめるほうが楽なことも多々あります。

177

　上記のモデルは事前学習済みのものが公開されているので、あまり苦労することなく試すことができます。ただし、特殊トークンの扱い方などがモデルによって異なることがあるので、論文やドキュメントを読んで確認しておく必要があります。また、どのモデルが最も高い精度を実現するかはコンテストごとに異なります。さらに、各参加者の学習方法の差異のために、参加者ごとに各モデルの精度の良し悪しが異なることが多いので、他の参加者の発言を鵜呑みにせずに、試行錯誤しながらタスクに適したモデルを選んでいく必要があります。

極意　コンテストの Discussion や Hugging Face の Model Hub を見ながら、取り組んでいるコンテストに適したモデルを選びましょう。

5.3.4　BERT で「Quora Question Pairs」に挑戦

● 最初のモデル

　先述したように、「Quora Question Pairs」に対する BERT の利用方法は BERT の原論文で言及されているので、それに沿って BERT を使用したベースラインを作成していきましょう。

　BERT をはじめとするトランスフォーマーに基づくモデルを Kaggle で扱うときは、Hugging Face 社が提供しているエコシステムを利用することがほとんどです。同社の「Hugging Face Hub」[260] において、多くのデータセットと学習済みモデルが公開されており、同社が提供している transformers[125] や datasets[261] などのライブラリを用いることで、これらのリソースを簡単に活用できます。エコシステムに関する詳細な説明や同社が提供している他のライブラリに関しては、同社が公開しているオンラインコース[262] などを参照してください。

　以下で利用する学習済みモデル bert-base-uncased も「Hugging Face Hub」で公開されており、transformers と datasets を使ってこの学習済みモデルを利用したベースラインを書いていきます。

トークン化・データセット

　まずテキストをトークン化する必要があるので、学習済みモデル bert-base-uncased に対応するトークン化器を以下のように読み込みます。AutoTokenizer.from_pretrained では、引数に学習済みモデルの名前が与えられたときは「Hugging Face Hub」で提供されている学習済みトークン化器をダウンロードし、パスが与えられている場合は指定されたパスにあるトークン化器を読み込みます。Code competition などにおいて、インターネットアクセスが許されないようなケースでは、あらかじめ学習済みモデルとトークン化器を保存してそのパスを指定する必要がありますが、今回はコードを単純にするために学習済みモデルの名前をそのまま指定します。

```
from transformers import AutoTokenizer
tokenizer = AutoTokenizer.from_pretrained("bert-base-uncased")
```

トークン化器tokenizerとライブラリdatasetsを用いてデータセットを作成していきます。まず、以下のコードのように訓練セットの CSV を読み込んだ後、datasets.Dataset.from_pandas を呼び出して Dataset のインスタンス raw_dataset を作成します。

```
import datasets

df = pd.read_csv(TRAIN_CSV_PATH, na_filter=False)
df["weight"] = compute_weights(df.is_duplicate, 0.174)
raw_dataset = datasets.Dataset.from_pandas(df)
```

raw_dataset の i 番目の要素は、df の i 行目の各列とインデックスの値に対応します。たとえば、最初の要素の値は以下になります。

```
In []: raw_dataset[0]
Out[]:
{'id': 0,
 'qid1': 1,
 'qid2': 2,
 'question1': 'What is the step by step guide to invest in share market in india?',
 'question2': 'What is the step by step guide to invest in share market?',
 'is_duplicate': 0,
 'weight': 1.30944386280668331}
```

次に、以下のコードのように、raw_dataset の各要素の質問対に対して、tokenizer を用いてトークン化することによって、モデルの入力となる以下の情報を抽出します。

- input_ids: 各トークンの番号
- token_type_ids: 各トークンが属するセグメントの番号
- attention_mask: 各トークンの情報を計算に使用するか否か

```
def preprocess(examples):
    return tokenizer(
        examples["question1"],
        examples["question2"],
        truncation="longest_first",
        max_length=max_length,
    )


remove_columns = ["id", "qid1", "qid2", "question1", "question2"]
```

```
dataset = raw_dataset.map(
    preprocess, batched=True, remove_columns=remove_columns
)
```

　上記のコードでは、raw_dataset の各要素に対して preprocess を適用します。batch=True を指定することによって、実際には 1 要素ずつではなく、バッチ単位で preprocess が適用されます。preprocess の中では、質問対のバッチに対して tokenizer を呼び出し、質問対のバッチに対応する input_ids、token_type_ids、attention_mask がそれぞれ抽出されます。

　もし、input_ids の長さが指定された max_length よりも長い場合は、2 つの入力文字列に対応するトークン列から、input_ids の長さが max_length になるまでトークンを切り落とします。今回は、truncation="longest_first" を指定しているので、2 つのトークン列で長いほうの末尾からトークンを 1 つ切り落とすということを、input_ids の長さが max_length になるまで繰り返していきます。トークンの切り落とし方に関する詳細は transformers のドキュメント[263] を参照してください。本書の以降の実験では、max_length の値として 83 を選んでいます。これは、各質問対に対応する input_ids の長さの 99.5 パーセンタイルの値です。

　モデルの学習に使用しない列 id、qid1、qid2、question1、question2 は、remove_columns として指定することによって、raw_dataset.map によって得られる dataset から取り除きます。結果として得られる dataset の最初の要素は以下のようになります。

```
In []: dataset[0]
Out[]:
{'attention_mask': [1, 1, 1, (書籍のスペースの都合上以下略)]
 'input_ids': [101, 2054, 2003, (書籍のスペースの都合上以下略)]
 'is_duplicate': 0,
 'token_type_ids': [0, 0, 0, (書籍のスペースの都合上以下略)],
 'weight': 1.3094438628066831
}
```

　この時点での各サンプルの入力長（input_ids などの長さ）は、サンプルごとに異なっています。一方で、学習時にはミニバッチ内の全サンプルの入力長が等しくなっている必要があります。そのため、入力長が短いサンプルに対してダミーのトークン（パディングトークン）を追加して入力長をそろえます。RNN のときは、データセット全体に対して nn.utils.rnn.pad_sequence を適用して、データセット全体で入力長を max_length にそろえていましたが、今回はミニバッチを作成するときに入力長をそろえるようにします。このように入力長をそろえる方法は、**動的なパディング**（dynamic padding）と呼ばれており、transformers の DataCollatorWithPadding クラスを利用することで、以下のように簡単に実現できます。

```
from transformers import DataCollatorWithPadding

collator_fn = DataCollatorWithPadding(tokenizer=tokenizer, padding="longest")
data_loader = DataLoader(
    trn_dataset,
    batch_size,
    shuffle=True,
    drop_last=True,
    num_workers=num_workers,
    collate_fn=collator_fn,
)
```

　動的なパディングには、計算コストの削減という観点から利点があります。上記のコードで定義した collate_fn は、ミニバッチ内の各サンプルの入力長を、ミニバッチ内で最大の入力長に合わせるようにします。そのため、ミニバッチ内のどのサンプルの入力長も max_length より小さくなる場合、作成されるミニバッチの入力長は max_length よりも小さくなり、結果としてモデルによる計算時間を削減できます。

　図 5.19 は、動的なパディングを利用することによって、バッチごとの入力長が少なくなる様子を示しています。4つのテキスト 0, 1, 2, 3 があり、水色の四角はそれぞれ各テキストのトークンに対応しています。これらのテキストからサイズが 2 のミニバッチを作成することを考えます。太い黒枠で囲まれた部分が各ミニバッチに対応します。データセット全体で入力長をそろえる場合、2 つのミニバッチの入力長がどちらも 10 になります（図 5.19 上段）。一方で、動的なパディングを行う場合、1 つ目のミニバッチの入力長は 8 になり（図 5.19 中央）、余計なパディングトークンをモデルの入力にしなくて済みます。

　さらに入力長を減らす方法としては、長さが近いテキストが同じミニバッチに含まれるようにするという方法があります。図 5.19 下段の例では、テキストを入力長になるように並び替えた後で動的なパディングを適用することで、全体の入力長をより小さくしています。この方法については、後で実験を行い訓練時間と精度への影響を確認します。

5

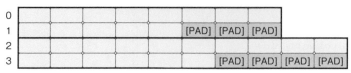

データセット全体で入力長をそろえる場合（合計入力長は 20）

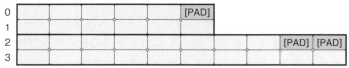

動的なパディングを行う場合（合計入力長は 18）

長さが近いテキストをまとめる場合（合計入力長は 16）

図 5.19　ミニバッチの作成方法と入力長

モデル

　学習済みモデル自体もトークン化器と同様に、`AutoModel.from_pretrained("bert-base-uncased")` とすることで簡単にロードできます。ここでは、以下のような `TransformerModelV1` というモジュールを定義し、学習と予測に利用します。`TransformerModelV1` はインスタンス作成時に、学習済みモデルの名前あるいはパス `model_name_or_path` を受け取り、`AutoModel.from_pretrained(model_name_or_path)` によって学習済みモデルを読み込みます。

　関数 `forward()` ではミニバッチの `token_ids`, `token_type_ids`, `attention_mask` を受け取り、これらを学習済みの BERT モデルに渡して、各トークンに対する最後のトランスフォーマーブロックでの隠れ状態のテンソル（`last_hidden_states`）と、"[CLS]" に対応する隠れ状態ベクトルを線形層と `tanh` 関数で処理したテンソル（`pooler_output`）を計算させます。`TransformerModelV1` では、`pooler_output` をドロップアウトと線形層で処理することによって最終的な出力を計算します。

```python
class TransformerModelV1(nn.Module):
    def __init__(self, model_name_or_path, dropout=0.1):
        super(TransformerModelV1, self).__init__()
        self.encoder = AutoModel.from_pretrained(model_name_or_path)
        self.dropout = nn.Dropout(dropout)
        self.linear = nn.Linear(self.encoder.config.hidden_size, 1)

    def forward(self, input_ids, token_type_ids=None, attention_mask=None):
        outputs = self.encoder(
            input_ids=input_ids,
```

```
            token_type_ids=token_type_ids,
            attention_mask=attention_mask,
        )
        return self.linear(self.dropout(outputs[1]))
```

学習・評価

　モデルの学習と評価の手順は、今までと大きくは変わりませんが、使用する最適化アルゴリズムや学習率スケジューリングが若干異なります。

　BERT の学習でよく用いられている最適化アルゴリズムは **AdamW**[177] です。AdamW は Adam の亜種で、パラメータの重みの L2 正則化を適切に行えるように変更したものです。AdamW の実装も PyTorch で提供されているので、簡単に利用できます。実際に使用するときには、どのパラメータに正則化を行うか指定する必要があり、以下の setup_adamw_optimizer のような設定がよく用いられます。

5

```
def setup_adamw_optimizer(model, learning_rate, weight_decay):
    no_decay = ["bias", "LayerNorm.weight"]
    optimizer_parameters = [
        {
            "params": [
                p
                for n, p in model.named_parameters()
                if not any(nd in n for nd in no_decay)
            ],
            "weight_decay": weight_decay,
        },
        {
            "params": [
                p
                for n, p in model.named_parameters()
                if any(nd in n for nd in no_decay)
            ],
            "weight_decay": 0.0,
        },
    ]
    return AdamW(optimizer_parameters, lr=learning_rate)
```

　また、BERT の学習を行うときは、学習の最初（ウォームアップ期間）のうちは学習ステップ数に対して線形に学習率を増やし、その後は学習ステップ数に対して線形に学習率を減らすように、学習率をスケジュールすることが多いです。以下のコードは、transformers から提供されている機能を用いて、上記の学習率スケジューリングを作成する例になります。

```
from transformers import get_linear_schedule_with_warmup

# 訓練セット（trn_dataset）、エポック数（num_epochs）、バッチサイズ（batch_size）から、
```

```
# 学習全体のステップ数を求める
num_training_steps = len(trn_dataset) * num_epochs // batch_size

# 学習全体のステップ数とウォームアップ期間の全学習期間に対する割合 (warmup_step_ratio) から、
# ウォームアップ期間の学習ステップ数を求める
# warmup_step_ratio は 0 以上 0.2 以下の値が指定されることが多い
num_warmup_steps = int(num_training_steps * warmup_step_ratio)

# 最適化アルゴリズムと学習ステップ数に関する情報を元に学習率スケジューリングを作成する
scheduler = get_linear_schedule_with_warmup(
    optimizer, num_training_steps, num_warmup_steps
)
```

各エポックでの学習は、以下のようなコードになります。

```
def train_1epoch(model, optimizer, scheduler, data_loader, device):
    model.train()
    losses = []
    for batch in tqdm(data_loader, total=len(data_loader), desc="Training"):
        batch = {key: tensor.to(device) for key, tensor in batch.items()}
        targets = batch.pop("is_duplicate").view(-1, 1).float()
        weights = batch.pop("weight").view(-1, 1)
        optimizer.zero_grad()
        logits = model(**batch)
        loss = F.binary_cross_entropy_with_logits(
            logits, targets, weight=weights
        )
        loss.backward()
        losses.append(loss.detach().cpu().item())
        optimizer.step()
        scheduler.step()

    return float(np.mean(losses))
```

　BERT で実際に学習を行ううえで、バッチサイズ、学習率、エポック数は精度に大きく影響します。原論文ではファインチューニングを行う際に、以下の範囲から探すことで、幅広いタスクに対してうまくファインチューニングできたと報告されています。著者は Kaggle のタスクに取り組むときには、この範囲のハイパーパラメータでとりあえず学習を行い、その結果を見ながら各ハイパーパラメータを調整することが多いです。

- バッチサイズ：16、32
- 学習率：5e-5、3e-5、2e-5
- エポック数：2、3、4

　今回は、バッチサイズを 32、学習率を 3e-5、エポック数を 2 にして実際に学習を行ってみ

ます。スコアは CV で 0.19458、public LB で 0.22643、private LB で 0.23141 となりました。LSTM でのスコア（public LB で 0.26819）よりも大幅に優れており、BERT の強力さが見てとれます。

特徴量を組み込む

RNN のときと同様に、LightGBM のモデルで使用した特徴量を追加します。変更点は RNN のときとほぼ同じで、特徴量を組み込んだモデル TransformerModelV2 は以下のようになります。

```python
class TransformerModelV2(nn.Module):
    def __init__(
        self, model_name_or_path, feature_dim, hidden_units=200, dropout=0.2
    ):
        super(TransformerModelV2, self).__init__()
        self.encoder = AutoModel.from_pretrained(model_name_or_path)
        self.dropout = nn.Dropout(dropout)
        self.classifier = nn.Sequential(
            nn.Dropout(dropout),
            nn.Linear(
                self.encoder.config.hidden_size + feature_dim, hidden_units
            ),
            nn.ReLU(inplace=True),
            nn.Dropout(dropout),
            nn.Linear(hidden_units, 1),
        )

    def forward(
        self, input_ids, features, attention_mask=None, token_type_ids=None
    ):
        outputs = self.encoder(
            input_ids=input_ids,
            token_type_ids=token_type_ids,
            attention_mask=attention_mask,
        )
        return self.classifier(torch.cat((outputs[1], features), 1))
```

データセットの作成に関する変更はほとんどなく、最初のモデルを作成するときも構築したraw_datasetを作る前に、あらかじめ特徴量のリストをdfに格納しておくだけです。

```python
import datasets
import numpy as np
import pandas as pd

from common.constants import TRAIN_CSV_PATH
from common.utils import compute_weights
```

```
from experiments.rnn_common import get_full_features

df = pd.read_csv(TRAIN_CSV_PATH, na_filter=False)
df["weight"] = compute_weights(df.is_duplicate, 0.174)
df["features"] = get_full_features()[:len(df)].astype(np.float32).tolist()
raw_dataset = datasets.Dataset.from_pandas(df)

... 残りの部分は以前と同じ
```

上記のように特徴量を追加したうえで学習と推論を行うと、スコアは CV で 0.15068、public LB で 0.13311、private LB で 0.13684 となりました。

● 学習の効率化

BERT などのトランスフォーマーに基づくモデルは、多くの場合において RNN ベースのモデルよりも大幅に高い精度を達成できます。一方で、これらのモデルの学習は非常に多くの計算時間と GPU メモリが必要になります。たとえば、前節で学習した RNN モデルの場合、著者の環境（Google Cloud Platform 上の T4 インスタンス）上では、一度の学習と推論が合計 15 分程度で終わるのに対して、さきほどの BERT モデルでは学習と推論にそれぞれ 2 時間以上かかってしまいます。ここでは、計算資源を増やすことなく、学習をより効率的に行うことで、BERT などの巨大モデルに取り組みやすくする方法を説明します。

自動混合精度の利用

最も簡単な学習の効率化方法の 1 つとして、第 2 章でも説明した**自動混合精度**（automatic mixed precision、以下 **AMP**）を用いた学習・推論が挙げられます。混合精度での学習・推論では、計算の一部を単精度浮動小数点数（fp32）で行い、残りの部分を半精度浮動小数点数（fp16）を用いることで、モデルの精度を損なうことなく計算を高速化します。使用している GPU の種類によりますが、計算を 2 倍以上高速化できることもあります。

元々の学習コードに対して少し変更を加えるだけで AMP を利用できます。以下の train_1epoch_amp は、最初の BERT モデルの学習に利用したコード train_1epoch に AMP を導入したものです。1 つ目の変更は、with autocast() で計算を行う部分を囲み、混合精度を用いてモデルの計算が行われるようにしている点です。2 つ目の変更は、GradScaler というクラスの scale、step、update という関数を用いて、小さな値の勾配を半精度浮動小数点で 0 として扱ってしまうのを避けながら、勾配を計算しモデルの重みを更新している点です。ここでは一番単純な AMP の使用例だけを説明していますが、より複雑なケースの使用例は PyTorch のドキュメント [264] を参照してください。

```python
from torch.cuda.amp import GradScaler, autocast

def train_1epoch_amp(model, optimizer, scheduler, data_loader, device):
    model.train()
    losses = []
    scaler = GradScaler()

    for batch in tqdm(data_loader, total=len(data_loader), desc="Training"):
        batch = {key: tensor.to(device) for key, tensor in batch.items()}
        targets = batch.pop("is_duplicate").view(-1, 1).float()
        weights = batch.pop("weight").view(-1, 1)
        optimizer.zero_grad()

        with autocast():
            logits = model(**batch)
            loss = F.binary_cross_entropy_with_logits(
                logits, targets, weight=weights
            )

        scaler.scale(loss).backward()
        scaler.step(optimizer)
        scaler.update()
        scheduler.step()
        losses.append(loss.detach().float().cpu().item())

    return float(np.mean(losses))
```

　上記のようなコードを用いて実際にモデルの学習を行うと、著者の環境では、一度の学習と推論がそれぞれ 1 時間程度で終わるようになり、2 倍以上高速に学習と推論を行うことができるようになっています。また、AMP で学習したモデルのスコアは、CV で 0.14929、public LB で 0.13267、private LB で 0.13647 となっており、元のモデルと同等の精度を達成できています。

長さが近いテキストを同じミニバッチにまとめる

　最初のモデルを構築する部分で動的なパディングを説明したときに、長さが近いテキストを同じミニバッチにまとめることで、計算時間を削減できる可能性があることについて触れました。ここでは、実際にそのようなミニバッチ作成方法を用いる場合の、精度と実行時間への影響を確認します。

　長さが近いテキストを同じミニバッチにまとめるための機能は transformers に LengthGroupedSampler というクラスで実装されています。以下のコードが LengthGroupedSampler の使用例です。

```python
# LengthGroupedSampler のインスタンスを作成する
# dataset の batch_size 個のサンプルからミニバッチを作成するときに、
```

```
# 似た長さのサンプルが同じミニバッチに含まれるようにする
# 各サンプルの長さは、各サンプルの model_input_name に対応するデータから決定する
# (直接指定することもできる)
sampler = LengthGroupedSampler(
    batch_size=batch_size, dataset=dataset, model_input_name="input_ids"
)

# 最初のモデルを作成したときの collator_fn と同じ
collator_fn = DataCollatorWithPadding(tokenizer=tokenizer, padding="longest")

# 上で作成した sampler を DataLoader の sampler として指定することで、
# 長さが近いテキストを同じミニバッチにまとめることができる
loader = DataLoader(
    dataset,
    batch_size,
    sampler=sampler,
    drop_last=True,
    num_workers=num_workers,
    collate_fn=collator_fn,
)
```

　実験に使用したコードは experiments/203_bert_similar_length_batch.py になります。
実際に訓練と推論を行った結果、モデルのスコアは、CV で 0.14908、public LB で 0.13335、
private LB で 0.13750 となっており、元々の訓練方法と同等の精度が出ていると言えるでしょ
う。また、訓練時間に関してもさきほどの AMP を用いた場合の実験と比べて、さらに 30%
程度削減できています。

　一方で、長さが近いテキストを同じミニバッチにまとめると、各ミニバッチのサンプルの
性質に偏りが生じてしまい、最終的な精度が悪化してしまうケースがあるということが指摘
されています [265]。そのため、本章の残りの部分では、今までと同じミニバッチの作り方で
実験を行っていきます。

勾配累積 (gradient accumulation)

　巨大なモデルを学習しようとする場合、GPU メモリ不足による学習の失敗を避けるために、
バッチサイズを小さくする必要があります。一方で、バッチサイズが極端に小さいと勾配が
不安定になり、モデルの学習が難しくなってしまうことがあります。**勾配累積**はこのような
ケースに対処する方法の 1 つで、1 回のパラメータ更新 (optimizer.step()) を複数回のミニ
バッチの勾配情報 (loss.backward() のたびに蓄積される) をためてから行います。B 回の
勾配情報をためてからパラメータの重みを更新する場合、実質的なバッチサイズを B 倍にす
ることができます。

　今回の「Quora Question Pairs」では、小さいテキスト長のおかげで、工夫しなくても十分

なバッチサイズを確保できていたので、このテクニックは重要ではありませんでした[注14]。しかし、「Google QUEST Q&A Labeling」のような、テキストが長くてバッチサイズを大きくできないときは、勾配累積が有効でした[266]。

> **✎ note**
>
> ## Trainer API
>
> transformers は Trainer という、より抽象度が高い API を提供しており、Trainer を利用することで、より少ないコードで実験用コードを記述できます。たとえば、Trainer の仕様に合わせた形式のモデルを定義することで、訓練・推論時のミニバッチを 1 つずつ処理する for ループを記述する必要がなくなります。また、AMP や似た長さのテキストをミニバッチにまとめる処理なども、オプションのフラグをオンにするだけで利用できるようになります。さらに、MLflow や Weights & Biases などの実験管理用ツールとの統合もサポートしています。そのため、Trainer を適切に利用することで実験をより効率的に行うことができるようになる可能性があります。本書では、説明が必要以上に複雑になることを避けるために Trainer の利用方法については説明していませんが、Trainer を利用した例を experiments/400_bert_full_features_trainer.py に用意してあります。 詳細に興味がある方は transformers のドキュメントを参照してください。

5

● アーキテクチャの改善

ここではモデルのアーキテクチャに変更を加えることで精度の改善を試みます。よく試される工夫としては、BERT の各トランスフォーマーブロックの出力から最終的な予測値を計算する方法の変更があります。今までのモデルでは、学習済み BERT の出力の中の pooler_output のみを利用していました。実際には、各トランスフォーマーブロックで各トークンに対してベクトル表現が計算されており、これらの組み合わせ方を変えることで、モデルの精度を向上させられる可能性があります。たとえば、「Jigsaw Unintended Bias in Toxicity Classification」の 1 位チームは、pooler_output の代わりに最後の 4 つのトランスフォーマーブロックから "[CLS]" に対応するベクトル表現を抽出し、それらをつなぎ合わせたものを MLP に渡すことによって、モデルの精度が改善したと報告しています。このようなベクトル表現の抽出方法は、torch 氏[267]のディスカッション「Utilizing Transformer Representations Efficiently」[268]がよいまとめになっています。ここでは、「Utilizing Transformer Representations Efficiently」で紹介されている手法のいくつかを実験しながら見ていきます。

注14 バッチ正規化はミニバッチ内の統計情報に依存しているため、バッチ正規化を含むモデルの学習で勾配累積を使用すると、バッチ正規化がうまく動作せずに精度が出ない恐れがあります。layer normalization はミニバッチ内の統計情報を利用しないので、BERT や RoBERTa などの学習ではこの問題は発生しません。

複数のトランスフォーマーブロックからベクトル表現を抽出する

BERT は複数のトランスフォーマーブロックを積み上げたアーキテクチャになっています
が、入力に近い層はテキストの表層的な特徴を捉え、入力から遠い層はより意味的な特徴量
を捉えていると言われています [269]。そのため、複数のトランスフォーマーブロックからベ
クトル表現を抽出することで、異なる抽象度の特徴を捉えることが期待できる場合がありま
す。以下の `TransformerModelV3` では、最後の 4 つのトランスフォーマーブロックの "[CLS]"
トークンのベクトル表現をつなぎ合わせて MLP の入力としています。これは、先述した「Jigsaw
Unintended Bias in Toxicity Classification」の 1 位チームの解法と類似したアーキテクチャです。

```python
class TransformerModelV3(nn.Module):
    def __init__(
        self, model_name_or_path, feature_dim, hidden_units=200, dropout=0.2
    ):
        super(TransformerModelV3, self).__init__()
        self.encoder = AutoModel.from_pretrained(model_name_or_path)
        self.dropout = nn.Dropout(dropout)
        self.classifier = nn.Sequential(
            nn.Dropout(dropout),
            nn.Linear(
                self.encoder.config.hidden_size * 4 + feature_dim, hidden_units
            ),
            nn.ReLU(inplace=True),
            nn.Dropout(dropout),
            nn.Linear(hidden_units, 1),
        )

    def forward(
        self, input_ids, features, attention_mask=None, token_type_ids=None
    ):
        bert_output = self.encoder(
            input_ids=input_ids,
            token_type_ids=token_type_ids,
            attention_mask=attention_mask,
            output_hidden_states=True,
        )
        bert_features = torch.cat(bert_output.hidden_states[-4:], 2)[:, 0, :]
        return self.classifier(torch.cat((bert_features, features), 1))
```

実際に学習と推論を行うと、スコアは CV で 0.14116、public LB で 0.12860、private LB で
0.13249 となりました。

最大プーリングと平均プーリング

"[CLS]" 以外のトークンのベクトル表現を使用してみたいというのも自然な発想でしょ
う。一番簡単な使用方法は、RNN のときと同様に最大プーリングや平均プーリングを用いる
ことです。最後のトランスフォーマーブロックの出力の系列に対して最大プーリングと平均

プーリングをそれぞれ適用し、それらをつなげて MLP の入力とするようなアーキテクチャ (`TransformerModelV4`) を考えることができます。

```python
def masked_mean(hidden_state, mask):
    mask = mask[:, :, np.newaxis].float()
    hidden_state_sum = torch.sum(hidden_state * mask, 1)
    mask_sum = torch.clamp(torch.sum(mask, 1), min=1e-5)
    return hidden_state_sum / mask_sum


def masked_max(hidden_state, mask):
    mask = (1 - mask[:, :, np.newaxis]).float()
    hidden_state = hidden_state - mask * 1e3
    return torch.max(hidden_state, 1)[0]


class TransformerModelV4(nn.Module):
    def __init__(
        self, model_name_or_path, feature_dim, hidden_units=200, dropout=0.2
    ):
        super(TransformerModelV4, self).__init__()
        self.encoder = AutoModel.from_pretrained(model_name_or_path)
        self.dropout = nn.Dropout(dropout)
        self.classifier = nn.Sequential(
            nn.Dropout(dropout),
            nn.Linear(
                self.encoder.config.hidden_size * 2 + feature_dim, hidden_units
            ),
            nn.ReLU(inplace=True),
            nn.Dropout(dropout),
            nn.Linear(hidden_units, 1),
        )

    def forward(
        self, input_ids, features, attention_mask=None, token_type_ids=None
    ):
        bert_output = self.encoder(
            input_ids=input_ids,
            token_type_ids=token_type_ids,
            attention_mask=attention_mask,
        )
        return self.classifier(
            torch.cat(
                (
                    masked_mean(bert_output.last_hidden_state, attention_mask),
                    masked_max(bert_output.last_hidden_state, attention_mask),
                    features,
                ),
                1,
            )
        )
```

　このモデルのスコアは、CV で 0.14878、public LB で 0.13745、private LB で 0.14066 となりました。

"[CLS]" のベクトル表現と最大プーリングと平均プーリングを組み合わせる

　安直ではありますが、pooler_output とさきほどの最大プーリングと平均プーリングの結果を合わせることも試してみることにします。実装は以下の TransformerModelV5 のようになります。

```python
class TransformerModelV5(nn.Module):
    def __init__(
        self, model_name_or_path, feature_dim, hidden_units=200, dropout=0.2
    ):
        super(TransformerModelV5, self).__init__()
        self.encoder = AutoModel.from_pretrained(model_name_or_path)
        self.dropout = nn.Dropout(dropout)
        self.classifier = nn.Sequential(
            nn.Dropout(dropout),
            nn.Linear(
                self.encoder.config.hidden_size * 3 + feature_dim, hidden_units
            ),
            nn.ReLU(inplace=True),
            nn.Dropout(dropout),
            nn.Linear(hidden_units, 1),
        )

    def forward(
        self, input_ids, features, attention_mask=None, token_type_ids=None
    ):
        bert_output = self.encoder(
            input_ids=input_ids,
            token_type_ids=token_type_ids,
            attention_mask=attention_mask,
        )
        return self.classifier(
            torch.cat(
                (
                    bert_output.pooler_output,
                    masked_mean(bert_output.last_hidden_state, attention_mask),
                    masked_max(bert_output.last_hidden_state, attention_mask),
                    features,
                ),
                1,
            )
        )
```

　このモデルのスコアは、CV で 0.14352、public LB で 0.12940、private LB で 0.13302 となりました。

ここまで試してきたアーキテクチャの改善方法のスコアをまとめると以下のようになります。

	CV	Public LB	Private LB
元々のモデル	0.14929	0.13267	0.13647
複数トランスフォーマー ブロックから表現を抽出	0.14116	0.12860	0.13249
最大プーリングと 平均プーリング	0.14878	0.13745	0.14066
pooler_output + 最大・平均プーリング	0.14352	0.12940	0.13302

　上記のスコアを見たところ、複数のトランスフォーマーブロックからベクトル表現を抽出することで、より高いスコアが実現できているようです。このスコアの向上が、アーキテクチャが本当によいからなのか、使用しているハイパーパラメータと相性が偶然よかっただけかを検証するのは難しいのですが、ここでは検証セットと LB でのスコアを信じて、元のモデルよりも改善できたと考えることにします。

note

ファインチューニングの不安定性

　学習済みモデルのファインチューニングの結果は不安定になりがちで、疑似乱数の seed を変えただけで大幅に結果が変わってしまうことがしばしばあります。たとえば、本書で訓練した BERT モデルも、疑似乱数の seed を変更しただけで CV や LB の結果が 0.005 変わってしまうことがありました。このような不安定性に対して、学習済みモデルの出力に近い部分のパラメータを再度ランダムに初期化してからファインチューイングを行うことが有用であると報告されており [270]、Kaggle でもときどき使用されています。

精度と実行時間のトレードオフを考えなが
ら効率よく実験を進めましょう。

5.3.5 アンサンブル

　本章では、LightGBM、RNN、BERT という 3 種類の方法でモデルを構築してきました。最後に、これらのモデルの予測結果を組み合わせて、今までよりも高いスコアを実現しましょう。本項では、LightGBM、RNN、BERT のそれぞれで最も高いスコアを実現しているモデル（こ

こでは訓練スクリプト名に対応付けて 009_gbm_graph_lr-3e-2、102_rnn_full_features、204_bert_concat_last4cls とそれぞれ呼ぶことにします）をベースモデルとし、それを LightGBM で組み合わせるという、1 段階のスタッキングを実装します。

　第 2 章で説明したように、スタッキングではベースモデルの検証セットに対する予測をメタ特徴量として学習を行うことで、複数のベースモデルの予測を組み合わせる手法です。今までの実験スクリプトでは、k-fold の学習を行うときに、各 fold の検証セットに対する予測と、テストセットに対する予測が、それぞれ oof_prediction.csv と tst_prediction.csv という CSV ファイルとして、各実験に対応するディレクトリの下に保存されています。そのため、oof_prediction.csv と tst_prediction.csv に書き出されている予測値をそのままメタ特徴量として利用することで、LightGBM のときと同様のコードによってスタッキングを行うことができます。

```python
def build_oof_features(exp_name):
    oof_pred = pd.read_csv(OUTPUT_DIR / exp_name / "oof_prediction.csv")
    tst_pred = pd.read_csv(OUTPUT_DIR / exp_name / "tst_prediction.csv")
    features = pd.DataFrame()
    features[f"is_duplicate_{exp_name}"] = (
        oof_pred["is_duplicate"].to_list() + tst_pred["is_duplicate"].to_list()
    )
    return features
```

　スタッキングに使用するコード（experiments/300_gbm_stacking.py）は、以下のようにグラフ特徴量までを含めたコード（experiments/008_gbm_graph.py）に、上述した 3 つのモデルから得られたメタ特徴量を追加したものになります。スタッキングでは、メタ特徴量のみを使い通常の特徴量は使わないケースが多いのですが、今回の場合は通常の特徴量と合わせて学習したほうが高いスコアが出たので、両方の特徴量を使用することにしています。スタッキングのメタ特徴量を入力とする 2 層目のモデルでは過学習を避けるために比較的単純なモデルを使用することが多いため、LightGBM のパラメータ num_leaves を、5.2 節で使用していた 128 から 32 に下げ、モデルの複雑度を小さめにしています。

```diff
--- experiments/008_gbm_graph.py
+++ experiments/300_gbm_stacking.py
@@ -19,6 +19,7 @@
 from features.length import build_length_features
 from features.magic import build_magic_features
 from features.match import build_match_features
+from features.oof import build_oof_features
 from features.word_vector import (
     build_farthest_word_distance_features,
     build_wmd_features,
```

```
@@ -29,7 +30,7 @@
    "objective": "binary",
    "metric": "binary_logloss",
    "boosting": "gbdt",
-   "num_leaves": 64,
+   "num_leaves": 32,
    "bagging_fraction": 0.8,
    "bagging_freq": 1,
    "feature_fraction": 0.8,
@@ -124,6 +125,9 @@
        build_graph_link_prediction_features(),
        build_graph_node_features(),
        build_graph_connected_component_features(),
+       build_oof_features("009_gbm_graph_lr-3e-2"),
+       build_oof_features("102_rnn_full_features"),
+       build_oof_features("204_bert_concat_last4cls"),
    ],
    axis=1,
 )
```

各ベースモデルのスコアと、上記コードでスタッキングしたモデル（`300_gbm_stacking`）のスコアは以下のようになります。Private LB でのスコア 0.12037 は 7 位に相当するスコアになっています。ついに金メダル圏内に到達することができました。

	CV	Public LB	Private LB
009_gbm_graph_lr-3e-2	0.15740	0.14168	0.14532
102_rnn_full_features	0.15680	0.14192	0.14435
204_bert_concat_last4cls	0.14116	0.12860	0.13249
300_gbm_stacking	0.12284	0.11660	0.12037

　昨今の NLP 系のコンテストでは、トランスフォーマーに基づくモデルを複数種類用いてアンサンブルを行います。本書でも同様の方法で精度改善を試みます。RoBERTa と DeBERTa の学習済みモデルを利用してそれぞれ訓練し（`301_roberta_full_features` と `302_deberta_full_features`）、さきほどの 3 つのモデルと合わせて合計 5 つのモデルを用いてスタッキングを行います。追加したモデルと 5 つのモデルを用いたスタッキング（`303_gbm_stacking_2`）の結果は以下のようになります。Private LB でのスコアは 0.11575 に到達し、当時の 1 位のスコアを超えることができました[注15]。

注15　当時は BERT などのトランスフォーマーに基づくモデルが存在していませんでした。もし「Quora Question Pairs」が現在において開催されたならば、より高いスコアが上位をとるために要求されることになるでしょう。

	CV	Public LB	Private LB
301_roberta_full_features	0.14052	0.12976	0.13351
302_deberta_full_features	0.13759	0.12987	0.13349
303_gbm_stacking_2	0.11261	0.11207	0.11575

アンサンブルを後回しにしすぎず
上位陣との距離を把握しておきましょう。

5.3.6 さらにスコアを伸ばすために

　本章では、「Quora Question Pairs」を題材に、NLP 系のコンテストに取り組むためのさまざまな方法について説明してきました。ここでは、「Quora Question Pairs」に限らず NLP 系のコンテストでより高いスコアを狙ううえで考慮すると役立ちそうなポイントについて解説します。

- **評価指標に適した損失関数** --- 多くの NLP 系のコンテストにおいて、評価指標を直接最適化することは難しいです。たとえば、「Jigsaw Unintended Bias in Toxicity Classification」では ROC-AUC の複雑な変種が使用されていたり、「Tweet Sentiment Extraction」では抽出した単語集合と正解となる単語集合同士の Jaccard 係数が使用されていたりしました。このような特殊な評価指標をうまく最適化できるような損失関数や学習方法などを考えることは、コンテストの上位を目指すうえで非常に重要になります。論文や他のコンテスト参加者によるディスカッションなどを調べつつ、自分自身でも試行錯誤をして優れた損失関数を模索しましょう。

- **より巨大なモデルの利用** --- 基本的にはより大きな学習済みモデルのほうが、ファインチューニング後の精度がより高くなる傾向があります [135][137][271]。本書では実行のしやすさを優先して終始 bert-base-uncased を利用していましたが、実際のコンテストでは途中でより大きい bert-large-uncased に切り替えて精度が向上するかどうかを試してみることになります。大きなモデルはより多くの計算資源を要求するため、本書の中でも紹介した AMP や勾配累積を駆使しながら、できる限り効率的に実験を行うことをおすすめします。

- **適切な学習済みモデルの選択** --- 取り組むタスクと似たタスクで事前学習されたモデルを選択しましょう。たとえば「Tweet Sentiment Extraction」のタスクは、Tweet（短いテキストメッセージ）から質問「テキストの中で感情 X (positive, negative, neutral) の根拠になっている場所はどこか？」に対応する区間を抽出する質問応答タスクとみなすことができ、deepset/ roberta-base-squad2[272] のような質問応答タスクで一度ファインチューニングされた学習済みモデルを用いることで高い精度が実現できたようです [273]。また、「Shopee - Price Match Guarantee」ではインドネシア語のテキストを扱う必要があるため、複数の言語で事前学習されたモデル（xlm-roberta-base など）やインドネシア語で事前学習されたモデルを利用する

必要がありました。

- **長いテキストへの対応** --- 本章で使用した学習済みの BERT や他の多くの学習済みモデルでは、入力長が 512 以下になるようにする必要があります。「Quora Question Pairs」に現れたテキストは短かったので、ほぼ常にテキスト全体をモデルの入力にすることができました。一方で長いテキストを扱う場合は、精度を落とさず長いテキストを扱うための工夫が必要です。ここでは、長いテキストの扱い方に関する過去の事例をいくつか紹介します。下記のリストのうち、最初の 3 つは入力長が大きいテキストをモデルがうまく扱えるように変形する方法に関するもので、最後の 1 つはより長い系列を扱うことができるモデルの利用に関するものです。

  - 昔から用いられていた方法としては、テキストを切り落とす場所を変更するという方法が知られています。長いテキストが与えられたとき、指定された入力長になるまで後ろのトークンを切り落とすことが一般的ですが、テキスト内の最も重要な情報は先頭と末尾に書かれていることが多いため、中央のトークンから切り落とすように変更することで、精度が改善することがあるということが知られています[274]。具体的には、長いトークンの系列 tokens が与えられたときに、先頭 128 トークンと末尾 384 トークンを確保して tokens[:128] + tokens[-384:] を返すような処理を行います。

  - 「Google QUEST Q&A Labeling」では、各サンプルが「質問のタイトル」、「質問の本文」、「質問への解答」という 3 つのテキストから成り立っており、3 つのテキストを合わせると 512 トークンを超えてしまうことがしばしばありました。上記のようなテキストの一部の切り取り方に関する工夫も行われたのですが、より効果的だったのは、2 つの学習済みモデルを用意して、片方が「質問のタイトル」と「質問の本文」のペアから特徴を抽出し、もう片方が「質問のタイトル」と「質問への解答」から特徴を抽出し、それらをつなぎ合わせたものから最終的な予測値を計算するという方法でした[263]。この方法では、各学習済みモデルが担当する部分を分けることで、長めのテキストであっても情報をあまりとりこぼさずに使えるようになっています。

  - 「TensorFlow 2.0 Question Answering」[275] のように、Wikipedia の記事のようなさらに長いテキストから短い区間を抽出するようなタスクでは、テキスト全体を一度に入力として与えることは完全にあきらめて、モデルの入力とするテキストの範囲をスライドさせながら順番にモデルの入力としていました。

  - 最近は、より長いテキストを扱うことが可能なモデルが徐々に使用されるようになってきました。Longformer[276] や BigBird[277] は、attention 機構での計算を簡略化することによって、BERT などよりも大幅に長いテキストを扱うことが可能になっています。これらのモデルは、512 トークンを大幅に超えるテキストを扱う必要がある「Feedback Prize - Evaluating Student Writing」[77] コンテストで使用されています。

- **外部データの活用** --- 第 2 章でも触れたように、外部データを用いることで精度を改善できる場合があります。「Google QUEST Q&A Labeling」は、Stack Exchange というウェブサイトのテキストに関するマルチラベル分類問題だったため、Stack Exchange 自身が公開していた

データを利用し、公開データを用いた別タスクで学習済み BERT モデルを一度学習し、さらにコンテストのタスクに対してファインチューニングするという 2 段階の学習を行うことで、精度を向上できたようです [278]。また、「Jigsaw Unintended Bias in Toxicity Classification」でも、以前の同じホストによる類似タスク「Toxic Comment Classification Challenge」[279] のデータセットを用いて 2 段階のファインチューニングが行われていました [280]。

- **大規模なアンサンブル** --- 今まで挙げた工夫がすべてうまくいったとしても、単一のモデルで金メダルを獲得するのは難しいです。特にタスクが単純だと、単一モデルでのスコアに差が付きにくく、どれだけ多くのモデルを集めてアンサンブルできるかが勝負の分け目になってしまうことがあります。NLP 系のコンテストは Kaggle カーネルで推論することが求められることが多く実行時間に制限があるため、かつてのテーブルコンテストのように数百個に及ぶモデルを構築するようなことはありませんが、それでも推論時間の許す限り多くのモデルを構築しアンサンブルを行うことが最終スコアの向上に役立ちます。たとえば「CommonLit Readability Prize」で上位になったいくつかのチームは 20 個近くのモデルを用いてアンサンブルを行っていました [281][282]。どのモデルを組み込んでアンサンブルに入れるべきかはコンテストによって異なりますが、「Discussions」で他の参加者が言及しているモデルや、過去の NLP 系のコンテストで使用されたモデルから試してみるのが無難なアプローチと言えるでしょう。

過去のコンテストで上位チームが使っていた手法を確認し、
挑戦中のコンテストに使えるかを考えてみましょう。

参考文献

[1] https://www.kaggle.com/
[2] https://image-net.org/challenges/LSVRC/
[3] https://www.meti.go.jp/policy/it_policy/jinzai/AIQuest.html
[4] https://www.docker.com/
[5] https://gihyo.jp/book/2019/978-4-297-10843-4
[6] https://www.kspub.co.jp/book/detail/5190067.html
[7] https://book.mynavi.jp/ec/products/detail/id=123641
[8] https://www.kspub.co.jp/book/detail/5133323.html
[9] https://www.kyoritsu-pub.co.jp/bookdetail/9784320123625
[10] https://www.kspub.co.jp/book/detail/1529120.html
[11] https://gihyo.jp/book/2022/978-4-297-13058-9
[12] https://www.kspub.co.jp/book/detail/1529243.html
[13] https://www.ohmsha.co.jp/book/9784274229008/
[14] https://speakerdeck.com/smly/detafen-xi-kontesutofalse-sheng-zhe-jie-da-karaxue-bu
[15] https://speakerdeck.com/smly/detafen-xi-kontesutofalseji-shu-tozui-jin-falsejin-zhan
[16] 馬場雪乃. 2016. "機械学習コンペティションの進展と今後の展開". 人工知能 31 (2): 248–253.
[17] https://www.kdd.org/
[18] https://kdd.org/kdd-cup
[19] https://nips.cc/
[20] https://recsys.acm.org/
[21] http://www.libfm.org/
[22] Rie Johnson, and Tong Zhang. 2014. "Learning Nonlinear Functions Using Regularized Greedy Forest". IEEE Transactions on Pattern Analysis and Machine Intelligence, 36 (5): 942–954.
[23] Tianqi Chen, and Carlos Guestrin. 2016. "XGBoost: A Scalable Tree Boosting System". In Proceedings of the 22nd ACM SIGKDD International Conference on Knowledge Discovery and Data Mining, 785–794.
[24] Alex Krizhevsky, Ilya Sutskever, and Geoffrey E. Hinton. 2012. "ImageNet Classification with Deep Convolutional Neural Networks". Advances in Neural Information Processing Systems 25.
[25] https://netflixtechblog.com/netflix-recommendations-beyond-the-5-stars-part-1-55838468f429
[26] https://www.kdnuggets.com/2016/03/xgboost-implementing-winningest-kaggle-algorithm-spark-flink.html
[27] Guolin Ke, Qi Meng, Thomas Finely, Taifeng Wang, Wei Chen, Weidong Ma, Qiwei Ye, and Tie-Yan Liu. 2017. "LightGBM: A Highly Efficient Gradient Boosting Decision Tree". Advances in Neural Information Processing Systems 30, 3149-3157.
[28] Liudmila Prokhorenkova, Gleb Gusev, Aleksandr Vorobev, Anna Veronika Dorogush, and Andrey Gulin. 2018. "CatBoost: Unbiased Boosting with Categorical Features". Advances in Neural Information Processing Systems 31.
[29] https://www.kaggle.com/docs/competitions
[30] https://www.kaggle.com/c/jane-street-market-prediction/overview/timeline
[31] https://www.kaggle.com/c/riiid-test-answer-prediction/data
[32] https://docs.google.com/presentation/d/1tQPw_JwRTgRHNbvs3YJOab4PywsprREwR6fo58NfMGQ
[33] https://www.kaggle.com/simulations
[34] https://www.kaggle.com/c/nfl-big-data-bowl-2021
[35] https://www.kaggle.com/c/kaggle-survey-2021
[36] https://https-deeplearning-ai.github.io/data-centric-comp/
[37] https://www.topcoder.com/
[38] https://www.aicrowd.com/

［39］ https://competitions.codalab.org/
［40］ https://www.drivendata.org/
［41］ https://bitgrit.net/
［42］ https://numer.ai/
［43］ https://signate.jp/
［44］ https://comp.probspace.com/
［45］ https://www.nishika.com/competitions
［46］ https://atma.connpass.com/
［47］ https://www.kaggle.com/kaggle/meta-kaggle
［48］ https://qiita.com/inoichan/items/140cf018d31151d2701a
［49］ https://www.kaggle.com/c/landmark-recognition-2021
［50］ https://www.kaggle.com/c/aptos2019-blindness-detection
［51］ https://www.kaggle.com/c/understanding_cloud_organization
［52］ https://www.kaggle.com/c/sartorius-cell-instance-segmentation
［53］ https://www.kaggle.com/competitions/uw-madison-gi-tract-image-segmentation
［54］ https://www.kaggle.com/c/severstal-steel-defect-detection
［55］ https://www.kaggle.com/c/global-wheat-detection
［56］ https://www.kaggle.com/competitions/tensorflow-great-barrier-reef
［57］ https://www.kaggle.com/c/landmark-retrieval-2021
［58］ https://www.kaggle.com/c/shopee-product-matching
［59］ https://www.kaggle.com/c/deepfake-detection-challenge
［60］ https://www.kaggle.com/c/nfl-impact-detection
［61］ https://www.kaggle.com/c/nfl-health-and-safety-helmet-assignment
［62］ Aleksander Madry, Aleksandar Makelov, Ludwig Schmidt, Dimitris Tsipras, and Adrian Vladu. 2018. "Towards Deep Learning Models Resistant to Adversarial Attacks". In Proceedings of the 6th International Conference on Learning Representations.
［63］ Ian Goodfellow, Jean Pouget-Abadie, Mehdi Mirza, Bing Xu, David Warde-Farley, Sherjil Ozair, Aaron Courville, and Yoshua Bengio. 2014. "Generative Adversarial Nets". Advances in Neural Information Processing Systems 27.
［64］ https://www.kaggle.com/c/nips-2017-non-targeted-adversarial-attack
［65］ https://www.kaggle.com/c/generative-dog-images
［66］ https://www.kaggle.com/c/quora-insincere-questions-classification
［67］ https://www.kaggle.com/c/jigsaw-unintended-bias-in-toxicity-classification
［68］ https://www.kaggle.com/c/jigsaw-multilingual-toxic-comment-classification
［69］ https://www.kaggle.com/competitions/jigsaw-toxic-severity-rating
［70］ https://www.kaggle.com/c/quora-question-pairs
［71］ https://www.kaggle.com/competitions/us-patent-phrase-to-phrase-matching
［72］ https://www.kaggle.com/c/commonlitreadabilityprize
［73］ https://www.kaggle.com/competitions/feedback-prize-english-language-learning
［74］ https://www.kaggle.com/c/tensorflow2-question-answering
［75］ https://www.kaggle.com/c/chaii-hindi-and-tamil-question-answering
［76］ https://www.kaggle.com/c/tweet-sentiment-extraction
［77］ https://www.kaggle.com/competitions/feedback-prize-2021
［78］ https://www.kaggle.com/competitions/nbme-score-clinical-patient-notes
［79］ https://www.kaggle.com/c/freesound-audio-tagging-2019
［80］ https://www.kaggle.com/c/birdsong-recognition
［81］ https://www.kaggle.com/c/birdclef-2021
［82］ https://www.kaggle.com/competitions/birdclef-2022
［83］ https://www.kaggle.com/c/seti-breakthrough-listen
［84］ http://dcase.community/
［85］ https://www.kaggle.com/c/mercari-price-suggestion-challenge
［86］ https://www.kaggle.com/c/avito-demand-prediction
［87］ https://www.kaggle.com/c/petfinder-adoption-prediction
［88］ https://www.kaggle.com/c/h-and-m-personalized-fashion-recommendations

[89] https://www.kaggle.com/c/santander-product-recommendation

[90] https://www.kaggle.com/c/instacart-market-basket-analysis

[91] https://www.kaggle.com/competitions/otto-recommender-system

[92] https://www.kaggle.com/c/m5-forecasting-accuracy

[93] https://www.kaggle.com/c/nfl-big-data-bowl-2020

[94] https://www.kaggle.com/c/socialNetwork

[95] https://www.kaggle.com/c/champs-scalar-coupling

[96] https://www.kaggle.com/c/halite

[97] https://www.kaggle.com/c/google-football

[98] https://www.kaggle.com/c/rock-paper-scissors

[99] https://www.kaggle.com/c/hungry-geese/

[100] https://www.kaggle.com/c/lux-ai-2021

[101] https://www.kaggle.com/competitions/kore-2022/

[102] https://www.kaggle.com/c/santa-workshop-tour-2019

[103] https://www.kaggle.com/c/santa-2020/

[104] https://www.kaggle.com/c/siim-isic-melanoma-classification

[105] https://www.kaggle.com/c/talkingdata-adtracking-fraud-detection

[106] https://www.kaggle.com/c/riiid-test-answer-prediction

[107] https://www.kaggle.com/c/ubiquant-market-prediction

[108] https://www.kaggle.com/code

[109] https://colab.research.google.com/signup

[110] https://aws.amazon.com/sagemaker/studio-lab/

[111] https://www.kaggle.com/product-feedback/159602

[112] https://www.slideshare.net/TakanoriHayashi3/talkingdata-adtracking-fraud-detection-challenge-1st-place-solution

[113] https://github.com/pandas-profiling/pandas-profiling

[114] https://github.com/karolzak/ipyplot

[115] Shachar Kaufman, Saharon Rosset, Claudia Perlich, and Ori Stitelman. 2012. "Leakage in Data Mining: Formulation, Detection, and Avoidance". ACM Transactions on Knowledge Discovery from Data, 15, 6 (4): 1–21.

[116] https://www.datarobot.com/jp/blog/is-deep-learning-almighty/

[117] https://github.com/dair-ai/ml-visuals

[118] https://pytorch.org/ecosystem/

[119] https://qiita.com/fam_taro/items/c32e0a21cec5704d9a92

[120] https://github.com/PyTorchLightning/pytorch-lightning

[121] https://github.com/pytorch/ignite

[122] https://github.com/catalyst-team/catalyst

[123] https://docs.fast.ai/

[124] https://github.com/open-mmlab

[125] https://github.com/huggingface/transformers

[126] D. G. Lowe, 1999. "Object Recognition from Local Scale-Invariant Features". In Proceedings of the 7th IEEE International Conference on Computer Vision, 2, 1150–1157.

[127] Herbert Bay, Tinne Tuytelaars, and Luc Van Gool. 2006. "SURF: Speeded Up Robust Features". In Computer Vision – ECCV 2006, 404–417.

[128] Juan Ramos. 2003. "Using TF-IDF to Determine Word Relevance in Document Queries". In Proceedings of the 1st Instructional Conference on Machine Learning, 29-48.

[129] Mingxing Tan, and Quoc Le. 2019. "EfficientNet: Rethinking Model Scaling for Convolutional Neural Networks". In International Conference on Machine Learning, 6105–6114.

[130] Zhuang Liu, Hanzi Mao, Chao-Yuan Wu, Christoph Feichtenhofer, Trevor Darrell, and Saining Xie. 2022. "A ConvNet for the 2020s". arXiv:2201.03545.

[131] Hassan Ismail Fawaz, Germain Forestier, Jonathan Weber, Lhassane Idoumghar, and Pierre-Alain Muller. 2019. "Deep Learning for Time Series Classification: A Review". Data Mining and Knowledge Discovery 33 (4): 917–963.

[132] Yoon Kim. 2014. "Convolutional Neural Networks for Sentence Classification". In Proceedings of the 2014

Conference on Empirical Methods in Natural Language Processing, 1746–1751.

[133] https://www.kaggle.com/c/lish-moa/discussion/202256

[134] Ashish Vaswani, Noam Shazeer, Niki Parmar, Jakob Uszkoreit, Llion Jones, Aidan N. Gomez, Ł. Ukasz Kaiser, and Illia Polosukhin. 2017. "Attention Is All You Need". Advances in Neural Information Processing Systems 30, 5998-6008.

[135] Jacob Devlin, Ming-Wei Chang, Kenton Lee, and Kristina Toutanova. 2019. "BERT: Pre-Training of Deep Bidirectional Transformers for Language Understanding". In Proceedings of the 2019 Conference of the North American Chapter of the Association for Computational Linguistics: Human Language Technologies, 1, 4171–4186.

[136] Tom Brown, Benjamin Mann, Nick Ryder, Melanie Subbiah, Jared D. Kaplan, Prafulla Dhariwal, Arvind Neelakantan, et al. 2020. "Language Models Are Few-Shot Learners". Advances in Neural Information Processing Systems 33, 1877–1901.

[137] Yinhan Liu, Myle Ott, Naman Goyal, Jingfei Du, Mandar Joshi, Danqi Chen, Omer Levy, Mike Lewis, Luke Zettlemoyer, and Veselin Stoyanov. 2019. "RoBERTa: A Robustly Optimized BERT Pretraining Approach". arXiv:1907.11692.

[138] Pengcheng He, Xiaodong Liu, Jianfeng Gao, and Weizhu Chen. 2021. "DeBERTa: Decoding-Enhanced BERT with Disentangled Attention". In Proceedings of the 9th International Conference on Learning Representations.

[139] Alexey Dosovitskiy, Lucas Beyer, Alexander Kolesnikov, Dirk Weissenborn, Xiaohua Zhai, Thomas Unterthiner, Mostafa Dehghani, et al. 2021. "An Image Is Worth 16 x16 Words: Transformers for Image Recognition at Scale". In Proceedings of the 9th International Conference on Learning Representations.

[140] Nicolas Carion, Francisco Massa, Gabriel Synnaeve, Nicolas Usunier, Alexander Kirillov, and Sergey Zagoruyko. 2020. "End-to-End Object Detection with Transformers". In Computer Vision – ECCV 2020, 213–229.

[141] Ze Liu, Yutong Lin, Yue Cao, Han Hu, Yixuan Wei, Zheng Zhang, Stephen Lin, and Baining Guo. 2021. "Swin Transformer: Hierarchical Vision Transformer Using Shifted Windows". In Proceedings of the IEEE/CVF International Conference on Computer Vision, 10012–10022.

[142] Christoph Lüscher, Eugen Beck, Kazuki Irie, Markus Kitza, Wilfried Michel, Albert Zeyer, Ralf Schlüter, and Hermann Ney. 2019. "RWTH ASR Systems for LibriSpeech: Hybrid vs Attention". In INTERSPEECH 2019, 231-235.

[143] Shiyang Li, Xiaoyong Jin, Yao Xuan, Xiyou Zhou, Wenhu Chen, Yu-Xiang Wang, and Xifeng Yan. 2019. "Enhancing the Locality and Breaking the Memory Bottleneck of Transformer on Time Series Forecasting". Advances in Neural Information Processing Systems 32, 5243–5253.

[144] Fabian Fuchs, Daniel Worrall, Volker Fischer, and Max Welling. 2020. "SE(3)-Transformers: 3D Roto-Translation Equivariant Attention Networks". Advances in Neural Information Processing Systems 33, 1970–1981.

[145] https://pytorch.org/blog/pytorch-1.6-released/

[146] https://nvlabs.github.io/eccv2020-mixed-precision-tutorial/

[147] https://www.nvidia.com/gtc/

[148] https://fullstackdeeplearning.com/spring2021/lecture-7/

[149] https://web.stanford.edu/class/archive/cs/cs224n/cs224n.1194/slides/cs224n-2019-lecture18-TreeRNNs.pdf

[150] Cheng Guo, and Felix Berkhahn. 2016. "Entity Embeddings of Categorical Variables". arXiv:1604.06737.

[151] Avrim Blum, Adam Kalai, and John Langford. 1999. "Beating the Hold-out: Bounds for K-Fold and Progressive Cross-Validation". In Proceedings of the 12th Annual Conference on Computational Learning Theory, 203–208.

[152] https://www.kaggle.com/c/state-farm-distracted-driver-detection

[153] https://www.kaggle.com/jakubwasikowski/stratified-group-k-fold-cross-validation

[154] https://www.kaggle.com/c/petfinder-adoption-prediction/discussion/88773

[155] https://www.kaggle.com/c/lish-moa

[156] https://github.com/trent-b/iterative-stratification

[157] https://www.kaggle.com/c/recruit-restaurant-visitor-forecasting

[158] https://www.kaggle.com/c/ieee-fraud-detection

[159] https://www.kaggle.com/c/ieee-fraud-detection/discussion/111735

[160] https://www.kaggle.com/c/ieee-fraud-detection/discussion/111308

[161] http://fastml.com/adversarial-validation-part-one/

[162] https://www.kaggle.com/c/microsoft-malware-prediction

[163] https://www.kaggle.com/c/microsoft-malware-prediction/discussion/84069

[164] Jared Kaplan, Sam McCandlish, Tom Henighan, Tom B. Brown, Benjamin Chess, Rewon Child, Scott Gray, Alec Radford, Jeffrey Wu, and Dario Amodei. 2020. "Scaling Laws for Neural Language Models". arXiv:2001.08361.

[165] Pierre Foret, Ariel Kleiner, Hossein Mobahi, and Behnam Neyshabur. 2021. "Sharpness-Aware Minimization for Efficiently Improving Generalization". In Proceedings of the 9th International Conference on Learning Representations.

[166] https://albumentations-demo.herokuapp.com/

[167] https://speakerdeck.com/iwiwi/kaggle-state-farm-distracted-driver-detection

[168] Geoffrey Hinton, Oriol Vinyals, and Jeff Dean. 2015. "Distilling the Knowledge in a Neural Network". arXiv:1503.02531.

[169] https://www.kaggle.com/c/kuzushiji-recognition

[170] https://www.kaggle.com/c/bengaliai-cv19

[171] Jun-Yan Zhu, Taesung Park, Phillip Isola, and Alexei A. Efros. 2017. "Unpaired Image-to-Image Translation Using Cycle-Consistent Adversarial Networks". In Proceedings of the IEEE International Conference on Computer Vision, 2223–2232.

[172] https://www.kaggle.com/c/bengaliai-cv19/discussion/135984

[173] https://web.ec.tuwien.ac.at/webtour21/

[174] https://www.kaggle.com/c/data-science-bowl-2019

[175] Tsung-Yi Lin, Priya Goyal, Ross Girshick, Kaiming He, and Piotr Dollár. 2017. "Focal Loss for Dense Object Detection". In Proceedings of the IEEE International Conference on Computer Vision, 2980–2988.

[176] Ilya Loshchilov, and Frank Hutter. 2019. "Decoupled Weight Decay Regularization". In Proceedings of the 7th International Conference on Learning Representations.

[177] Sashank J. Reddi, Satyen Kale, and Sanjiv Kumar. 2018. "On the Convergence of Adam and Beyond". In Proceedings of the 8th International Conference on Learning Representations.

[178] Xiang Li, Shuo Chen, Xiaolin Hu, and Jian Yang. 2019. "Understanding the Disharmony Between Dropout and Batch Normalization by Variance Shift". In 2019 IEEE/CVF Conference on Computer Vision and Pattern Recognition, 2677–2685.

[179] Rafael Müller, Simon Kornblith, and Geoffrey Hinton. 2019. "When Does Label Smoothing Help?". In Proceedings of the 33rd International Conference on Neural Information Processing Systems, 4694–4703.

[180] Chang-Bin Zhang, Peng-Tao Jiang, Qibin Hou, Yunchao Wei, Qi Han, Zhen Li, and Ming-Ming Cheng. 2021. "Delving Deep Into Label Smoothing". IEEE Transactions on Image Processing: A Publication of the IEEE Signal Processing Society, 30: 5984–5996.

[181] https://www.kaggle.com/c/prostate-cancer-grade-assessment

[182] https://www.kaggle.com/c/prostate-cancer-grade-assessment/discussion/169143

[183] https://www.kaggle.com/appian/let-s-find-out-duplicate-images-with-imagehash

[184] https://www.kaggle.com/c/shopee-product-matching/discussion/227294

[185] https://www.kaggle.com/competitions/petfinder-pawpularity-score

[186] Suchin Gururangan, Ana Marasović, Swabha Swayamdipta, Kyle Lo, Iz Beltagy, Doug Downey, and Noah A. Smith. 2020. "Don't Stop Pretraining: Adapt Language Models to Domains and Tasks". In Proceedings of the 58th Annual Meeting of the Association for Computational Linguistics, 8342–8360.

[187] https://www.kaggle.com/competitions/nbme-score-clinical-patient-notes/discussion/323095

[188] Ting Chen, Simon Kornblith, Mohammad Norouzi, and Geoffrey Hinton. 2020. "A Simple Framework for Contrastive Learning of Visual Representations". In Proceedings of the 37th International Conference on Machine Learning, 1597–1607.

[189] Kaiming He, Haoqi Fan, Yuxin Wu, Saining Xie, and Ross Girshick. 2020. "Momentum Contrast for Unsupervised Visual Representation Learning". In Proceedings of the IEEE/CVF Conference on Computer Vision and Pattern Recognition, 9729–9738.

[190] https://www.kaggle.com/c/human-protein-atlas-image-classification

[191] Fuchang Gao, and Lixing Han. 2012. "Implementing the Nelder-Mead Simplex Algorithm with Adaptive Parameters". Computational Optimization and Applications, 51 (1): 259–277.

[192] Andreas Töscher, Michael Jahrer, and Robert M. Bell. 2009. "The Bigchaos Solution to the Netflix Grand Prize".

[193] Gao Huang, Yixuan Li, Geoff Pleiss, Zhuang Liu, John E. Hopcroft, and Kilian Q. Weinberger. 2017. "Snapshot Ensembles: Train 1, Get M for Free". arXiv:1704.00109.

[194] https://www.kaggle.com/c/imaterialist-challenge-fashion-2018/discussion/57934

[195] https://www.kaggle.com/c/dogs-vs-cats-redux-kernels-edition

[196] Kaiming He, Xiangyu Zhang, Shaoqing Ren, and Jian Sun. 2016. "Deep Residual Learning for Image Recognition". In Proceedings of the IEEE Conference on Computer Vision and Pattern Recognition, 770-778.

[197] Torch | Training and investigating Residual Nets
http://torch.ch/blog/2016/02/04/resnets.html

[198] Priya Goyal, Piotr Dollár, Ross Girshick, Pieter Noordhuis, Lukasz Wesolowski, Aapo Kyrola, Andrew Tulloch, Yangqing Jia, and Kaiming He. 2017. "Accurate, Large Minibatch SGD: Training ImageNet in 1 Hour". arXiv:1706.02677.

[199] Simon Kornblith, Jonathon Shlens, and Quoc V. Le. 2019. "Do Better ImageNet Models Transfer Better?". In Proceedings of the IEEE/CVF Conference on Computer Vision and Pattern Recognition, 2661–2671.

[200] https://pytorch.org/vision/main/models/generated/torchvision.models.resnet50.html

[201] https://pytorch.org/docs/stable/notes/randomness.html

[202] Dami Choi, Christopher J. Shallue, Zachary Nado, Jaehoon Lee, Chris J. Maddison, and George E. Dahl. 2019. "On Empirical Comparisons of Optimizers for Deep Learning". arXiv:1910.05446.

[203] Ilya Loshchilov, and Frank Hutter. 2016. "SGDR: Stochastic Gradient Descent with Warm Restarts". arXiv:1608.03983.

[204] Ilya Loshchilov, and Frank Hutter. 2019. "Decoupled Weight Decay Regularization". In Proceedings of the 7th International Conference on Learning Representations.

[205] https://github.com/facebookresearch/mixup-cifar10

[206] Zhuoxun He, Lingxi Xie, Xin Chen, Ya Zhang, Yanfeng Wang, and Qi Tian. 2019. "Data Augmentation Revisited: Rethinking the Distribution Gap between Clean and Augmented Data". arXiv:1909.09148.

[207] http://www.arxiv-sanity.com/

[208] https://www.kaggle.com/c/humpback-whale-identification

[209] https://www.kaggle.com/c/recursion-cellular-image-classification

[210] https://www.kaggle.com/c/landmark-retrieval-2021

[211] https://www.kaggle.com/c/landmark-recognition-2021

[212] https://www.kaggle.com/c/hotel-id-2021-fgvc8

[213] Ali Sharif Razavian, Hossein Azizpour, Josephine Sullivan, and Stefan Carlsson. 2014. "CNN Features off-the-Shelf: An Astounding Baseline for Recognition". In Proceedings of the IEEE Conference on Computer Vision and Pattern Recognition Workshops, 806–813.

[214] Filip Radenovic, Ahmet Iscen, Giorgos Tolias, Yannis Avrithis, and Ondrej Chum. 2018. "Revisiting Oxford and Paris: Large-Scale Image Retrieval Benchmarking". 2018 IEEE/CVF Conference on Computer Vision and Pattern Recognition.

[215] https://www.kaggle.com/qiubit/roxfordparis

[216] https://github.com/filipradenovic/cnnimageretrieval-pytorch

[217] Wang Jiang, Yang song, Thomas Leung, Chuck Rosenberg, Jinbin Wang, James Philbin, Bo Chen, Ying Wu. 2014. "Learning Fine-grained Image Similarity with Deep Ranking". 2014 IEEE/CVF Conference on Computer Vision and Pattern Recognition.

[218] Elad Hoffer, and Nir Ailon. 2015. "Deep Metric Learning Using Triplet Network". In Similarity-Based Pattern Recognition, 84–92. Springer.

[219] https://www.kaggle.com/c/landmark-retrieval-challenge/discussion/58482

[220] Cao Bingyi, Andre Araujo, and Jack Sim. 2020. "Unifying Deep Local and Global Features for Image Search". In Proceedings of the European Conference on Computer Vision.

[221] https://www.kaggle.com/c/quora-insincere-questions-classification

[222] https://www.kaggle.com/c/quora-question-pairs

[223] https://www.kaggle.com/c/jigsaw-unintended-bias-in-toxicity-classification

[224] https://www.kaggle.com/c/human-protein-atlas-image-classification

[225] https://www.nltk.org/

[226] https://spacy.io/

[227] https://github.com/seatgeek/fuzzywuzzy

[228] https://scikit-learn.org/stable/modules/calibration.html

[229] John Platt. 1999. "Probabilistic Outputs for Support Vector Machines and Comparisons to Regularized Likelihood

Methods". Advances in Large Margin Classifiers.

[230] Tomas Mikolov, Kai Chen, Greg Corrado, and Jeffrey Dean. 2013. "Efficient Estimation of Word Representations in Vector Space". arXiv:1301.3781.

[231] Jeffrey Pennington, Richard Socher, and Christopher Manning. 2014. "GloVe: Global Vectors for Word Representation". In Proceedings of the 2014 Conference on Empirical Methods in Natural Language Processing, 1532–1543.

[232] https://fasttext.cc/

[233] https://radimrehurek.com/gensim/

[234] Matt Kusner, Yu Sun, Nicholas Kolkin, and Kilian Weinberger. 2015. "From Word Embeddings To Document Distances". In Proceedings of the 32nd International Conference on Machine Learning, 957–966.

[235] Dinghan Shen, Guoyin Wang, Wenlin Wang, Martin Renqiang Min, Qinliang Su, Yizhe Zhang, Chunyuan Li, Ricardo Henao, and Lawrence Carin. 2018. "Baseline Needs More Love: On Simple Word-Embedding-Based Models and Associated Pooling Mechanisms". In Proceedings of the 56th Annual Meeting of the Association for Computational Linguistics, 440–450.

[236] Sanjeev Arora, Yingyu Liang, and Tengyu Ma. 2017. "A Simple but Tough-to-Beat Baseline for Sentence Embeddings". In Proceedings of the 7th International Conference on Learning Representations.

[237] Dheeraj Mekala, Vivek Gupta, Bhargavi Paranjape, and Harish Karnick. 2017. "SCDV: Sparse Composite Document Vectors Using Soft Clustering over Distributional Representations". In Proceedings of the 2017 Conference on Empirical Methods in Natural Language Processing, 659–669.

[238] https://github.com/abhishekkrthakur/is_that_a_duplicate_quora_question

[239] https://scikit-learn.org/stable/modules/decomposition.html

[240] https://www.kaggle.com/c/talkingdata-adtracking-fraud-detection/discussion/56475

[241] https://www.kaggle.com/c/petfinder-adoption-prediction/discussion/88773

[242] https://www.kaggle.com/c/riiid-test-answer-prediction/discussion/210354

[243] Quoc Le, and Tomas Mikolov. 2014. "Distributed Representations of Sentences and Documents". In Proceedings of the 31st International Conference on Machine Learning, 1188–1196.

[244] Ryan Kiros, Yukun Zhu, Ruslan Salakhutdinov, Richard S. Zemel, Antonio Torralba, Raquel Urtasun, and Sanja Fidler. 2015. "Skip-Thought Vectors". In Proceedings of the 28th International Conference on Neural Information Processing Systems, 3294–3302.

[245] Daniel Cer, Yinfei Yang, Sheng-Yi Kong, Nan Hua, Nicole Limtiaco, Rhomni St. John, Noah Constant, et al. 2018. "Universal Sentence Encoder". arXiv:1803.11175.

[246] https://www.kaggle.com/jturkewitz/magic-features-0-03-gain

[247] https://www.kaggle.com/code/tour1st/magic-feature-v2-0-045-gain

[248] Guanhua Zhang, Bing Bai, Jian Liang, Kun Bai, Shiyu Chang, Mo Yu, Conghui Zhu, and Tiejun Zhao. 2019. "Selection Bias Explorations and Debias Methods for Natural Language Sentence Matching Datasets". In Proceedings of the 57th Annual Meeting of the Association for Computational Linguistics, 4418–4429.

[249] https://networkx.org/

[250] https://www.kaggle.com/c/quora-question-pairs/discussion/34310

[251] https://www.kaggle.com/c/web-traffic-time-series-forecasting

[252] https://www.kaggle.com/c/vsb-power-line-fault-detection

[253] S. Hochreiter, and J. Schmidhuber. 1997. "Long Short-Term Memory". Neural Computation, 9 (8): 1735–1780.

[254] https://www.quora.com/q/quoraengineering/Semantic-Question-Matching-with-Deep-Learning

[255] Matthew E. Peters, Mark Neumann, Mohit Iyyer, Matt Gardner, Christopher Clark, Kenton Lee, and Luke Zettlemoyer. 2018. "Deep Contextualized Word Representations". In Proceedings of the 2018 Conference of the North American Chapter of the Association for Computational Linguistics: Human Language Technologies, 1:2227–2237.

[256] Mike Schuster, and Kaisuke Nakajima. 2012. "Japanese and Korean Voice Search". In 2012 IEEE International Conference on Acoustics, Speech and Signal Processing, 5149–5152.

[257] http://nlp.seas.harvard.edu/2018/04/03/attention.html

[258] Jimmy Lei Ba, Jamie Ryan Kiros, and Geoffrey E. Hinton. 2016. "Layer Normalization". arXiv:1607.06450.

[259] Kevin Clark, Minh-Thang Luong, Quoc V. Le, and Christopher D. Manning. 2020. "ELECTRA: Pre-Training Text Encoders as Discriminators Rather Than Generators". In Proceedings of the 8th International Conference on Learning Representations.

[260] https://huggingface.co/models

[261] https://huggingface.co/docs/datasets/

[262] https://huggingface.co/course/chapter1/1

[263] https://huggingface.co/docs/transformers/preprocessing

[264] https://pytorch.org/docs/stable/notes/amp_examples.html

[265] https://www.slideshare.net/ssuser4a5291/quora-insincere-questions-10th-place-solution

[266] https://www.kaggle.com/c/google-quest-challenge/discussion/129978

[267] https://www.kaggle.com/rhtsingh

[268] https://www.kaggle.com/rhtsingh/utilizing-transformer-representations-efficiently

[269] Ganesh Jawahar, Benoît Sagot, and Djamé Seddah. 2019. "What Does BERT Learn about the Structure of Language?". In Proceedings of the 57th Annual Meeting of the Association for Computational Linguistics, 3651–3657.

[270] Tianyi Zhang, Felix Wu, Arzoo Katiyar, Kilian Q. Weinberger, and Yoav Artzi. 2021. "Revisiting Few-Sample BERT Fine-Tuning". In Proceedings of the 9th International Conference on Learning Representations.

[271] Jared Kaplan, Sam McCandlish, Tom Henighan, Tom B. Brown, Benjamin Chess, Rewon Child, Scott Gray, Alec Radford, Jeffrey Wu, and Dario Amodei. 2020. "Scaling Laws for Neural Language Models". arXiv:2001.08361.

[272] https://huggingface.co/deepset/roberta-base-squad2

[273] https://www.kaggle.com/c/tweet-sentiment-extraction/discussion/159477

[274] Chi Sun, Xipeng Qiu, Yige Xu, and Xuanjing Huang. 2019. "How to Fine-Tune BERT for Text Classification?". In Chinese Computational Linguistics, 194–206.

[275] https://www.kaggle.com/c/tensorflow2-question-answering

[276] Iz Beltagy, Matthew E. Peters, and Arman Cohan. 2020. "Longformer: The Long-Document Transformer". arXiv:2004.05150.

[277] Manzil Zaheer, Guru Guruganesh, Kumar Avinava Dubey, Joshua Ainslie, Chris Alberti, Santiago Ontanon, Philip Pham, et al. 2020. "Big Bird: Transformers for Longer Sequences". Advances in Neural Information Processing Systems 33, 17283–17297.

[278] https://www.kaggle.com/c/google-quest-challenge/discussion/129840

[279] https://www.kaggle.com/c/jigsaw-toxic-comment-classification-challenge

[280] https://www.kaggle.com/c/jigsaw-unintended-bias-in-toxicity-classification/discussion/97471

[281] https://www.kaggle.com/c/commonlitreadabilityprize/discussion/258328

[282] https://www.kaggle.com/c/commonlitreadabilityprize/discussion/258148

[283] Jiankang Deng, Jia Guo, Niannan Xue, and Stefanos Zafeiriou. 2019. "Arcface: Additive angular margin loss for deep face recognition". In Proceedings of the IEEE/CVF Conference on Computer Vision and Pattern Recognition, 4690–4699.

[284] https://www.kaggle.com/c/shopee-product-matching/discussion/238136

[285] https://github.com/cvdfoundation/google-landmark

[286] https://www.kaggle.com/datasets/confirm/google-landmark-dataset-v2-micro

[287] Rahul Raguram, Ondrej Chum, Marc Pollefeys, Jiri Matas, and Jan-Michael Frahm. 2012. "USAC: A universal framework for random sample consensus". IEEE Transactions on Pattern Analysis and Machine Intelligence, 35(8): 2022–2038.

索　引

著者プロフィール

— **小嵜耕平**（おざきこうへい）

2014 年奈良先端科学技術大学院大学情報科学研究科博士後期課程を単位認定退学。保険・金融・広告をはじめとしたさまざまな事業領域でデータ分析や研究開発などの業務を経験。2023 年 3 月より株式会社 Rist で AI エンジニアとしてシステム開発に従事。チームで参加した KDD Cup 2015 の優勝を皮切りに数々のコンテストで活躍した。Kaggle ではユーザーランク最高 4 位。最初の Kaggle Grandmaster のうちの一人。

- https://www.kaggle.com/confirm
- 本書の第 4 章を執筆

— **秋葉拓哉**（あきばたくや）

2015 年東京大学大学院情報理工学系研究科博士課程修了。博士（情報理工学）。現在、株式会社 Preferred Networks 執行役員。機械学習システム、大規模並列分散機械学習の研究開発に従事。著書に『プログラミングコンテストチャレンジブック』（マイナビ）などがある。2016 年より Kaggle に参加し、「Open Images Challenge 2018」準優勝。Kaggle Grandmaster。

- https://www.kaggle.com/takiba
- 本書の第 3 章を執筆

— **林孝紀**（はやしたかのり）

2016 年東京大学大学院情報理工学系研究科修士課程修了。2021 年より株式会社 Preferred Networks にてソフトウェアエンジニアとして勤務。NLP コンテストを中心に好成績を収める。Kaggle Master。

- https://www.kaggle.com/flowlight
- 本書の第 5 章を執筆

— **石原祥太郎**（いしはらしょうたろう）

2017 年より株式会社日本経済新聞社でデータ分析・サービス開発に従事。2019 年にチームで参加した Kaggle「PetFinder.my Adoption Prediction」で優勝。2019 年の「Kaggle Days Tokyo」にはコンテスト開催側で関わった。共著に『Python ではじめる Kaggle スタートブック』（講談社）、訳書に『Kaggle Grandmaster に学ぶ機械学習実践アプローチ』（マイナビ出版）があり、個人活動としてニュースレター「Weekly Kaggle News」を発行している。Kaggle Master。

- https://www.kaggle.com/sishihara
- 本書のまえがき・第 1 章・第 2 章を執筆

NDC007　　　　222p　　　24cm

Kaggleに挑む深層学習プログラミングの極意

2023 年 1 月 31 日　第 1 刷発行
2023 年 3 月 24 日　第 4 刷発行

著　者　小嵜耕平・秋葉拓哉・林孝紀・石原祥太郎
発行者　髙橋明男
発行所　株式会社　講談社　　　　　KODANSHA
　　　　〒112-8001　東京都文京区音羽 2-12-21
　　　　　　販　売　(03) 5395-4415
　　　　　　業　務　(03) 5395-3615
編　集　株式会社　講談社サイエンティフィク
　　　　代表　堀越俊一
　　　　〒162-0825　東京都新宿区神楽坂 2-14　ノービィビル
　　　　　　編　集　(03) 3235-3701
本文データ制作　株式会社トップスタジオ
印刷・製本　株式会社ＫＰＳプロダクツ

講談社の自然科学書

※表示価格には消費税（10%）が加算されています。　「2022年12月現在」

講談社サイエンティフィク https://www.kspub.co.jp/